吉林省教育厅社会科学研究项目——IIoT平台赋能吉林省装备制造业“智改数转”的机理与路径研究（JJKH20240956SK）

数字导向、组织学习与制造企业数字化转型绩效关系研究

Research on the Relationships among Digital Orientation, Organizational Learning and Digital Transformation Performance in Manufacturing Enterprises

赵 彬◎著

经济管理出版社
ECONOMY & MANAGEMENT PUBLISHING HOUSE

图书在版编目（CIP）数据

数字导向、组织学习与制造企业数字化转型绩效关系研究/赵彬著．—北京：经济管理出版社，2024.3

ISBN 978-7-5096-9655-2

Ⅰ.①数…　Ⅱ.①赵…　Ⅲ.①制造工业—企业管理—数字化—研究—中国　Ⅳ.①F426.4

中国国家版本馆 CIP 数据核字(2024)第 064363 号

组稿编辑：丁慧敏
责任编辑：丁慧敏
责任印制：许　艳
责任校对：蔡晓臻

出版发行：经济管理出版社
（北京市海淀区北蜂窝 8 号中雅大厦 A 座 11 层　100038）
网　　址：www. E-mp. com. cn
电　　话：（010）51915602
印　　刷：北京晨旭印刷厂
经　　销：新华书店
开　　本：720mm×1000mm/16
印　　张：13.5
字　　数：273 千字
版　　次：2024 年 3 月第 1 版　　2024 年 3 月第 1 次印刷
书　　号：ISBN 978-7-5096-9655-2
定　　价：98.00 元

前　言

以大数据、物联网、云计算等技术为驱动的第四次工业革命兴起，使得数字化转型、智能化发展成为时代主旋律，同时也造成了传统生产要素成本上涨、市场竞争日益激烈的制造行业变局。为迎合时代发展需要、塑造产业发展新优势，传统制造企业向数字化转型已然成为正确的选择。但由于转型过程中传统制造企业“不愿转”“不会转”“不敢转”等现实挑战的存在，行业数字化进展依然缓慢。在理论层面，虽然数字化转型已经引起学者们的广泛关注，但是专门针对传统制造企业的何种因素能够促进数字化转型以及如何提升数字化转型绩效等相关研究仍然薄弱，亟待开展新的理论探索。传统制造企业的数字化转型是一个长期迭代、充满创新性与冒险性的过程，必须克服新旧观念冲突、短时间内数字化投入无法见效等阻碍。对这类企业而言，任何激进的、思虑不周的数字化行动都可能造成转型计划受挫甚至失败。根据战略管理理论，制订科学合理的数字化战略规划是企业在复杂环境中取胜的关键，清晰明确的数字导向有利于传统制造企业开展数字化转型，因此有必要深入剖析数字导向对传统制造企业数字化转型绩效的影响机理。

但随着数字技术的快速更迭，传统制造企业除了需要明确数字导向以坚定变革信念，还需要始终保持自主学习意识，通过不断学习新技术与新知识来提升组织适应能力。数字化转型过程中，企业不再受地理邻近性约束，组织学习场景也越发多元化。企业既可以选择直接获取外部通用技术、标准化知识或数字化经验，再以模仿、复刻的方式应用到企业，也可以根据自身实际发展情况进行理性试验，以迭代改进的方式探索转型路径。因此，在数字技术迅猛发展与数据爆炸式增长等特性的影响下，组织学习概念被赋予了新的情境特征，因此，有必要从组织学习视角探究数字导向影响企业数字化转型绩效的过程机制。

虽然数字导向能够发挥战略引领作用，通过激活组织学习进而推动企业数字化进程，但对于转型中如何确保企业选择适宜的组织学习模式以及如何发挥组织学习的最大效用还任重道远。数字基础设施反映了企业数字化资源基础情况，能够为跨领域、跨组织、跨部门间的技术交流与数字资源流动提供资源支撑。同时，转型过程中企业也会结合自身数字化资源基础情况选取与战略相匹配的资源行动。显然，数字基础设施是影响数字导向和组织学习选择的关键条件。此外，组织敏捷性作为企业适应数字环境变化的一种动态能力，既能通过敏锐感知客户需求变化，捕捉数字机会，提高组织学习效率；也能通过灵活调整运营模式，整合内外部资源，优化组织学习效果。因此，组织敏捷性是组织学习提升数字化转型绩效必不可少的“催化剂”。

基于上文，本书以“数字导向对传统制造企业数字化转型绩效的影响机制”为研究主题，对传统制造企业数字化实践中的痛点、堵点问题做出理论回应与诠释。在具体研究过程中，首先，采用文献研究法全面系统地梳理国内外相关文献，通过对战略管理理论、组织学习理论、资源基础理论和动态能力理论的梳理，奠定本书的理论基础；通过对数字导向、组织学习、数字基础设施、组织敏捷性、数字化转型绩效的文献述评，找寻现有研究的空白之处，明确本书的研究价值。其次，运用案例研究法选取四家传统制造企业作为案例对象，通过单个案例与跨案例的比较分析总结出传统制造企业数字化转型的四个典型特征，即战略引领性、动态跨越性、路径差异性与融合创新性，并基于案例数据分析提炼出五个核心构念，根据构建的理论模型进行变量间的逻辑推理，共提出 15 条研究假设。再次，利用问卷调查法开展大样本实证研究，借鉴国内外成熟量表设计问卷，经预调研与问卷修正环节形成正式调研问卷，开展问卷发放与收集、实证分析等相关工作，结合数据分析结果与现有研究进行对话，进一步讨论变量间关系。最后，凝练研究的结论、创新之处与实践启示，并就本书的一些局限性提出未来研究设想。

研究最终得出以下结论：①数字导向对企业数字化转型绩效存在正向影响；②获得式学习和试错式学习分别在数字导向和企业数字化转型绩效之间起中介作用，并且相比之下，试错式学习的中介效应更加显著；③数字基础设施正向调节数字导向与获得式学习、试错式学习的关系，以及获得式学习和试错式学习在数字导向与企业数字化转型绩效间的中介效应；④组织敏捷性正向调节获得式学习、试错式学习与企业数字化转型绩效的关系，以及获得式学习和试错式学习在数字导向与企业数字化转型绩效间的中介效应。

本书的创新点在于：

第一，揭示了传统制造企业数字化转型的内在机理，结合该行业数字化转型特征深化了数字导向、组织学习、数字基础设施、组织敏捷性与数字化转型绩效间的理论联系。现有文献对于数字化转型的驱动因素做出了有益的探讨，但大多是以中小企业、新创企业等宽泛群体为研究对象，无法为特定行业的数字化实践提供理论支持。本书通过探索性案例总结传统制造企业数字化转型的典型特征，并在此基础上结合战略管理理论、组织学习理论、资源基础理论和动态能力理论，明确数字导向对数字化转型绩效的作用机理，丰富了制造企业数字化转型相关研究。

第二，基于数字化情境深化了组织学习的概念内涵与维度划分，揭示了获得式学习、试错式学习在数字导向与企业数字化转型绩效关系间的中介作用。组织学习作为克服路径依赖的重要途径，在数字化转型过程中发挥重要作用，并且会呈现模仿、开发、试错与泛化的学习特征。这一现象正是本书给予理论解释与回应的重点。本书结合 S-SCP 框架和组织学习理论，明确指出获得式学习和试错式学习是数字化情境下组织学习的两种模式，更是连接数字导向与数字化转型绩效的关键枢纽，既丰富了组织学习的研究情境，又是组织学习理论在数字化情境下的拓展与延伸。

第三，将数字基础设施和组织敏捷性作为重要调节因素，拓展了数字导向影响企业数字化转型绩效的边界。传统制造企业受数字基础薄弱、组织应变能力差等短板制约，数字化转型效果不佳。本书结合行业特征，认为数字基础设施表征了企业数字化转型的资源基础，组织敏捷性反映了企业克服组织惰性的动态能力。根据资源基础理论和动态能力理论，数字基础设施和组织敏捷性在数字导向与企业数字化转型绩效关系间起调节作用，即通过影响组织学习的产生与作用效果进而影响转型绩效。本书既从资源视角解释了不同企业间学习模式存在差异的原因，又从能力视角回应了部分学者对组织学习作用效果提出的争议，同时也丰富了数字基础设施和组织敏捷性的相关研究。

目 录

第1章　绪论

1.1　研究背景

1.1.1　实践背景

在新一轮科技革命与产业变革浪潮下，万物互联、泛在智能的数字时代加速到来，这既是百年未有的“大变局”，也是中国制造实现弯道超车的“大机会”。一方面，新时代催生了直播营销、在线服务、远程办公、智慧工厂等新业态和新模式，人类社会生产生活方式发生颠覆性改变，数字经济与实体经济深度融合已成为经济发展新引擎（田秀娟和李睿，2022）。另一方面，人工智能、物联网、云计算、大数据等新一代信息技术作为数字经济的重要驱动力量，通过挖掘数据要素价值带动产业数字化转型升级，为企业“智造”降本、提质、增效注入数字动力（Blichfeldt 和 Faullant，2021）。在这个机会与挑战并存的时代，制造业作为国民经济的支柱，迫切需要突破惯性思维束缚和传统路径依赖，探寻数字化路径激发新动能，纵深推进经济高质量发展。为此，各国竞相发布国家级战略，力图重振制造业。2012 年，美国启动《美国先进制造业国家战略计划》，通过发展先进数字化制造技术来鼓励创新、重塑工业格局。2013 年的汉诺威工业博览会上，德国正式提出工业 4.0 这一概念，并于 2018 年颁布《德国高科技战略2025》，将数字化转型作为科技创新发展战略的核心，2019 年的《德国工业战略2030》更是为中小企业加速数字化进程提供重要支持。2020 年，日本提出“数字新政”，积极部署数字建设与智能制造，以进一步提升国家数字经济竞争力。此外，以欧盟为代表的“抱团”发展模式更强调数字合作和技术共享，从《欧洲数据战略》到《欧洲新工业战略》，不断细化战略部署，引领加速工业数字化转型。

同样地，面对全球制造业深度调整、转型升级的新趋势，我国陆续出台《关于加快培育发展制造业优质企业的指导意见》《“十四五”信息化和工业化深度融合发展规划》等系列文件，强化深入实施制造强国战略，将数字化转型作为提升制造业水平的主要发力方向之一。根据工业和信息化部最新数据，截止到2022年底，重点工业企业关键工序数控化率为58.6%，数字化研发设计工具普及率达到了77%。我国在电子信息、高端装备、新能源、生物医药等先进制造领域取得长足进步，占制造业比重不断攀升，制造业转型升级初见成效。但是，我国工业的主体仍然是传统制造业。随着数字技术与制造业的加速融合，行业边界愈发模糊，行业间的互相渗透使得跨界竞争现象屡见不鲜，来自行业外来者的压力迫使传统制造企业加紧数字化步伐（Bresciani 等，2021；李兰等，2022）。如特斯拉作为一个没有汽车行业背景的全新制造企业，凭借从电池技术、无人驾驶到智能座椅的全方位技术变革在行业内迅速脱颖而出，颠覆了以传统硬件为主导的“复杂汽车+简单软件”制造模式，引领传统汽车制造行业向“以软件和解决方案为中心”的数字化方向转型。由此可见，数字经济背景下，传统制造企业以劳动密集、规模效益著称的生产管理优势被大幅度削减，数字化转型已经成为传统制造业的发展共识（Ghobakhloo 和 Iranmanesh，2021）。然而与发达国家相比，我国制造业数字化水平依然较低（杜勇等，2022）。长期以来传统制造企业形成的组织惯性使其在生产经营、业务流程等方面均处于稳定状态，外部营商环境变化与内部稳健需求的不匹配导致企业在数字化转型过程中面临严峻挑战（Ferreira 等，2019），转型过程中可能面临“不愿转”“不会转”“不敢转”的难题。

首先，与先进制造企业相比，传统制造企业更多的是依靠传统生产工艺，企业管理理念根深蒂固，经营模式较为单一（陈威如和王节祥，2021）。数字化转型本质上是一种基于企业本体的颠覆式变革，且投资成本高、转型周期长、不确定性大（Ghezzi 和 Cavallo，2020），这让诸多传统制造企业望而却步，陷入“一转就死”的数字化误区。此外，部分传统制造企业对数字化技术的应用存有疑虑，仍旧墨守成规专注于现有技术和产品，最终可能造成故步自封的窘境（Volberda 等，2021）。昔日“胶卷大王”柯达的陨落正是由于其对传统摄像方式和冲印技术的盲目自信，在数码时代来临时忽略了用户需求的变化，进而错失了发展数字成像技术的最佳时机。相比之下，红领集团作为传统服装制造业的数字化先行者，在面对行业订单萎缩、产品单一、库存积压等发展困境时，率先利用大数据技术和智能化平台打通消费端与供给端，通过数据实时共享将顾客需求直接传输至生产线，其缔造的“红岭模式”成功开启了传统服装行业以定制为核心的大规模个性化生产模式。显然，克服认知偏差、接受新兴数字技术是传统制造企业向数字化体系迈进的关键一步。

其次，对于成长在工业时代的传统制造企业来说，原有的资源和能力与数字化契合程度不高，在如何改造老旧设备和传统业务流程等问题上没有明确的方向，导致实践中很多企业仍停留在试点阶段，“不会转”问题日益凸显（Sánchez 和 Zuntini，2018）。面对如此困局，一些企业通过学习、模仿行业内标杆企业的数字化经验和路径，或借助工业互联网平台、数字服务供应商等第三方力量推动自身转型升级（Li 等，2018）。例如，iTechome 青岛创新科技搭载海达源平台为企业缩短了采购流程，实现生产经营的降本增效。但是，传统制造企业的数字化转型绝不是简单地将数据或数字技术搬运到企业，盲目套用其他企业的数字化实践经验可能会使实际效果骤减，甚至可能出现“降效增本”的情况。例如，浙江某大型传统制造企业跟风“中台热”，以 5000 万元的投资额启动了“奔月”项目，并欲借此在两年内实现企业数字化转型，这样一个宏大又脱离现实的建设项目在一年半后因占用企业大量 IT 资源被强制叫停，草草收尾。不难看出，数字化转型不是一蹴而就的，转型过程中传统制造企业需要不断地模仿、试错，逐步摸索出与自身发展情况相契合的变革模式。

最后，在信息化、数字化、智能化交织演进的大环境下，数字化转型已成为企业生存与发展的必然选择（Matarazzo 等，2021）。但受限于“基础差、应变弱”的短板，有些传统制造企业在面对这门必修课时依然彷徨。一方面，以往很多企业在信息化建设时重量轻质，只将其看成提升工作效率的工具，随着各种 IT 系统的堆叠，数据孤岛问题逐渐显露。一项专门针对传统纺织行业的调查研究显示，众多企业虽然试图借助数字化技术提升运营效率，但由于企业的数字基础太过薄弱，实践中经常出现数据资源难获取、数据颗粒度粗、系统与现场两套数据运行等状况，阻碍数字化进程。由此可见，企业的数字基础设施是其探索、学习新技术的兜底保障。另一方面，消费主力的更迭与消费场景的转移改变了企业营商环境，市场需求呈现个性化、品质化和多元化趋势（Abrell 等，2016），因此快速响应市场需求、调整运营模式是传统制造企业数字化转型成功的密钥。纵观娃哈哈数字化进程，企业在“用户在线化”市场特征下，凭借多年运营经验和对市场的敏锐判断实现了品牌突围，如首创的智能化生产线、“一物一码”的技术手段为传统食品制造行业勾勒出新消费下数字化转型范式。显然，组织敏捷性作为企业应对复杂营商环境的一种能力，能够助力传统制造企业不断变革、实现从工业化到数字化的跨体系转型。

综上，从现有的数字化典型案例可以看出，成功转型的传统制造企业大多拥有明确的数字导向，通过学习行业内外的先进数字经验、获取新的技术和知识，并结合自身实际情况优化、探索出独具特色的转型道路。尽管大多数传统制造企业已经认识到数字导向的重要性，但实践中常常有心无力。数字化意愿不足、数字化路径不清、数字化基础薄弱、组织应变能力差等仍是传统制造企业数字化转型中面临的堵点、痛点。由此便引发一系列科学问题：同样都是基于数字导向，为什么有些传统制造企业可以冲破藩篱成功实现数字化转型升级？组织学习、数字基础设施、组织敏捷性分别在这一影响机制中起着怎样的作用？基于此，本书将结合战略管理理论、组织学习理论、资源基础理论和动态能力理论进行深入探究，以期为推进传统制造企业数字化转型提供理论指导。

1.1.2 理论背景

现如今，全球数字化发展进入全面加速阶段，在大环境的驱动下企业数字化转型迫在眉睫（Autio 等，2018；成琼文和丁红乙，2022）。尤其是传统制造行业作为国民经济的核心基础肩负了实现制造强国的责任与使命，面对营商环境的改变和来自行业内外的压力，数字化转型已然成为一门必修课（刘洋和李亮，2022）。从现有研究来看，国内外学者针对数字化转型相关议题展开了有益的探讨（Vial，2019；钱晶晶和何筠，2021），理论研究正处于快速发展阶段。然而却少有采用大样本的实证方法来研究传统制造企业是如何数字化转型的，对于具体的转型路径与作用机制尚不清晰（Warner 和 Wäger，2019；陈楠等，2022）。基于此，聚焦传统制造行业，探索制造企业数字化转型绩效的前因要素及影响机制依然是创新性、前沿性的科学问题，具有重要理论价值。

现有研究普遍认同，数字化转型并非简单的技术转型，而是一种基于企业本体的颠覆式变革，更加强调数字技术与业务的深度融合（Matarazzo 等，2021）。并且对于成长在工业化时代的传统制造企业来说，数字化转型更是一项前期投资巨大而又充满未知的复杂工程，任何激进的、思虑不周的数字化行动都可能造成转型计划受挫，甚至转型失败（Cooper，2019）。正因如此，传统制造企业的数字化转型需要从战略层面自上而下地进行统筹协调与部署（卢宝周等，2022）。数字导向作为数字化情境下战略导向的衍生概念，描述的是企业应用数字技术的一种战略定位（Khin 和 Ho，2019），一方面反映了企业对数字技术的正确认知，另一方面体现了企业的数字化战略目标与战略规划，是传统制造企业推动数字化转型的关键所在（Kindermann 等，2021）。基于此，本书从战略视角出发，将数字导向作为切入点能够更好地体现传统制造企业数字化转型的颠覆性、计划性与复杂性，同时也为破解实践中传统制造企业“不愿转”的数字难题提供理论新视角。

综观目前数字导向与数字化转型的研究，虽然学者已经认识到数字导向的重要性并呼吁开展相关研究，但现有研究更多关注的是数字导向所带来的经济效益，如数字导向与企业绩效的直接关系研究（Ardito 等，2021；Arias-Pérez 等，2021），缺少对其中内在机理的深度探索（Hess 等，2016）。数字导向作为一个新兴概念，关于概念界定、维度划分，大多参考战略导向的相关研究（Guo 等，2020），通过案例或实证研究分析数字导向的结果变量，如机会发现与识别（Kohli 和 Melville，2019）、知识获取与利用（Pergelova 等，2019）、数字能力（Yu 和 Moon，2021）、市场竞争力（胡媛媛等，2021）等，这对于进一步理解数字导向对企业数字化转型绩效的内在影响机制具有极大启发。根据战略管理理论中“S-SCP”战略分析框架，企业战略的形成是一个受控制、有意识的分析过程，战略的执行也是需要通过一系列企业行为活动进而影响企业绩效的过程（罗均梅，2020）。同理，构建数字导向也只是传统制造企业数字化转型的一个启动阶段（王永贵和汪淋淋，2021），更重要的是克服长久以来形成的组织惯性，打破组织在产品开发、生产制造、运营管理等业务环节上的稳定状态（陈楠等，2022）。但由于缺少数字化经验，绝大多数传统制造企业不得不“摸着石头过河”，企业愈发认识到探索学习、试错容错的重要性（肖静华，2020；Tortorella 等，2020）。根据组织学习理论，组织学习作为一个不断检验并纠正错误的过程，其价值体现在不断地产生并应用新的知识或想法来创造价值，是企业克服路径依赖、实现组织变革的重要途径（Argyris 和 Schön，1978；Ruel 等，2021）。数字经济时代，随着数据成为继劳动、资本、土地、知识、技术、管理的新生产要素，以往基于知识获取与利用的组织学习被赋予了新的特征。同时，海量性、可流动性、高速增长性的数字资源使得组织学习模式越发复杂，理论界对于开展数字化情境下组织学习相关研究的呼吁愈发热烈（魏江等，2021）。但目前研究成果仍然有限，少有学者将组织学习视为中介变量去揭开数字导向促进企业数字化转型绩效的“黑箱”，影响组织学习产生及其作用效果的边界条件还有待进一步明确，具体而言：

其一，现有研究缺少对传统制造行业中普通企业与领军企业学习模式存在差异原因的深层次挖掘（王永贵和汪淋淋，2021）。根据数字经济时代背景下的资源基础理论，传统资源基础观中企业凭借 VRIN 资源便可保持长期竞争优势的基本假设被打破，高效的数字技术应用与数字资源转化才是企业提升持续性竞争力的关键（Usai 等，2021），并且在这一过程中企业需要根据自身资源情况采取与战略相匹配的资源行动，从而最大化地发挥资源效用（Liu 等，2016）。基于此，对于传统制造企业来说，数字基础设施反映了企业现有数字资源的掌握情况，关系到数字导向下企业资源获取方式的选择，即组织学习模式选择。尽管在 Tilson 等（2010）的呼吁下，学者们开始关注并围绕数字基础设施与区域数字创新、技术创新的关系进行了有益的探讨，但未来的研究空间仍然较大。一方面，以往研究大多是从全球、区域等宏观层面出发，忽略了微观企业层面对于概念内涵与构成的探讨；另一方面，以往研究更多的是将数字基础设施作为输入变量，无法体现设备或技术的“支撑”作用。

其二，现有研究对于组织学习的作用效果还存有争议，尤其在数字化情境下组织学习的作用效果会受到哪些权变因素的影响还不明确（Tortorella 等，2020）。传统制造企业的数字化转型是基于组织学习，通过模仿其他企业数字经验或试验探索符合自身发展的数字路径的方式实施重大业务改进的过程（肖静华等，2021）。根据动态能力理论，面对复杂多变的数字化营商环境，传统制造企业更需要对外形成敏锐的需求感知能力，对内培养灵活的运营调整能力，通过优化学习成效以在数字化转型浪潮中拔得头筹（Teece 等，2016；Helfat 和 Raubitschek，2018）。尽管目前研究已开始关注数字经济时代敏捷性的重要价值，围绕如何构建敏捷组织等问题开展了积极探讨，但普遍将组织敏捷性作为中介或结果变量（钱雨等，2021）。数字化情境下，组织敏捷性作为反映传统制造企业能否顺应环境变化的一种动态能力，关系到组织学习的效率与效果（Alnuaimi 等，2022），因此需要进一步明确组织学习与组织敏捷性的协同作用，针对组织敏捷性的调节效应展开理论与实证探讨。

综合上述分析，理论研究中关于数字导向影响企业数字化转型绩效的内在机理存在空白，数字化情境下组织学习的概念内涵与维度划分较为模糊，组织学习是否在数字导向与企业数字化转型绩效的关系间起桥梁作用尚未明确，影响组织学习产生与组织学习作用效果的边界条件也有待探索。因此，本书以传统制造企业为研究对象，结合战略管理理论、组织学习理论、资源基础理论与动态能力理论，试图揭示数字导向、组织学习、数字基础设施、组织敏捷性对企业数字化转型绩效的作用机制。

1.2 研究问题提出

基于实践观察，本书发现传统制造企业在数字化转型过程中经常面临“不愿转”“不会转”和“不敢转”的难题，包括缺少对新兴数字技术的正确认知而引发的数字化意愿不足，缺乏数字化经验而引发的数字化路径不清，以及工业时代成长环境所带来的数字化基础薄弱、组织应变能力差等短板问题，这些均严重阻碍了传统制造企业的数字化转型进程。从对红领集团、iTechome 青岛创新科技、娃哈哈等企业数字化转型成功经验的分析中得知：解决“不愿转”问题主要从企业战略引领与部署入手，明确的数字导向体现了企业应用数字技术的意愿与动机，也坚定了组织实施变革与重塑的信念。解决“不会转”问题需要从资源获取行为入手，通过借鉴效仿、试错摸索的组织学习方式弥补企业转型过程中资源能力不足的缺陷。解决“不敢转”问题主要是从数字化转型的支撑与保障上入手，一方面，健全的数字基础设施能够为企业开展数字化转型提供硬件与软件上的支持，通过开拓外部资源渠道、打通内部数据连通加速跨领域、跨组织、跨部门间的沟通协作，强化数字导向与组织学习的关系；另一方面，组织敏捷性强调了企业对外敏锐感知与对内灵活调整，为企业数字化转型落地提供能力保障，通过捕捉客户需求与市场机会、加速新知识的内化与融合优化组织学习效果，进而加速数字化转型进程。鉴于此，本书结合传统制造企业特征与相关理论研究，将数字导向、组织学习、数字基础设施与组织敏捷性引入逻辑框架。

基于理论研究，不难看出企业数字化转型已成为数字经济时代的重要研究课题。虽然国内外众多学者围绕这一热点进行了丰富且有益的探讨，但对于传统制造企业如何开启并有效推进数字化转型，以及提升数字化转型绩效等问题还没有予以充分解释，因此以下问题有待进一步分析与验证：①数字导向对传统制造企业数字化转型绩效存在怎样的直接影响？②数字化情境下组织学习的内涵界定与维度划分会表现出哪些新特征？应该如何解读？③数字导向如何影响组织学习？组织学习如何影响企业数字化转型绩效？数字导向与企业数字化转型绩效的关系中具体存在怎样的作用路径？④在传统制造企业数字化转型过程中，数字基础设施、组织敏捷性作为可能的边界条件将如何发挥作用？研究问题如图 1.1 所示。

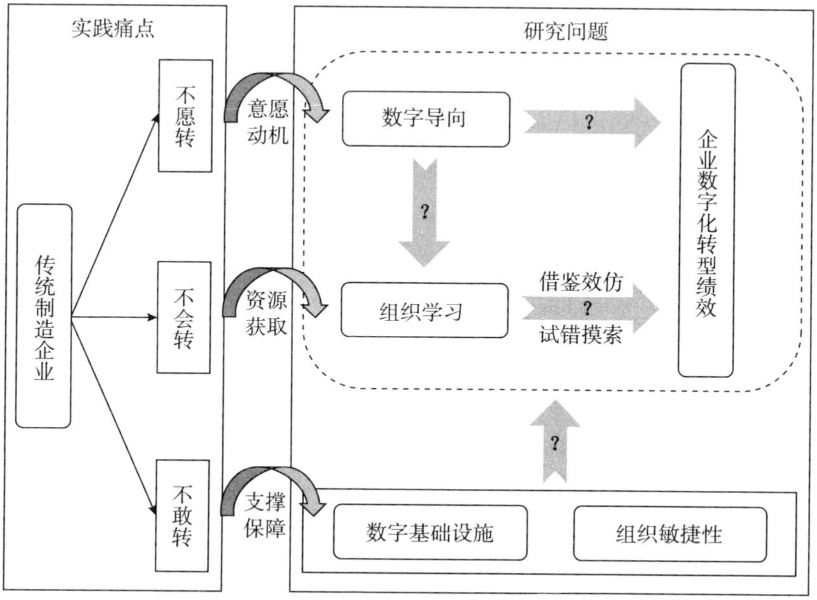

图 1.1　研究问题的提出

资料来源：笔者绘制。

1.3 研究意义

1.3.1 理论意义

本书主要围绕“数字导向对传统制造企业数字化转型绩效的影响机制”这一科学问题展开，在梳理和评述相关理论与文献的基础上，通过探索性案例研究明确所涉及关键变量的概念内涵并构建出相应的理论模型，通过大样本实证研究检验变量间逻辑关系。研究内容与结论有助于丰富与拓展现有研究成果，在理论层面具有重要价值。

第一，基于战略管理理论，深入探究数字导向对企业数字化转型绩效的作用机制，拓宽制造企业数字化转型的驱动因素研究。目前学术界关于数字化转型的前因、过程以及结果已经积累了较为丰富的研究成果，但这些研究大多是以一般组织、中小企业或传统企业为研究对象（肖静华，2020；Zeebroeck 等，2021；王永贵和汪琳琳，2021），忽略了行业间异质性对数字化转型难易程度的影响。例如，传统零售行业、传统软件业具备轻资产运营条件；先进制造业具备引进和吸收国内外高新技术、快速建成数字化生产车间的能力；而相较之下，传统制造业拥有的老旧设备与数字化契合度不高，行业数字化转型进展缓慢（Lichtenthaler，2020；何永清等，2021）。尽管顶层政策已经明确将加快推进制造业数字化转型作为我国数字经济发展的重点任务之一，但相关研究明显滞后于实践发展需要，理论研究的缺失导致不少传统制造企业深陷“不转等死，一转就死”的囹圄中无法自救。基于此，本书聚焦传统制造行业，根据行业自顶向下的数字化转型特征提炼关键变量，进一步洞察数字导向为何以及如何提升企业数字化转型绩效的问题，以期揭示制造企业数字化转型的内在机理与实现路径。

第二，基于组织学习理论，按照“战略—行为—绩效”的逻辑框架将获得式学习和试错式学习引入理论模型，打开数字导向与企业数字化转型绩效之间的“黑箱”。数字导向作为战略导向在数字化情境下的衍生概念，相关研究正处于初步探索阶段（Kindermann 等，2021）。目前已有学者指出数字导向是企业数字化转型成败的关键前因（Arias-Pérez 和 Vélez-Jaramillo，2022），也与组织学习存在一定的联系（Strobl 等，2022），但却鲜有研究关注其中的理论逻辑并将三者进行串联。尤其是对数字化转型这项庞大且复杂的工程而言，既要注重战略规划，通过顶层战略引领帮助企业走出“转型迷茫期”（Cooper，2019），也要重视战术经营，在数字导向指引下采取适宜的学习模式以补齐资源短板、打破路径依赖（周晓雪和崔淼，2022），谨防“规划与执行‘两张皮’”等不良现象发生。基于此，本书将数字导向、组织学习与企业数字化转型绩效串联成一条逻辑主线，结合数字技术属性进一步解读数字化情境下的组织学习，并采用获得式学习和试错式学习的维度划分方式，分别探讨两种学习模式的中介作用路径。研究既有助于拓展组织学习的研究情境，也能够为数字导向影响数字化转型的相关研究提供参考和启发。

第三，基于资源基础理论和动态能力理论，引入数字基础设施和组织敏捷性作为边界条件，进一步剖析二者对组织学习的产生及其作用效果的影响。首先，受数字基础差异影响，传统制造行业中的数字化领军企业与普通企业的学习模式不尽相同（王永贵和汪淋淋，2021）。例如，数字化领军企业海尔凭借自主探索的“人单合一”模式，实现了从产品设计到智能制造再到场景生态的全流程数字化；而数字基础相对薄弱的特征和工业选择依托卡奥斯工业互联网平台，通过定制的数字化解决方案完成管理和生产的数字化改造。但现有研究缺少对这一实践现象的理论解释，对于数字导向如何触发两种学习模式知之甚少。其次，数字经济时代充满了不可预测与不确定，传统制造企业的组织惯性使其难以适应时代发展要求。因此在数字化转型过程中，企业除了通过不断学习积累新的知识与数字化经验，还应具备感知和响应环境变化的能力（Rossia 等，2020；周晓雪和崔淼，2022）。然而，现有研究却缺少对于这一问题的关注，组织敏捷性是否会造成组织学习效果的差异亟待探讨。基于以上内容，本书根据资源基础理论，认为企业数字基础设施会为数字导向驱动下获得式学习、试错式学习的形成提供资源支撑；根据动态能力理论，认为组织敏捷性将作为一种能力保障在获得式学习、试错式学习影响企业数字化转型绩效的过程中起到关键作用。本书试图将数字基础设施和组织敏捷性作为调节变量引入研究框架，进一步揭示数字导向影响企业数字化转型绩效的边界。

1.3.2 实践意义

随着新一轮科技革命与产业变革不断加速，我国传统制造企业愈发认识到数字化转型将成为未来行业竞争的“分水岭”。企业必须顺应数字经济发展趋势，坚决实施数字化转型战略，深入推进数字化转型进程。然而，现实中企业转型效果却不尽如人意，仍存在数字化意愿不足、数字化路径不清、数字化基础薄弱、组织应变能力差等堵点、痛点问题。鉴于此，本书聚焦传统制造企业数字化转型过程，引入获得式学习、试错式学习作为中介变量和数字基础设施、组织敏捷性作为调节变量，旨在揭示数字导向影响企业数字化转型绩效的内在机制。本书结论为指导传统制造企业加速数字化转型提供支撑，在实践层面具有重要价值，具体而言：

第一，对于鼓励传统制造企业积极参与数字化转型具有实践意义。数字技术的兴起给传统制造行业带来了巨大冲击，数字技术赋能企业降本增效的同时，也大幅度降低行业内技术门槛，导致企业核心竞争力面临威胁。因此，传统制造企业在数字化转型过程中很难打消对应用数字技术的疑虑与排斥，总是处于进退两难的境地（Morgan 等，2019）。本书发现清晰明确的数字导向是企业实施数字化转型的重要前提条件，传统制造企业应秉持自上而下的数字化规划，正确认知数字技术所带来的利与弊，从而提升应用数字技术的主观意愿，促进数字技术与传统业务深度融合，最终实现产品服务与业务流程的重塑与再造。显然，传统制造企业需要充分认识数字导向的关键作用，从战略管理高度协调把控转型过程，提高转型绩效。

第二，对于指导传统制造企业构建长效的学习机制具有实践意义。传统制造企业的数字化转型是一个由工业化体系向数字化体系跃迁的过程，这意味着企业在工业时代下累积而成的技术经验与能力不再满足数字时代的发展需要，对于如何改变价值创造方式、重塑生产制造流程、升级运营管理模式等问题也常常一筹莫展，“不会转”严重阻碍了企业数字化进程（Sánchez 和 Zuntini，2018；肖静华，2020）。为此，在明确数字导向的基础上，开展有效且高效的组织学习是传统制造企业克服路径依赖、实现数字化转型的重要途径。企业既可以选择向数字化领军企业学习先进的数字化经验，通过模仿或购买数字化解决方案的方式调整生产经营模式；也可以选择自主探索的方式，结合企业自身实际情况，从已有的数字经验中筛选出有效知识并反复试验与迭代，从而实现生产经营模式的更新与转换。

第三，对于推动传统制造企业加快数字基础设施建设具有实践意义。与青米、华米等数字化原生企业相比，传统制造企业并不具备数字平台的先发优势（周文辉和阙琴，2022），并且薄弱的数字基础设施往往会导致组织学习受阻，进而影响企业数字化转型绩效。数字基础设施反映了企业的数字基础，一方面有助于保障数字导向的顺利实施；另一方面也能削减与专业服务机构之间的技术壁垒（胡青等，2021），为开展获得式学习开拓渠道；此外，数字基础设施也体现了企业的数字禀赋，即对新兴技术接受程度更高，对数字技术更加敏感，以及更倾向于采用试错式学习自主探索数字化路径。因此，传统制造企业应当注重数字技术的积累与掌握，提升数字基础设施建设水平，充分发挥数字基础设施在数字导向和组织学习关系间的积极作用。

第四，对于促进传统制造企业打造敏捷型组织具有实践意义。技术的迭代永不止步，企业的发展更要“顺势”与“响应”。然而实践中为快速加入数字化热潮，不少企业的数字化停留在表面功夫，盲目引入数字技术、无视客户需求、新旧业务冲突等现象比比皆是（李宇和王竣鹤，2022）。尤其传统制造企业的数字化转型绝不是抛弃旧有业务，缺乏敏捷性不仅会降低数字化营商环境的响应速度，导致数字技术与原有业务融合存在难度，而且会弱化组织学习效果，进而阻碍企业数字化进程（Alnuaimi 等，2022）。鉴于此，本书重点探讨了组织敏捷性在组织学习与数字化转型绩效关系中的调节效应，通过明确组织敏捷性在企业数字化转型过程中的作用机制，呼吁传统制造企业关注敏捷性，增强自身应变能力以顺应时代变局。

1.4 研究内容与结构安排

1.4.1 研究内容

在国家政策、数字技术、市场环境等多重因素影响下，各行各业纷纷加快数字化步伐，如何借助数字力量为企业插上“智慧”翅膀成为时代主题（Matarazzo 等，2021）。制造业作为我国实现制造强国战略目标的主体参与者，以数字化推动产业转型升级势在必行（Verhoef 等，2021；杜勇等，2022）。然而，企业数字化转型是一项复杂且艰巨的工程，从顶层战略设计到具体执行过程再到战略落地的任何环节出现差错都可能导致转型失败。为此，本书将以传统制造企业的数字化转型过程为研究背景，按照“战略—行为—绩效”的研究范式构建理论模型（见图 1.2），并融合战略管理理论、组织学习理论、资源管理理论和动态能力理论，探索数字导向、获得式学习、试错式学习、数字基础设施、组织敏捷性和数字化转型绩效之间的具体关系。研究内容主要包括：

（1）基于战略管理理论探索数字导向对企业数字化转型绩效的主效应。数字导向是企业对应用数字技术提供创新产品、服务和解决方案的一种战略定位，也是传统制造企业克服认知偏差、向数字化体系迈进的关键，因此本书提出数字导向是提升企业数字化转型绩效的主要影响因素。本书在明确数字导向概念的基础上，结合战略管理理论推理并检验数字导向对数字化转型绩效的积极作用。

（2）基于组织学习理论探索获得式学习和试错式学习的中介效应。数字化情境下的组织学习是指通过借用数字化工具更新发展企业适应能力的过程，是传统制造企业获取数字资源、打破路径依赖的重要途径。组织学习既能弥补企业数

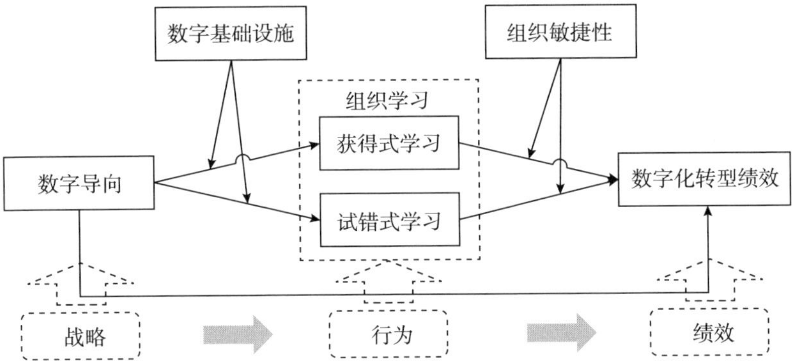

图 1.2　理论模型

资料来源：笔者绘制。

字资源与转型发展不匹配的短板问题，也是连接数字导向与企业数字化转型绩效的关键桥梁。结合数字技术属性，传统制造企业在数字化转型过程中会呈现模仿、开发、试错与泛化的学习特征，具体表现为获得式学习和试错式学习两种学习模式。本书将结合组织学习理论具体分析并对比这两种学习模式在数字导向与数字化转型绩效关系间的中介作用。

（3）基于资源基础理论探索数字基础设施的调节效应。数字基础设施反映了企业所拥有的数字化相关的硬件设施以及数字技术的掌握情况，将在传统制造企业的数字化转型过程中起重要资源支撑作用。本书基于资源基础理论，将数字基础设施作为调节变量引入理论模型，提出数字基础设施是数字导向下组织学习模式选择的边界条件，也会调节获得式学习和试错式学习的中介效应。

（4）基于动态能力理论探索组织敏捷性的调节效应。组织敏捷性是体现企业能否适应数字环境变化的变量，在传统制造企业的数字化转型过程中起重要能力保障作用。本书基于动态能力理论，将组织敏捷性作为调节变量引入理论模型，提出组织敏捷性在获得式学习与数字化转型绩效、试错式学习与数字化转型绩效的关系间发挥调节作用，也会调节获得式学习和试错式学习的中介效应。

1.4.2　结构安排

本书遵循“顶天立地”的研究原则，立足理论前沿问题、关注实践发展痛点，基于战略视角，围绕“数字导向对传统制造企业数字化转型绩效的影响机制”这一问题，拟展开 7 个章节进行分析，具体结构安排如下：

第 1 章　绪论。基于实践背景和理论背景，剖析我国传统制造企业数字化转型的重要性与必要性，并提炼研究问题，逐一阐述理论意义与实践意义、研究内容与结构安排、研究方法与技术路线。

第2章 理论基础与文献综述。通过系统地回顾、梳理相关文献，对战略管理理论、组织学习理论、资源基础理论与动态能力理论的内涵、发展脉络及在本书中的应用形成了初步认知，对数字导向、组织学习、数字化转型、数字基础设施和组织敏捷性相关文献进行了总结与评述，找寻研究空白，并就此切入为后续开展研究奠定基础。

第3章 案例研究与理论模型构建。从理论分析与理论问题出发，基于扎根理论，采用探索性多案例的研究方法，致力于解决“数字导向为何以及如何影响企业数字化转型绩效”这一问题，结合具体案例明确关键变量的概念内涵和变量之间的逻辑关系，初步构建理论模型。

第4章 研究假设提出。根据探索性案例研究构建的理论模型，基于战略管理理论、组织学习理论、资源基础理论与动态能力理论，推导并提出数字导向、获得式学习、试错式学习、数字基础设施、组织敏捷性与数字化转型绩效间的具体作用机制，形成研究假设。

第5章 研究设计。遵循问卷设计的原则与步骤，借鉴国内外相关研究成果及现有成熟量表，先通过甄别筛选、优化修订的方式设计符合研究情境与研究内容的问卷题项，再通过预调研、一对一深度访谈等步骤收集与问卷设计相关的反馈意见，之后根据意见调整改进形成最终版本的调研问卷。

第6章 实证分析与结果讨论。采用实证研究方法，利用SPSS、AMOS、PROCESS等工具处理并分析数据，经共同方法偏差检验、信度和效度检验、描述性统计分析与相关分析初步验证数据有效性，再通过回归分析进行假设检验，结合数据结果与现有研究对话，进一步分析与讨论假设检验结果。

第7章 结论与展望。根据案例分析、假设推理与实证分析结果，总结研究的主要结论，归纳凝练研究创新点，针对我国传统制造业数字化转型的痛点、堵点问题提出对应的管理启示，最后阐述本书待改进之处以及未来的研究设想。

1.5 研究方法与技术路线

1.5.1 研究方法

为厘清上述问题，本书综合采用定性和定量研究方法，探讨数字导向、获得式学习、试错式学习、数字基础设施、组织敏捷性、数字化转型绩效之间的作用机制，即通过系统梳理相关理论与文献发现理论缺口，利用多案例研究进行理论构建，提炼出关键构念并构建相应的理论模型，再通过问卷调研的方式收集样本数据检验研究假设。所涉及的研究方法具体如下：

（1）文献研究法。文献研究法是通过文献搜集、整理与述评而全方位地认识研究问题的一种科学研究方法，贯穿本书始终。利用 CNKI、Web of Science 等数据库，以战略管理理论、组织学习理论、资源基础理论和组织学习理论，以及数字导向、组织学习、数字基础设施、组织敏捷性、数字化转型为标题检索词进行相关文献搜集，通过梳理理论发展脉络与变量内涵、维度、前因后果找寻现有研究空白，为研究问题提出、理论模型构建、变量间关系推理奠定基础。

（2）案例研究法。案例研究法是在具体情境下深度探索变量间一般性规律和关系的质性研究方法，致力于解决“为何”以及“如何”的问题。本书选取四家具有代表性和典型性的传统制造企业作为案例对象，运用扎根理论，对通过电话访谈、实地调研获取的一手资料以及通过新闻媒体报道、企业官网、图书文献等渠道搜集的二手资料进行编码与分析，提炼关键构念，根据故事线片段和典型证据分析变量间逻辑关系，构建相应的理论模型。

（3）问卷调查法。问卷调查法是大样本实证研究中一种常用的收集数据方法。本书借鉴国内外相关研究成果，采用英文回译法翻译成熟量表，选用符合研究情境与研究内容的测量题项，通过适当的补充修改，形成初始调研问卷并开始预调研，在同预调研对象一对一深度访谈后，根据其反馈意见有针对性地进行修改与调整，形成最终版问卷并开始正式调研。最后，利用 SPSS、AMOS、PROCESS 等工具对所收集的有效数据进行分析，通过信度与效度分析、相关分析、回归分析、Bootstrapping 等统计方法检验概念模型与研究假设。

1.5.2 技术路线

本书依照“提出问题—分析问题—验证问题—解决问题”的科学研究思路，首先基于实践背景发现实践痛点，基于理论背景找寻理论空白，进而引出关键科学问题“数字导向对传统制造企业数字化转型绩效的影响机制”，并阐述研究理论意义与实践意义；其次利用文献研究法对相关理论基础与文献进行综述，利用案例研究法初步构建概念模型，结合战略管理理论、组织学习理论、资源基础理论和动态能力理论推理变量间关系并提出研究假设；再次利用问卷调研法开展大样本实证分析，以验证问题；最后解决问题，总结研究结论与未来展望。本书技术路线如图 1.3 所示。

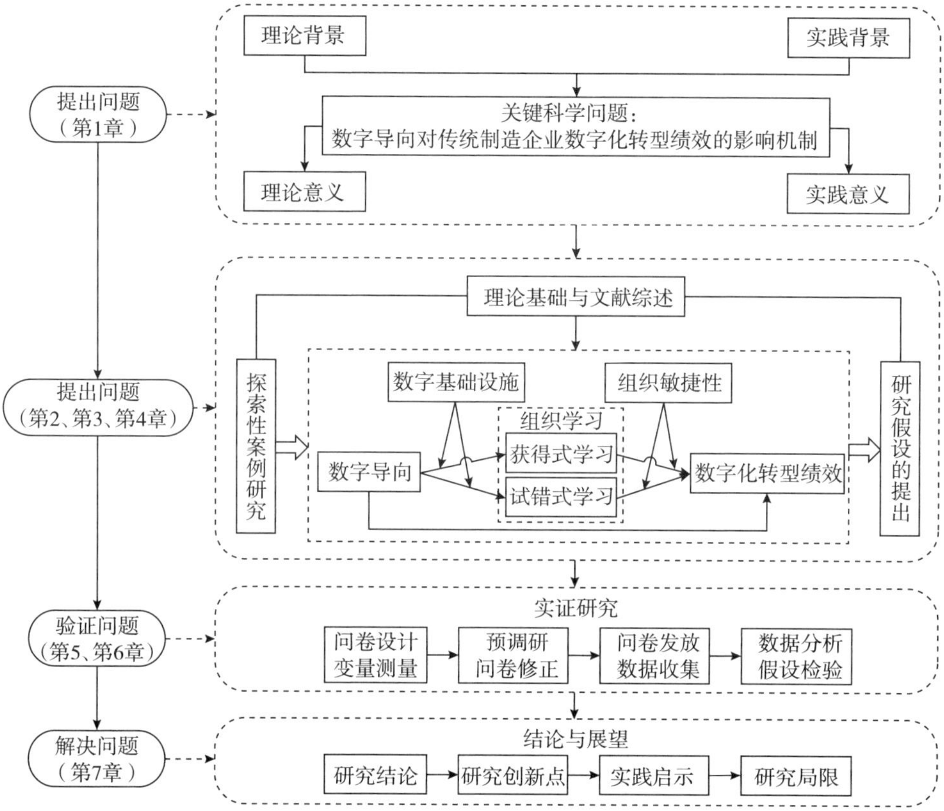

图 1.3 本书技术路线

资料来源：笔者绘制。

第 2 章　理论基础与文献综述

在明确研究问题后，系统地回顾、梳理相关理论与文献，为下一步分析问题、构建理论模型提供支撑。首先，本章对战略管理理论、组织学习理论、资源基础理论和动态能力理论所涉及的核心概念、理论的发展脉络以及在本书中的应用等进行阐述与分析。其次，进一步对数字导向、组织学习、数字化转型、数字基础设施、组织敏捷性这五个核心变量的相关文献进行评述，发现现有研究中有待丰富之处，为后续探索性案例与理论模型构建奠定基础。

2.1　相关理论基础

2.1.1　战略管理理论

2.1.1.1　战略管理的内涵

追溯战略（strategy）这一概念来源于军事方面，是指军事指挥官基于战争全局高度，利用各种军事手段进行的策划和指挥，而后被广泛运用在企业层面，不同视角下战略的内涵与要素莫衷一是（宋克勤和郝辽钢，2008）。直至 1987 年 Mintzberg 提出了 5P 战略模型，他认为战略是一个根植于稳定性的概念，并由计划（plan）、策略（ploy）、模式（pattern）、定位（position）和观念（perspective）这五种规范定义集合而成（Golden 等，2007）。从本质上讲，企业战略指的是企业为获取可持续竞争优势，在综合考虑内外部要素的基础上制定的长远性、全局性经营决策或方案（李海舰和聂辉华，2002）。基于此，战略管理（strategic management）被定义为企业通过战略分析、选择与制定、实施与控制等手段来完成企业长短期任务或目标的过程，如图 2.1 所示。首先，战略会受到来自企业内部与外部的多方面因素共同影响，如企业使命感指引着战略制定方向，组织文化决定着战略决策风格，市场竞争环境关乎战略目标设定等。显然，分析企业内部条件与外部环境是战略管理的首要任务。其次，企业的内外部环境总是处于不停变化之中，根据所处环境选择或制定有利的战略方案是战略管理的核心环节。在当今开放式创新环境中，以往以产品、顾客、竞争为主要发力点的传统战略导向已经过时，以市场为先、创新为本、合作为重的战略导向得到理论界和实践界的广泛认同。最后，战略的实施离不开企业资源的协调与配置，诸如根据战略要求灵活地调整组织结构、协调解决组织活动间的冲突等工作内容都是战略发挥作用的保障。在战略的控制阶段，企业会通过调控各项管理系统检验战略的有效性，从而完成战略的反馈与调整。

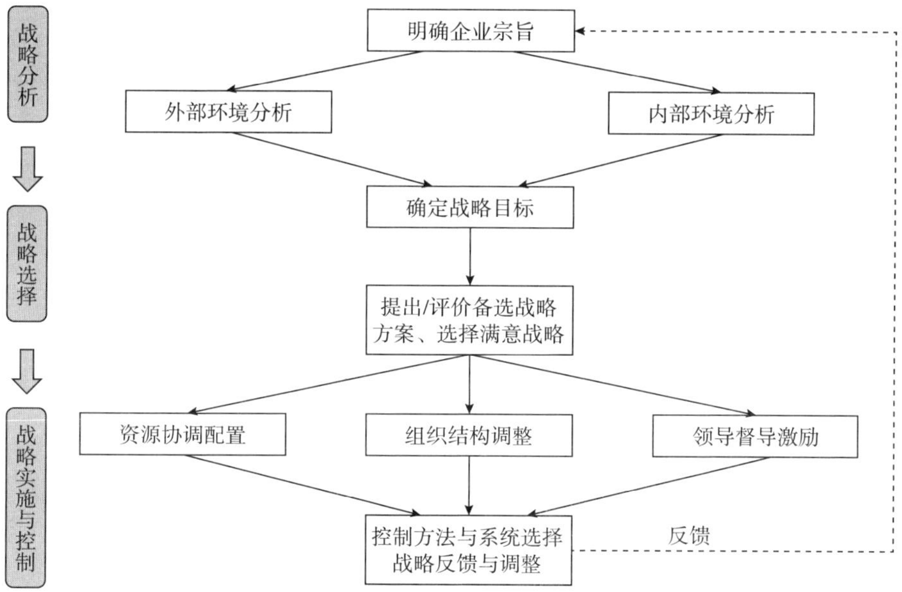

图 2.1 战略管理过程的基本框架

资料来源：笔者根据相关资料整理。

2.1.1.2 战略管理理论发展脉络

企业战略管理思想由来已久，经历了 20 世纪 60 年代至今半个多世纪的长足发展，战略管理已然成为一门综合性学科，涵盖管理学、社会学和心理学等多领域。不同时期下企业外部环境特征总是在不断变化，战略管理理论也由此衍生出战略规划、环境适应、产业组织等诸多流派（Ethiraj 等，2018），接下来按照时间顺序系统地回顾理论发展脉络，为下一步提炼战略管理理论在本书中的应用提供支撑。

（1）20 世纪六七十年代的传统战略管理理论。1962 年，随着《战略与结构》一书的出版，以 Chandler 为主要代表的设计学派登上战略管理理论历史舞台。该著作重点分析了美国四大公司（杜邦、通用、标准石油和西尔斯）的发展历程，首次提出“钱德勒命题”，即企业战略与组织结构之间存在互动关系，组织结构会跟随企业战略需求的变化而不断调整，同时组织结构又制约着战略实施过程。在此基础上，Andrews 认为战略是管理层有意识、有目的地决定并加以适应的，其出版的《公司战略概念》首次提出 SWOT 分析构架，为企业竞争战略的形成奠定了基础。1965 年，《公司战略》的出版标志着战略管理理论中计划学派的诞生，这一开创性的研究也使 Ansoff 成为战略管理的鼻祖。这两种相似的学派都承认了领导者在战略管理过程中的重要地位，但与设计学派不同的是，计划学派认为战略的形成更具正规化、条理化，战略描述的是一系列有意识、可控制、详尽、可落地的运营计划，包括产品与市场范围、增长导向、协同效应和竞争优势四个关键要素。总体来看，在国际市场逐步开放的 20 世纪 60 年代，学者们普遍认同战略具有动态适应性，基于外部环境制订战略计划是这一时期企业管理的主要形式。

20 世纪 70 年代，世界经济格局呈现全球化和多极化发展，布雷顿森林体系的崩溃、石油危机等大转折使得不少企业受到冲击，环境的不可预测性使得战略规划学派饱受质疑，环境适应学派脱颖而出。代表人物之一 Quinn 的逻辑改良主义思想认为，战略是企业对环境变化的逻辑反应，受环境不可预测性影响，领导者应观察、获取外部市场信息，通过反复试验、调整战略来适应环境的变化。与 Ansoff“战略四要素”观点不同，日本学者伊丹敬之认为产品市场群、业务活动领域、经营资源群这三个要素便能够确定企业战略，战略成功的关键在于适应性。Mintzberg 则指出，战略规划思想更多的是在强调企业被动地接受竞争市场环境，而不考虑企业如何培养长期竞争优势这一问题，与之相反，实践中战略往往是企业在应对环境变化情况下意外产生的。概括地说，环境适应学派进一步阐明了战略与环境的关系，弥补了战略规划学派“环境预测”的缺陷，但同时缺少有效的分析工具，无法为企业管理实践提供有效指导。

（2）20 世纪 80 年代的竞争战略理论。20 世纪 80 年代迎来了战略管理的又一大浪潮——产业组织学派兴起。以 Bain、Mason、Scherer 为代表的哈佛学派延续环境适应学派的思想，提出 SCP 分析范式。其中，“S”代表市场结构，是指市场主体以及主体之间的相互作用，可从市场集中度、产品差异化、进入和退出壁垒这四方面加以衡量；“C”代表市场行为，是指企业在考虑市场结构的基础上，为扩大市场占有率、获取更高利润额所采取的决策行为，主要包括价格策略、产品策略和竞争策略；“P”代表绩效，既可从企业角度描述其经营状态、经营效益的情况，也可从市场角度描述市场资源配置情况。该研究范式而后成为了传统产业组织理论分析市场竞争行为的理论根源。基于SCP这一分析模型，Porter（1981）将影响行业竞争程度的五种力量汇集于同一模型中，从供应商议价能力、购买者议价能力、新进入者威胁、替代威胁和同业竞争五个方面分析某一特定行业的竞争态势，经典的“波特五力”模型就此诞生（见图2.2）。他认为竞争是市场永恒的主题，行业结构决定了企业的竞争范围，而分析行业结构是战略制定的起点。为了在竞争市场中获得优势，企业可能会表现出成本领先、产品差异化和集中化三种基本竞争战略。总而言之，产业组织学派侧重关注产业层面的组织分析，认为企业战略的形成是一个受控制、有意识的分析过程，“S-SCP”战略分析框架得到学者们的普遍认同。具体地，该框架中第一个“S”即行业结构，是对行业竞争态势的分析；第二个“S”代表企业战略，特指企业根据所处行业情况而选择的战略类型，如以往研究关注的成本领先、多元化、国际化等战略或目标导向、学习导向等战略倾向；“C”代表企业行为，描述的是企业战略实施过程中的行为活动；“P”代表企业战略行为的结果，学界通常采用绩效的方式对其进行衡量。

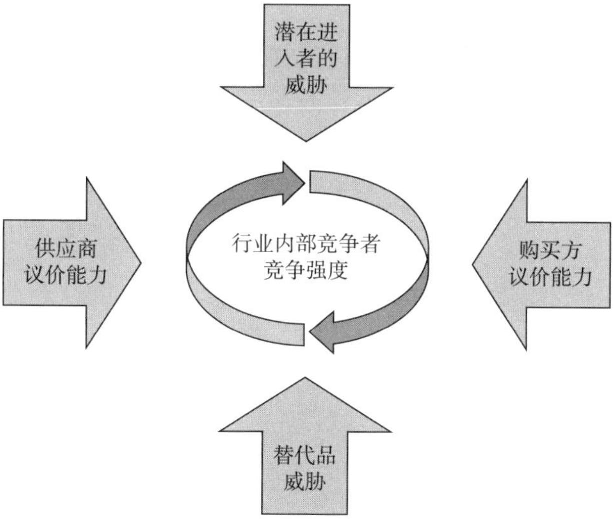

图2.2 “波特五力”模型

资料来源：笔者根据相关资料整理。

（3）20世纪90年代后的战略管理理论。20世纪90年代是动荡的年代，信息革命的全面爆发加速了产业变革，产业竞争格局愈发难测，在新的市场环境下，波特竞争理论的局限性日益凸显（Killen 等，2012），战略管理的理论研究呈现百花齐放态势。资源学派萌芽于 20 世纪 80 年代中期，美国学者 Wernerfelt（1984）首次关注到企业内部异质性、稀缺性资源的关键作用，打破了利润来自行业垄断的传统经济学思想。Barney（1991）基于 VRIO 框架，从“是否有价值、是否稀缺、是否模仿成本高、是否被组织充分利用”四个方面，重新审视企业资源或能力与持续竞争优势的关系，成功地将战略管理领域的研究重心拉回到企业内部。同年，Grant（1991）指出在复杂多变的外部环境下，企业自身的独特资源或能力能更加稳定地评估企业竞争优势，进一步认证了企业内部环境分析的重要性。1994 年，Prahald 和 Hamel 在《竞争大未来》著作中正式提出核心能力理论，通过研究美国多家知名企业的成功或失败案例，认为企业核心能力作为企业重要战略资产，具备有价值性、独特性、难以模仿性、延伸性、动态性、综合性等特征。综上，在这一发展阶段，学界侧重于以资源和能力为基础的竞争优势观，企业内部资源与核心能力能助力企业抓住并创造市场机遇，在一定程度上弥补了波特战略适应思想的不足。

20 世纪末期，科学技术更新迭代加快，基于静态视角简单地强调企业内部资源或能力的建设价值，而忽略市场竞争加剧、产业渐趋融合的外界环境可能会削弱企业竞争力。1996 年，Moore 在其专著《竞争的衰亡》中正式提出商业生态系统这一概念，认为在产业边界日渐模糊的时代，企业不是在单打独斗，供应商、主要生产者、竞争者与其他利益相关者共同构成一个完整的生态系统，企业在战略选择与制定时需放大格局，以实现共赢为终极目标。Moore 凭借“共同进化”的思想改变了以往偏重竞争的战略管理局面，推动战略管理理论进一步向前发展。进入 21 世纪，经济全球化、信息爆炸、数字赋能等时代特征深刻影响着企业的经营环境，由格里·约翰逊、理查德·惠廷顿和凯万·斯格尔斯三位学者合著的《战略管理》（*Exploring Strategy*）教材，结合亚马逊、谷歌等典型案例，从战略概要、战略定位、战略选择与战略实施四方面，系统地展示了战略管理学科的核心主题及多种战略分析方法，标志着战略管理理论日趋成熟。

纵观战略管理理论发展历程，各个阶段的主流理论一直呈现此消彼长的态势（谭力文和丁靖坤，2014）。正所谓实践出真知，理论之树长青，实践之路常新。战略管理始终以企业适应环境变化为宗旨，以指导企业获得长久竞争优势和永续发展为核心，同时企业实践也为丰富、扩展甚至创造理论提供新的可能（Makadok 等，2018；陈冬梅等，2020）。

2.1.1.3 战略管理理论在本书的应用

经历 60 多年的发展，战略管理理论不仅成为管理学领域的重要理论之一，而且成为助力企业成长与发展的重要指导思想（Trigeorgis 和 Reuer，2017）。根据战略管理理论，数字化背景下新一代信息技术的蓬勃发展打破了传统制造企业的生产经营模式，行业内竞争加剧、行业间壁垒消失、行业外竞争者入侵等情况迫使企业重新规划战略方向（Warner 和 Wäger，2019）。为博得数字化发展先机、保持长期竞争优势，众多传统制造企业争相从战略管理高度布局数字化转型（李廉水等，2019）。并且为迎合这一战略需求，企业会设计、实施一系列行为活动从而提升绩效。基于此，本书按照“战略—行为—绩效”的 S-SCP 战略分析框架，构建了以“数字导向—组织学习—数字化转型绩效”为主逻辑的理论模型。战略管理理论为本书探讨数字导向对企业数字化转型绩效的影响提供了理论支撑。

2.1.2 组织学习理论

2.1.2.1 理论内涵与发展脉络

“学习”一词起源于 Sinmon（1953）的文章，他将政府组织重组看作学习的过程，并在其 1958 年出版的《商业组织的行为理论》中正式提出组织学习概念。Cangelosi 和 Dill（1965）开创了理论研究的先河，根据对七人管理团队的观察，提出组织学习是三种压力相互作用的产物，假定学习是断续的、循序渐进的。随后一段时间内，组织学习理论没有被重视与关注。直至 1978 年，Argyris 和 Schön 反驳了 Cangelosi 和 Dill（1965）的假定观点，提出学习是连续性过程，二人出版的《组织学习：行动视角的理论》为后续理论发展奠定了基石。自此，在 Fiol 和 Lyles（1985）、Huber（1991）、陈国权（2002）等学者的补充下，组织学习内涵不断丰富，理论研究进入高潮阶段，同时逐渐受到实践界的广泛关注（Banasiewicz，2020）。

组织学习是一个广泛的概念。既有学者将组织学习看作不断修正错误的行为过程（Argyris 和 Schön，1997）；又有学者认为组织学习不仅包括学习过程，还包括学习结果（Dodgson，1993）。针对不同的学习主体与学习层次，组织学习理论不只是强调单个层面下发生的学习行为，还包含组织内部个体、团队、组织三个层级间的相互学习与转化，以及组织间合作联盟、互动学习过程（潘培培等，2014）。尽管国内外学者对组织学习概念界定尚未达成一致，但大多认同组织学习连续性、阶段性、动态性的基本特征。具体地，连续性是指时间的连续，说明组织学习不是一蹴而就的，而是根据过去经验调整现在行为以提升未来绩效的连续过程（陈国权和周琦玮，2016）。考虑遗忘曲线对组织记忆与学习效率的影响，阶段性要求企业根据组织发展情况设定阶段性目标与任务。动态性指的是为适应纷繁复杂的外部环境，企业需要做出持续改变，不断调整学习模式（曾萍等，

2011）。综上，纵观组织学习理论发展脉络，不难看出相关研究已从单纯的理论研究深入到解决具体的实践问题，从关注内部学习转向跨层级、跨组织学习，甚至在向跨学科等交叉领域渗透。因此，按照研究视角梳理组织学习理论的研究成果，有助于本书进一步理解该理论。

2.1.2.2 组织学习理论的研究视角

组织学习理论提出以来，被认为是企业创造价值的重要手段之一。学者们基于层级转化、知识管理、学习过程、数字化等多种视角展开研究，通过解析组织学习要素构建组织学习模型，在丰富组织学习内涵的同时，也推动着理论发展车轮滚滚向前。

（1）层级转化视角。Kim（1993）将学习分为个体和组织两个层级，认为个人作为组织活动的具体执行者和组成组织的最小单元，个体学习是构成组织学习的基础要素，两个层级的学习过程与结构基本相同，组织心智模式转变完全依赖于个体心智模式，即通过观察、评估、设计、实施的共享心智模型“OADI-SMM”进行层级转化。但后来者并不认同 Kim 的观点，Crossan 等（1995）提出组织具有独特性，组织不是其个体成员的总和，同理组织学习也并非个体学习的简单集成，仅以个体作为分析单元限制了组织学习理论发展。Murray 和 Moses（2005）通过探索 30 多家跨行业大型公司的团队学习机制，发现团队在组织学习过程中处于中心地位。陈国权等（2013）认为组织学习涵盖了个体、团队和组织三个主体的学习过程，任何单个层级的学习行为都可能触动其他层级的学习，即存在跨层级相互转化关系，并形象地将高层级至低层级的转化比喻为“动脉式学习转化”，反之则比喻为“静脉式学习转化”。潘培培等（2014）利用结构方程模型验证了组织内部个体、团队与组织三层级学习间的相互转化关系。

（2）知识管理视角。Huber（1991）指出，组织学习是一个基于知识的动态过程，意味着学习是从个体的知识获取开始，然后到主体之间的知识交换与整合，最终再以集体知识的形式嵌入组织流程与文化中。这一观点激起了学术界基于知识管理视角丰富和拓展组织学习理论的浪潮。Nevis 等（1995）将组织看作一个学习系统，组织学习则是一个包括知识获取、知识共享与知识利用的三阶段知识加工过程。Jerez-Gómez 等（2005）提出组织学习是组织处理知识的能力，换言之是组织通过创造、获取、转移、整合知识等手段改善行为以提升组织绩效的能力。他们认为组织学习的产生需具备四个前提条件：一是来自管理层的模范引领与支持；二是集体主义精神与共同愿景；三是创建组织知识库；四是勇于进行组织革新和开放式学习。Hooi 和 Ngui（2014）梳理了以往研究关于组织学习的界定并总结出两个关键命题：首先，管理者干预是保证组织学习效率和效果的有效手段；其次，组织学习始终要以知识的开发和利用为导向，这将有助于组织实现预期目标。

（3）过程视角。组织学习过程模型最早来自 Argyris 和 Schön（1978）的著作，他将组织看作一个整体，认为组织学习是一个不断修正错误的行为过程，包括发现问题与环境变化、寻找解决方案、修正行为、经验推广四个阶段，简称“发现—发明—执行—推广”。陈国权（2002）认为学习型组织应具备自主学习、持续调整的能力，并在 Argyris 和 Schön（1978）的基础上提出更适合中国情境的“6P-1B”过程模型。如图 2.3 所示，“6P”代表六个阶段（6 Processes），第一阶段“发现”是感知组织内外部的变化信号，同时也是组织开展学习的主要原因；第二阶段“发明”是指为应对环境变化所产生的各种行为或活动；第三阶段“选择”强调组织应具备筛选出最佳行动方案的能力；第四阶段“执行”意味着组织需要有计划地建立一套流程或方法，以保障行动方案的顺利实施；第五阶段“推广”指跨层级或跨组织的知识或经验的传播与扩散，这也是组织学习的核心阶段；第六阶段“反馈”，顾名思义是根据学习结果进行评价与方法改进，旨在为接下来的学习过程指明方向。“1B”代表建立一个组织知识库（1 Knowledge base），“6P”过程中所产生的知识均会储存到知识库中形成组织记忆，反之库中的知识也会被组织再次利用于“6P”各阶段。正所谓学无止境，基于“6P-1B”模型可以看出组织学习本质上是一个不断积累、上升的动态过程。

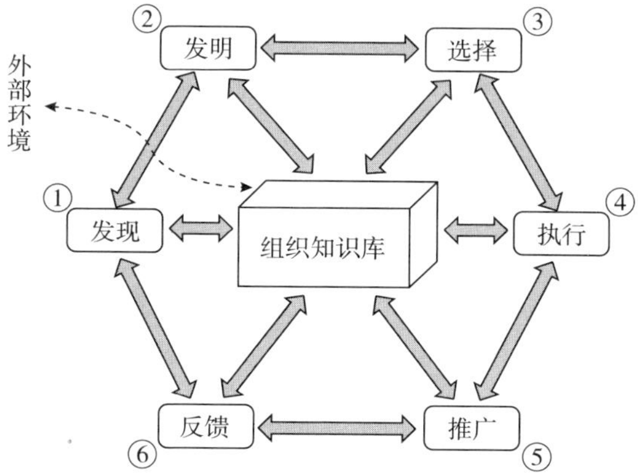

图 2.3 “6P-1B”的组织学习过程模型

资料来源：笔者根据相关资料整理。

（4）数字化视角。数字技术的出现与蓬勃发展颠覆了传统组织内或组织间知识、资源的流动方式，学者们纷纷呼吁开展数字时代组织学习的理论研究（Hanelt 等，2021；魏江等，2021）。Huang 等（2017）研究了中国数字企业 We-Cash 闪银奇异的快速扩张历程，提出快速转型与组织双环学习存在相关关系。Kohli 和 Melville（2019）通过对数字创新的研究述评，发现知识和学习是该领域的核心构念，其中知识是数字商业模式创新的基础，学习是实现数字创新的必要非充分条件。Tortorella 等（2020）将组织学习看作与组织文化和环境直接相关的、基于更清晰的理解和更深入的知识的改进过程，并以巴西制造企业为样本，通过实证研究检验了个体、团队、组织三个层级的学习能力在工业 4.0 技术及其运行绩效间起中介作用。肖静华等（2021）聚焦美的集团的智能制造转型升级过程，探讨了数字技术驱动下的组织学习机制，证实了数字化加速学习与重构学习是企业实施数智化战略变革的重要方式。同样地，Ruel 等（2021）认为企业数字化业务战略的制定亦是一个不断学习和创新的过程，为更清晰地展示企业数字化战略的形成机制，构建了以领导力与组织学习为中介的理论框架，丰富了数字化情境下组织学习的相关研究。

2.1.2.3　组织学习理论在本书的应用

近年来，组织学习理论更多地被应用于解决实践问题，传统的组织学习理论将学习视为不断检验并纠正错误的过程，并认为组织学习对于打破束缚、实现变革至关重要（Argyris 和 Schön，1978；Zhao，2011）。但组织学习不会凭空产生，管理层的战略引领、组织内部支持性环境、企业自身发展需要等因素均是组织学习的重要前因（Strobl 等，2022）。基于此，本书认为在传统制造企业的数字化转型过程中，数字导向能够坚定组织发展或重构的信念，通过激发组织学习需求和组织学习行为来摆脱对原有工业化体系的依赖（Ardito 等，2021）。此外，随着各种新兴数字技术层出不穷，微粒化、平台化、网络化与生态化的组织特性触发了组织创新环境的重大变革，海量性、可流动性、高速增长性的数字资源也使得组织学习模式愈发复杂（魏江等，2021）。根据实践观察，为缩减数字化转型的试错成本，传统制造企业需要根据多渠道、多维度的数据反馈不断调整自身行为，以至于很难辨别知识来源和知识存量改变方式，以往按照探索和利用划分组织学习模式的方法可能不再适用，组织学习理论发展与实践脱节（Hoe，2021；谢康等，2020）。为此，本书聚焦传统制造企业的数字化转型过程，致力于将组织学习赋予情景化特征，同时能够拓展组织学习理论的适用范畴。综上，组织学习理论既是本书探索数字化情境下组织学习内涵与维度的理论基础，同时也是探讨数字导向与不同组织学习模式间关系的理论逻辑。

2.1.3 资源基础理论

2.1.3.1 资源的内涵

提及“资源”，最先联想到的是一切可被人类开发、利用的物质要素的总和，包括自然界中存在的空气、土地、海洋等自然资源，以及人力、信息和其他可通过劳动创造的社会资源。与这一广义概念对比，管理学学科中资源的内涵既有相似，又有不同。尽管早在 1959 年 Penrose 便提出组织资源对企业成功的重要作用，但直至 20 世纪 80 年代，资源基础观才初具雏形（Nair 和 Judge，2008）。开创者 Wernerfelt（1984）在研究中广泛地将资源界定为所有可以为企业增加优势或劣势的资产，涉及资本、专业技术人员、知识经验等有形和无形资产。Barney（1991）基于 Wernerfelt 的观点明确了资源概念与基本特征，他认为只有那些能够帮助企业获取持续性竞争优势的事物才可称作资源，价值性、稀缺、不可模仿和不可替代是资源的基本特征，并按照传统分类方式将企业资源分为物理资本、人力资本、组织资本三种类型。具体地，厂房、设备、原材料等以实体形态存在的被归为物理资本资源（physical capital resource）；体现在企业管理者或员工身上的经验、智力、洞察力等被归为人力资本资源（human capital resource）；存在于组织之中的各种计划、控制、协同系统，企业内部团队间的关系等均属于组织资本资源（organizational capital resource）。同年，Grant（1991）认为生产过程中投入的要素可统一称为资源，但这些资源本身不具备生产性，如资金、设备、技术、品牌等。Amit 和 Schoemaker（1993）区分了资源与能力的概念，认为资源是企业所拥有或可以控制的存量要素，在同其他资产的配合使用下可转换成产品或服务。Helfat 和 Raubitschek（2000）弥补了前人研究关于资源与能力两个构念混淆不清的不足，认为资产与能力间存在互动关系，而互动过程中积累的知识才是企业的关键性战略资源，从知识视角扩展了资源的内涵。Das 和 Teng（2000）在探究战略联盟的形成机制时，根据资源的显隐性将其划分为产权资源与知识资源，如以资本、物质等为代表的产权资源具有相对显性特征，而技术、管理资源属于默会知识，具有隐性特征。Barney 和 Arikan（2001）将资源描述成企业用来构思和实施战略的有形和无形资产，物质、财务、人力、组织是四种主要的资源类别。Ardichvili 等（2003）基于创业视角，认为有利于企业创立和成长的各种要素与支撑条件都属于创业资源。张金鑫（2006）基于企业的并购管理过程，按照资源转移从易到难的标准将其分为资产资源、能力资源和文化资源。综上所述，20 世纪末期到 21 世纪初期正值资源学派兴起，开启了资源、能力和企业竞争优势关系研究的热潮。尽管现有研究对于资源具体界定及分类方式尚未形成统一观点，如表 2.1 所示，但可以明确的是，企业是各类资源的集合体，资源能够为企业创造价值，如何有效且高效地获取或配置资源是决定企业生存与发展的关键（张璐等，2021）。

表 2.1　资源相关概念

文献来源	相关概念	分类方式
Wernerfelt（1984）	资源是所有可以为企业增加优势或劣势的资产	有形资产、无形资产
Barney（1991）	资源是能够帮助企业获取持续性竞争优势的事物	物质资本、人力资本、组织资本
Grant（1991）	生产过程中投入的要素可统一称为资源，但这些资源本身不具备生产性	财务资源、物质资源、人力资源、技术资源、声誉资源、组织资源
Collis 和 Montgomery（1995）	资源是实体资产、无形资产及组织能力三大要素的组合	有形资产、无形资产、组织能力
Das 和 Teng（2000）	资源包括企业拥有合法产权的财务资本、实物和人力资源等，以及无形的技术诀窍和技能等隐性知识	产权资源、知识资源
Barney 和 Arikan（2001）	资源是企业用来构思和实施战略的有形和无形资产	物质资源、财务资源、人力资源、组织资源
Ardichvili 等（2003）；林强等（2003）	创业资源是有利于企业创立和成长的各种要素与支撑条件	直接资源（财务、经营管理、人才、市场）、间接资源（政策、信息、科技）
张金鑫（2006）	战略资源是企业专属、可以为企业创造并保持竞争优势的资源合集	资产资源、能力资源、文化资源

资料来源：笔者根据相关文献整理。

然而在当今数字时代，数据已然成为一种新型生产要素（Rittera 和 Pedersenab，2020）。2020 年，数据资源（data resource）一词经全国科学技术名词审定委员会通过批准并正式向社会发布。所谓数据资源，狭义上单指企业运营过程中产生或积累的各种数据，如顾客信息、财务流水、采购记录等；从广义上看，数据资源不只局限于数据本身，一切可能涉及的并能参与创造价值的要素都可成为数据资源，如数据中台等新一代通信技术、数字技术人员等（Suoniemi 等，2020）。与劳动、资本、土地、知识、技术、管理等传统生产要素相比，数据资源具有海量性、可流动性、可复制性等特征，挑战着以往资源基础观视角下的 VRIN 基本特征（George 等，2014；蔡莉等，2019）。基于此，回顾并梳理资源基础理论的发展脉络，有助于明确数字化背景下理论发展新趋势与新挑战。

2.1.3.2 资源基础理论发展脉络

资源基础理论（resource-based theory）起源于战略管理学科，致力于查找企业之间存在参差的根本原因（Barney，1991），多年来该理论主要经历了静态资源基础观、动态资源基础观、资源行动观三个发展阶段。在学者们的不断扩充与完善下，资源基础理论已成为运作管理、创新管理、人力资源管理等领域解决实践问题的核心理论之一（Hitt 等，2016）。由此，本书按照时间顺序，梳理资源基础理论的发展脉络，如图 2.4 所示。

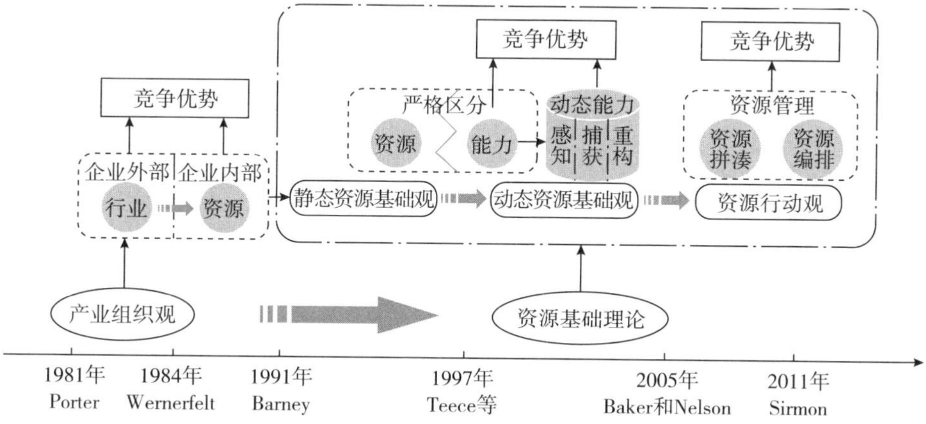

图 2.4 资源基础理论发展脉络

资料来源：笔者根据相关文献整理。

（1）静态资源基础观。1959~1990 年是资源基础观的思想萌芽阶段，Penrose（1959）、Wernerfelt（1984）、Barney（1986）等学者开始尝试界定资源这一构念，从企业内部要素入手探索资源与企业绩效的关系（张琳等，2021）。这一时期的大部分研究不够聚焦，资源的重要性未得到充分重视，但这些文献却为后续研究奠定了坚实的基础。直至 1991 年，VRIN 四种资源基本特征的提出打破了僵局，标志着资源基础理论进入快速成长期（Kraaijenbrink 和 Groen，2010）。根据 Barney（1991）的观点，行业内不同企业间的资源是异质性的，并且具有不可复制性，这些异质性资源可以帮助企业在竞争环境中保持独有优势。Mahoney 和 Pandian（1992）结合传统的企业能力理论、组织经济学范式、产业组织观等思想描绘资源基础观的适用范围与理论特征，为战略管理领域的相关研究提供了新视角。Peteraf（1993）深入企业竞争过程，发现企业创造可持续竞争优势还需要满足四个潜在条件，即行业内资源异质性、事前竞争限制、资源流动受限、事后竞争限制。可以看出，这一阶段的研究偏重于从存量视角解析资源和能力对企业未来发展的影响，强调异质性资源的重要作用，但却忽略了纷繁复杂的外部环境下资源获取与配置的动态过程，也正是这一缺陷推动了动态资源观的发展（Barney，2001）。

（2）动态资源基础观。在外界环境愈发动态化的背景下，学者们逐渐发现企业静态的资源占有、核心能力刚性导致其无法在市场竞争中维持领先地位的同时开展创新活动，战略选择面临悖论（Helfat 和 Peteraf，2003）。为此，Teece 等（1997）将动态能力引入资源基础理论，重点从动态视角分析资源的获取、整合与重构过程。Dyer 和 Singh（1998）突破了产业组织观或静态资源观的思想束缚，基于关系视角提出企业的关键资源可能跨越组织边界，并嵌入企业间的资源与惯例。随后学者们进一步聚焦动态环境下企业如何实现长久竞争优势等实践问题，围绕动态能力及其维度构成展开了大量研究。例如，Luo（2000）基于全球化运营背景，从资源独特性、资源配置、动态学习视角分析，认为动态能力可划分为三个子维度，即能力拥有、能力部署和能力升级；Teece（2007）提出动态能力的经典划分方式，即感知能力、捕获能力与重构能力等。简而言之，动态资源基础观在一定程度上解决了静态资源与动态情境无法匹配的理论困境，但却忽视了组织的资源管理过程，对于组织资源的来源、形成及配置过程未做深入诠释（Barney 等，2011）。

（3）资源行动观。创业管理实践中，大多数新创企业都会面临资源桎梏，创造异质性资源成为企业短时间脱颖而出的主要发力点。基于此，Baker 和 Nelson（2005）在传统资源基础观的基础上引入“拼凑”“即兴”等概念，所提出的资源拼凑理论强调了有限资源环境下企业“将就地”利用周围现存资源的重要价值。资源拼凑作为新创企业应对创业挑战、突破成长瓶颈的有效途径，成为当时创业领域的热点议题。另外，在开放式创新大趋势下，越来越多的企业尝试跨越组织边界进行资源管理活动。资源管理，这一名词最早出现在 Sirmon 等（2007）的研究中，先将企业资源管理细化成资源结构化、捆绑与利用三阶段模型，再分别探讨与价值创造的关系，研究结果回应了学界对于资源基础理论忽视动态环境偶发、管理者角色等内容的批判。Sirmon 等（2011）将上述思想融合正式提出资源编排理论，促进了相关领域实证研究数量激增，也标志着资源基础理论步入新的发展阶段。综上，资源行动观在继承动态资源基础观思想的同时，更加强调了资源“动作”是组织实现目标的关键。

2.1.3.3 资源基础理论在本书中的应用

经过多年的不断完善与丰富，资源基础理论已经成为战略管理领域最具影响力的理论之一（Rashidirad 等，2015）。近年来，数字化浪潮的兴起正不断冲击着传统资源基础观的理论逻辑，海量性、可流动性、可复制性的数字资源特征打破了企业凭借VRIN资源便可保持长期竞争优势的基本假设，迫使企业重新思考如何突破组织边界实现内外资源协同，以及组织内部如何高效配置资源等问题（魏江等，2021）。根据资源基础理论，在动态复杂的数字化营商环境下，数字技术作为一种数字资源是企业提升绩效的必要非充分条件，无法为企业带来持续性竞争优势（Usai等，2021）。原因之一是数字技术包含的标准化知识容易被竞争对手模仿；之二是数字技术虽可以快速提高效率与生产力，但也会使企业产生技术依赖进而表现出创造力减弱（Baia等，2020）。这意味着，企业数字化转型不等同于将数字技术简单地引入组织中，还需要通过开展学习活动促进技术应用与资源转化。此外，传统制造企业间数字化资源禀赋不尽相同（刘洋和李亮，2022）。根据资源基础理论，为最大化地发挥资源效用，实践中企业应结合自身资源情况采取与战略相匹配的资源行动（Liu等，2016）。因此，本书基于资源基础理论，认为组织学习作为企业通过借用数字化工具更新发展企业适应能力的过程，是数字导向影响企业数字化转型绩效的重要中介机制，但同时组织学习的模式选择又会受到数字基础设施边界条件的限制。资源基础理论为探讨数字导向、组织学习、数字基础设施三者的关系提供理论保障。

2.1.4 动态能力理论

2.1.4.1 动态能力的内涵

动态能力这一概念是基于资源静态基础观演化发展而来的，Collis（1986）认为复杂环境下组织存量资源和能力带来的价值十分有限，且很容易被更高阶能力替代，组织能力的价值很大程度取决于环境。Teece等（1997）将动态能力界定为企业在既定路径依赖和市场定位下，通过整合、建立、重构内外部胜任力来应对快速变化的环境并获取创新性竞争优势的能力。自此，动态能力成为战略管理领域的热点议题，相关研究如雨后春笋般不断涌现，动态能力的内涵也随之不断更新与发展。Eisenhardt和Martin（2000）基于过程视角，认为诸如产品开发、战略决策、战略联盟等一系列具体的、明确的、利用资源的过程均可属于动态能力定义范畴。Winter（2003）基于能力视角认为能力可以进行能级划分，其中最基础的零级能力指的是组织用来谋生的常规能力，而动态能力是指拓展、修改或创建这些常规能力的能力，属于更高层级能力。Teece（2007）更新了动态能力的维度划分方式，认为感知机会或威胁、抓住机会、重新配置资源是动态能力的三个维度。Helfat和Peteraf（2009）提出动态能力是以创新为基础的，描述了组织创建、扩展和修改企业资源库的能力。Pavlou和El Sawy（2011）从感知、学习、整合、协调四种能力入手构建了动态能力模型的框架，同时量化了动态能力这一核心概念，弥补了以往研究缺乏测量模型的不足。Karimi 和 Walter（2015）在一项针对数字颠覆下的报刊行业发展研究中，从资源、过程、价值三个维度衡量动态能力，并证实其作为数字平台能力前因的作用。Warner 和 Wäger（2019）通过德国传统行业数字化转型的多案例研究提出基于数字化动态能力这一构念，并将其分为数字感知、数字捕获和数字转型三个维度及九种构成要素。钱晶晶和何筠（2021）分析了碧桂园从信息化到数字化再到智能化的转型过程，认为相应阶段下动态能力也呈现出从数字化感知能力向数字化获取能力再向数字化转型能力的演化机制。Foss 等（2022）将生态系统领导力看作一种动态能力，从感知、捕捉、重构三种视角探讨领导力的作用效果。总体而言，尽管不同研究情境下动态能力的内涵及维度存有差异，但从根本上讲，动态能力作为一种高阶能力，能够使组织能力与快速变化的市场需求相匹配，通过资源的整合、重新构建与配置来保持领先地位与竞争优势（宝贡敏和龙思颖，2015）。

2.1.4.2　动态能力理论发展脉络

动态能力理论的起源可追溯到 1997 年，Teece 等（1997）发现核心能力刚性有可能是企业发展道路上的巨大阻碍，为此他们基于能力演化视角提出企业发展新能力的需要，正式创立动态能力理论。25 年来，动态能力理论被广泛地应用于指导管理实践，研究热度持续攀升，先后经历了理论探索（1997~2003 年）、理论融合（2004~2012 年）和理论深化（2013 年至今）三个阶段（焦豪等，2021），具体如图 2.5 所示。

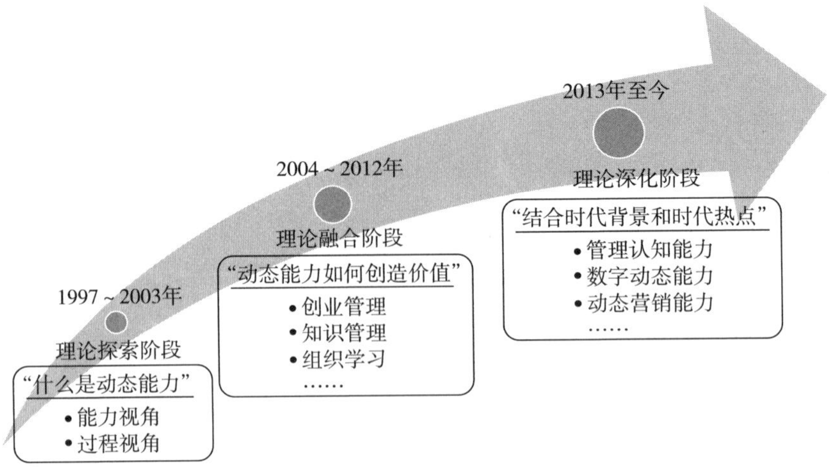

图 2.5　动态能力理论发展脉络

资料来源：笔者根据相关文献整理。

（1）理论探索阶段。从1997年动态能力理论兴起至2003年，学者们主要致力于解决“什么是动态能力”的问题，包括能力与过程两种研究视角。以Teece等（1997）和Winter（2003）为首的学者提出了较为经典的概念含义，他们认为动态能力是企业为应对复杂外界环境而不断调整或重构基础能力的能力，是存在于组织基础能力之上的高阶能力。显然，能力视角下的概念界定方式颠覆了企业传统能力观，将普通能力与动态能力区分开来。但也有部分学者指出“调整基础能力的能力”“基础能力之上的能力”等术语叠用使概念描述过于含糊和抽象（Eisenhardt和Martin，2000）。基于此，他们从过程视角出发将动态能力具体化为资源配置与利用过程，包括产品开发、战略决策、战略联盟等具体的、可识别的组织惯例。综上，在动态能力理论探索阶段，虽然关于动态能力的界定视角与具体内涵未能统一，但学者们普遍认同动态能力是超越竞争对手、提升企业绩效的重要前因。

（2）理论融合阶段。随着研究的深入，也出现了一些批判性声音，企业能否做出持续改变并非判别企业是否具备动态能力的标准，更何况这些属性并不保证企业成功（Arend和Bromiley，2009）。以雅虎的衰败为例，尽管企业在开发新业务上做了多项努力，但战略不聚焦、市场定位模糊等导致企业仍跟不上互联网变化节奏，最终淹没在时代洪流中。为此，2004~2012年学者们开始关注动态能力的实践价值，通过融合创业管理、知识管理、组织学习等领域研究，回答“动态能力如何为企业创造实质性价值”的研究问题。Newbert（2005）将动态能力框架应用于新创企业形成过程，以更好地指导新创企业如何获取或重新配置关键性资源。Cepeda和Vera（2007）以西班牙信息通信行业为调研对象，揭示了动态能力产生与应用背后的知识管理过程，以及他们对运营能力的影响。Ambrosini等（2009）将学习本身看作动态能力的一部分，企业通过不断地重复与试验来保证任务更好更快地执行。Zheng等（2011）将动态能力与知识管理相结合，并划分为知识获取、知识生成与知识组合三种能力，且证实了三种能力间存在递进关系以及知识获取能力通过知识组合能力影响创新绩效的逻辑链条。总体而言，理论融合阶段的学者们不再拘泥于针对动态能力概念本身的研究，而是将动态能力理论拓展至各种情境，从动态视角解决各类实践问题。

（3）理论深化阶段。2013年后动态能力理论进入深化发展阶段，相关研究呈现发散式延伸，越来越多的学者尝试结合时代背景与时代热点探索动态能力的不同表现形式。Helfat和Peteraf（2015）从微观视角引入管理认知能力的概念，提出管理认知能力是感知、捕捉、重构动态管理能力的基础，对组织战略变化存在潜在影响。Wang等（2015）发现“能力陷阱”的存在，并证实吸收能力和变革能力是动态能力更新和创造企业资源或能力过程中不可或缺的要素。Bogers 等（2019）呼吁未来研究应用动态能力视角来解决开放式创新背景下的企业战略管理问题，以便更好地理解开放式创新的重要性与局限性。Warner 和 Wäger（2019）强调为在数字经济时代占有一席之地，企业需要建立强大的动态能力以快速创建、实施和转变商业模式，提出数字感知能力、数字捕获能力和数字转型能力。随着国际化进程加剧，Ledesma-Chaves 等（2020）重点关注动态营销能力在国际化水平提升与企业绩效之间的中介作用。Wamba（2022）聚焦人工智能技术同化的经济效应，基于动态能力理论构建了人工智能同化通过组织敏捷性和客户敏捷性的中介作用影响企业绩效的理论模型。综上，这一阶段动态能力理论框架不断深化，全方位、多视角地探索和细化动态能力的构成要素、影响因素及作用机制。

2.1.4.3　动态能力理论在本书的应用

动态能力理论阐释了企业如何适应快速变化的外部环境并取得竞争优势，一经提出便受到学术界的广泛关注，到了数字经济时代其地位愈发凸显（Helfat 和 Raubitschek，2018；Jiao 等，2013）。该理论假设指出，动荡不定的市场环境下，拥有高动态能力的企业往往更能应势而动、顺势而为（Teece，2007）。对于一些成长在工业、信息时代的传统制造企业来说，数字化转型是一种基于企业本体的颠覆式变革，学习和探索新的价值创造方式、经营管理模式甚至是新的组织形态固然重要，但如何响应日益多元化的客户需求才是实现蜕变和突围的关键所在（Rossia 等，2020）。更何况在实践中，受组织文化差异、企业发展阶段、员工数字素养等各种因素限制，传统制造企业通过学习行为直接获取或试错累积的数字经验适用性与可行性较低，不能原封不动地应用于日常运营中（Niemand 等，2021）。鉴于此，动态能力理论视角下的组织敏捷性更聚焦微观层面，强调对内外环境变化的感知与响应能力，类属动态能力的特定子集（Nijssen 和 Paauwe，2012）。组织敏捷性较高的传统制造企业对外能够敏锐捕捉市场和技术的变化，对内敢于克服企业惯性思维灵活调整运营模式，这些均有助于企业筛选出与数字营商环境相匹配、与自身发展相适应的数字化行动路径并加以实施，极大地优化学习成效，加速数字化转型进程（Alnuaimi 等，2022；刘洋等，2020）。由此可见，动态能力理论为探索组织敏捷性在组织学习与企业数字化转型绩效间的调节作用提供了理论基础。

2.2　相关文献综述

2.2.1　数字导向相关研究

2.2.1.1　数字导向的内涵

近年来，随着数字化浪潮席卷各行各业，应用数字技术实现降本增效已成为企业共识（Matarazzo 等，2021）。根据《2021 埃森哲中国企业数字转型指数研究》，我国连续多年数字经济规模稳居第二，全行业进入数字化变革加速阶段，现有 16%的领军企业数字化转型效果显著。基于实践观察不难发现，明确的战略规划往往会让数字化转型事半功倍，数字化情境下的战略导向也逐渐成为国内外学者的热点议题（Arias-Pérez 和 Vélez-Jaramillo，2022）。

战略导向（strategic orientation）广义上是指企业为赢得可持续商业绩效而奉行的战略方向，其作为战略管理领域的核心概念多年来备受关注，基于不同研究情境衍生了多种内涵界定与维度划分方式（Schweiger 等，2019）。其中，较有代表性的有：Gatignon（1997）从客户、竞争者、技术三个维度探讨战略导向对新产品开发绩效的影响；Noble 等（2002）指出以往研究中关于市场导向、战略导向与文化三个概念交错重合的复杂关系，并将战略导向视为文化建构的一个子维度等；Slater 等（2006）聚焦战略形成能力构念，将战略导向与能力整合在同一模型中，旨在厘清勘探者、分析者等不同类型的战略导向在战略形成能力各要素与绩效间的调节作用等。另外，随着企业所处环境的变化，学者根据研究情境不断细化深化战略导向内涵，如运营导向、创业导向、网络导向、数字导向等概念及研究日渐兴起（Quinton 等，2018；Zhou 和 Li，2007）。本书重点关注数字化情境下的战略导向——数字导向（digital orientation），通过文献梳理发现相关研究尚处在初步探索阶段，对于如何界定数字导向还未形成统一意见（Kindermann 等，2021）。为此，本书按照文献出版的先后顺序，总结梳理数字导向概念内涵，绘制了表 2.2。

表 2.2　数字导向相关概念

文献来源	概念内涵
Quinton 等（2018）；Arias-Pérez 等（2021）	企业为利用数字技术所带来的机会而采取的一种审慎的战略定位

续表

文献来源	概念内涵
Garcia 等（2019）	企业有预谋的战略布局，以便从数字技术所带来的机遇中获益
Khin 和 Ho（2019）；郑勇华等（2022）	企业对应用数字技术提供创新产品、服务和解决方案的承诺
Dantsoho 等（2020）	企业为融入数字生态系统，而利用新技术实现商业模式创新、简化运营和提升顾客消费体验的一种趋势
Kindermann 等（2021）	企业培育、选择和实施数字化战略举措的指导原则
Yu 和 Moon（2021）	企业利用数字资源创造价值从而影响企业的经营战略
胡媛媛等（2021）	企业采取数字化战略的倾向
Ardito 等（2021）	企业实施数字化的战略决策

资料来源：笔者根据相关文献整理。

综合表 2.2 中罗列的概念与学者观点，目前研究对数字导向的理解大致可划分成三个研究视角。第一种观点以 Quinton 等（2018）、Arias-Pérez 等（2021）为代表，他们回归“战略”的本质特征，认为数字导向是企业为利用数字技术所带来的机会而采取的一种审慎的战略定位，涉及企业对培养和使用市场洞察力、主动创新和开放思想的一系列态度或行为。第二种观点偏重强调“技术”的使用与效用，如 Khin 和 Ho（2019）将数字导向看作数字技术背景下技术导向的延伸，描述的是企业对应用数字技术提供创新产品、服务和解决方案的承诺；Kindermann 等（2021）认为随着数字技术的迅猛发展，以往凭借战略定位来抢占竞争优势的格局已逐渐被替代，为补此不足他们围绕数字技术特性重新阐释了数字导向概念，并强调数字导向是企业培育、选择和实施数字化战略举措的指导原则。第三种观点则将数字导向概念进一步具体化，认为数字导向即同数字化相关的战略决策，如 Ardito 等（2021）将战略导向分为数字导向和环境导向两个维度，其中数字导向强调的是一种关于企业实施数字化的战略决策，环境导向反映了企业在策略、运营、创新活动等方面优先考虑环境因素的战略决策；胡媛媛等（2021）认为数字化战略导向是企业获取市场竞争力的前提条件，并将其界定为企业采取数字化战略的倾向，同时也能够侧面反映企业为实现数字化而投入的资源情况。

基于以上内容，数字导向是数字化情境下衍生的新概念（Kindermann 等，2021）。尽管目前研究对数字导向概念界定还未达成一致，但总的来看这些概念大多反映了对数字技术应用价值或前景的正确认知，强调了数字技术的重要性。

因此，本书借鉴 Khin 和 Ho（2019）的观点，认为数字导向指的是企业对应用数字技术提供创新产品、服务和解决方案的一种战略定位，也是传统制造企业克服认知偏差、向数字化体系迈进的关键。

2.2.1.2 数字导向的维度

截至目前，学界关于数字导向构成要素的研究呈现多元化、分散化发展态势，如表 2.3 所示。首先，部分学者认为数字导向是一个单维度构念，如最具代表性的观点提出者 Khin 和 Ho（2019）认为数字导向是技术导向的延伸，强调了企业对数字技术应用的承诺和技术变化的响应。其次，一些学者主张沿用战略导向的维度划分标准，如 Quinton 等（2018）将数字导向分为市场导向、学习导向和创业导向；Yu 和 Moon（2021）考虑数字背景下客户需求、数字生态和新兴技术等方面的变化，从客户导向、竞争者导向、技术导向三维度定义数字化战略导向；孟庆时等（2022）认为后发国家应抓住数字技术带来的机会窗口，基于技术导向、市场导向和价值导向明晰了突破性创新类型。与前人观点不同，Kindermann 等（2021）基于数字技术可供性、开放性、自生长性等特征提出传统的战略导向类型无法有效推动和支持数字化战略举措，并提出了新的四维度划分方式，即数字技术范围、数字能力、数字生态协作和数字架构配置。此外，Lei 等（2021）结合数字创新创造的价值类型与数字能力建设目标，将数字创新导向细分为效能、新颖性和融合性三个维度。

表 2.3 数字导向维度划分

	文献来源	维度	释义
单维度	Khin 和 Ho（2019）；Arias-Pérez 等（2021）；郑勇华等（2022）	数字导向	数字技术背景下的技术导向
	Garcia 等（2019）	数字导向	企业有预谋的战略布局
	Ardito 等（2021）	数字导向	企业实施数字化的战略决策
多维度	Quinton 等（2018）	市场导向	组织与市场保持一致，并对客户需求做出回应的倾向，如通过寻找和理解外部信息识别新机会等行为
		学习导向	组织对学习的承诺，能够促进开放性思维、对长期持有的信念和行为方式提出疑问，并根据部分信息采取行动
		创业导向	引导组织使其率先进入市场的战略定位，如从事风险投资、参与产品创新等态度和行为

续表

	文献来源	维度	释义
多维度	Kindermann 等（2021）	数字技术范围	企业特定的技术集，数字技术范围决定企业可以为客户创造数字支持价值的范围或程度
		数字能力	包括系统使用能力和内部管理技能，如人工智能、大数据、机器学习等组织能力，以及程序员、工程师等技术专长
		数字生态协作	反映了在开放的技术生态系统中，企业如何有效地与利益相关者互动
		数字架构配置	数字技术通过许多分散和不协调的单元触发无指导变革机制的能力，对企业绩效架构和工作流程有重要影响
	Lei 等（2021）	效能	新工艺流程的形成；以生产管理与控制、供应链管理、财务管理与控制为中心
		新颖性	新产品或新服务；研发创新；以客户服务为中心
		融合性	新组织结构和商业模式的形成；以业务管理决策为中心
	Yu 和 Moon（2021）	客户导向	企业通过了解目标客户需求而创造更高价值的程度
		竞争者导向	企业关注所在行业的竞争程度
		技术导向	企业在转型过程中引入并运用新的数字制造技术的程度
	孟庆时等（2022）	技术导向	面向前沿技术变革
		市场导向	面向市场新需求和新市场培育
		价值导向	面向价值网络重构

资料来源：笔者根据相关文献整理。

2.2.1.3 数字导向的前因变量

数字经济时代下企业营商环境剧烈改变，面对日新月异的数字技术和消费群体日趋多样化的需求，数字导向这一概念应运而生（Abrell 等，2016；Kindermann 等，2021）。数字导向作为技术导向的一个分支，通常被理解为企业应用数字技术来应对环境变化的意图，这意味着数字导向产生于外部环境的转变（Arias-Pérez 和 Vélez-Jaramillo，2022）。一方面，来自政府部门的多重利好政策释放数字化信号，激励企业加大数字技术的应用力度；另一方面，数字技术的嵌入改变了行业内竞争态势，在“技术推动需求拉动”的模式下企业争相布局数字化发展战略（Nambisan，2017）。除此之外，内在价值评估、组织能力和高管特质等企业内部要素也是影响数字导向的重要前因（Quinton 等，2018）。首先，内在价值评估指的是企业对数字技术所能创造的价值的评估，但数字技术具有“双刃”效应，在提高运营效率的同时，也会增加企业在技术转换成本、数据安全等方面的风险，因此对数字技术应用价值的积极评价是驱动数字导向的关键（Grant 等，2014）。其次，数字技术的快速迭代演化对组织能力提出了更高要求，包括识别市场机会、响应客户需求、快速试错、开放式营销等（Day，2011）。同样地，崔淼和周晓雪（2021）利用质性元分析方法，证实了组织动态能力和运营能力是数字化战略更新不可或缺的基础要素。最后，数字导向描述的是企业自上而下的数字化战略定位，必然会受到高层管理者特质的直接影响，如风险承担、积极变革、开放思维、好奇心与挑战性等（Jones 等，2014；Lichtenthaler，2020）。综上，结合数字导向概念内涵，企业构建数字导向的前置因素如图 2.6 所示。

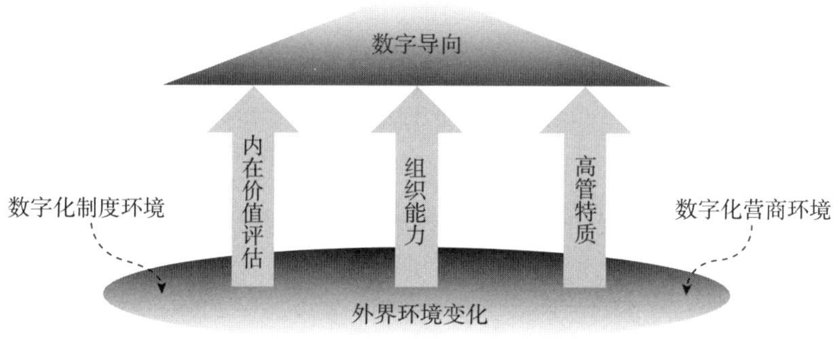

图 2.6　企业构建数字导向的前置因素

资料来源：笔者根据相关文献整理。

2.2.1.4　数字导向的结果变量

经文献梳理，数字导向反映了企业通过使用数字技术创造价值的意愿，是企业在数字经济时代获取核心竞争优势的基础。本书按照行为、能力和绩效三个属性对结果变量予以分类，具体如表 2.4 所示。首先，数字导向会直接影响机会识别、知识获取等行为过程。朱秀梅等（2020）在探究数字创业企业内核生成过程时发现，数字技术导向与创业机会开发的效率与效果直接相关。Pergelova 等（2019）关注数字技术的赋能效应，证实了数字技术通过为获取国际市场知识提供途径、促进合作伙伴间的互动关系进而影响企业国际化。Arias－Pérez 等（2021）指出知识获取与利用在数字化战略导向与创新能力的关系中起中介作用。其次，数字导向能够促进数字能力、市场竞争力的提升。Yu 和 Moon（2021）提出数字能力的三个核心要素：数字基础设施、数字化集成和数字化管理，并证实了数字能力在数字战略导向与组织绩效间的中介作用。胡媛媛等（2021）结合新冠病毒和数字化机遇的情境因素，提出并验证了数字化战略导向通过企业市场竞争力影响组织韧性的理论模型。最后，数字导向的终极目标是助力企业实现数字创新，进而提升企业绩效。Lei 等（2021）证实了数字创新导向会调节数字技术采用、数字动态能力与数字化转型绩效的关系。Niemand 等（2021）聚焦数字技术对金融行业的影响，对 102 家银行的调查结果显示：银行的数字化水平并不能直接影响其营利能力，而是需要通过制定清晰的数字化愿景提高数字技术的接受率，进而提升企业绩效。Ardito 等（2021）围绕中小企业在数字化背景下面临的“资源困境”，认为数字导向可以帮助他们同更多企业建立新的联系，获取更广泛的知识来源或关系资源并运用到创新活动中。Arias-Pérez 和 Vélez-Jaramillo（2022）认为企业数字化转型的成功与否取决于数字技术发现与采用的速度，而数字导向恰恰反映了企业使用数字技术的信念，有助于提高数字创新绩效。

表 2.4　数字导向的结果变量

类别	文献来源	结果变量
行为	Kohli 和 Melville（2019）；朱秀梅等（2020）	机会发现；机会识别
	Pergelova 等（2019）；Arias-Pérez 等（2021）	知识获取、知识利用
能力	Yu 和 Moon（2021）；Proksch 等（2021）	数字能力；IT 能力；员工数字能力
	胡媛媛等（2021）	市场竞争力
绩效	Guo 等（2020）；Niemand 等（2021）	企业绩效
	Liu 等（2020）；Ardito 等（2021）；Arias-Pérez 和 Vélez-Jaramillo（2022）	数字创新；创新绩效
	Lei 等（2021）	数字化转型绩效

资料来源：笔者根据相关文献整理。

2.2.1.5　数字导向的研究评述

数字导向属于战略管理领域的新兴主题，近年来在战略导向、技术导向等相关研究基础上不断被丰富与拓展。本节从数字导向内涵、维度、前因及结果等方面系统地梳理文献，凝练并绘制图 2.7。总体上看，数字导向相关研究还存在以下不足：

第一，数字导向的研究正处于起步阶段，对于数字导向的内涵和维度还存有争议。一部分学者仍沿用战略导向这一概念解决企业数字化实践问题，导致数字导向相关研究不够深入和聚焦，甚至在提及数字化战略、数字导向等变量时不做区分，概念内涵交叉重复（Guo 等，2020；Proksch 等，2021）。归根结底，在数字化的研究背景下，无论是数字化战略还是数字导向都是强调企业需要利用数字技术来响应不断变化的市场，进而创造竞争优势，但相比之下战略所涵盖范围更

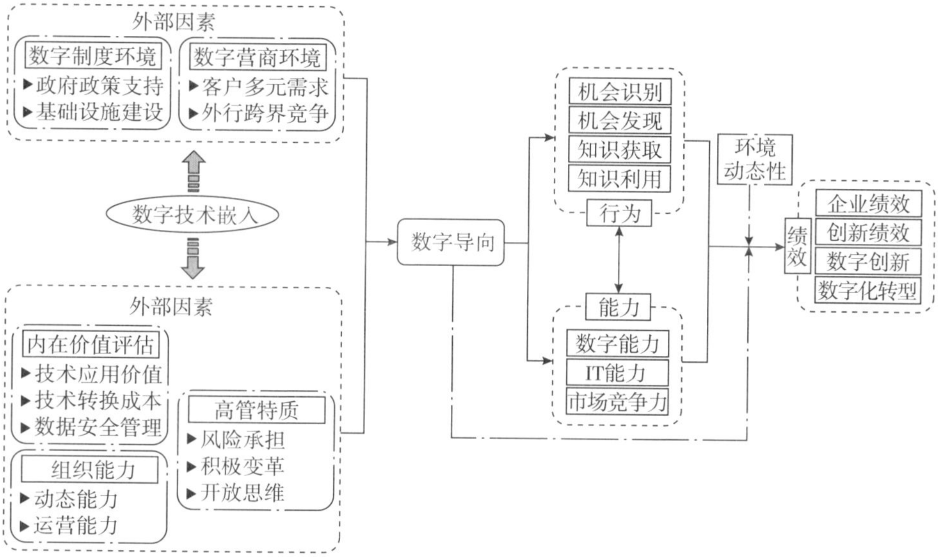

图 2.7 数字导向的相关研究

资料来源：笔者根据相关文献整理。

为广泛。在如此研究现状下，根据研究目标明晰数字导向概念内涵是实现精准研究的首要任务。基于此，本书以指导传统制造企业数字化转型过程为目标，重点关注的是企业对于应用数字技术的态度和行为，借鉴 Khin 和 Ho（2019）的研究，将数字导向界定为企业对应用数字技术提供创新产品、服务和解决方案的一种战略定位。

第二，数字经济时代企业外部环境愈发难测，在政策利好、技术推动、需求拉动等多方影响下，面向数字化调整战略方向迫在眉睫（崔淼和周晓雪，2021）。尽管已有学者关注到数字导向在企业数字创新、数字化转型等活动中的引领作用并呼吁开展系列研究，但从文献数量上看还未形成规模，从研究成果上看大多关注数字导向所带来的经济效益，忽略了数字导向的制定与执行过程，不足以解释企业管理实践中“战略失效”“规划与执行‘两张皮’”等现象（Hess 等，2016）。尤其是传统制造企业的数字化转型是一个循序渐进的过程，此研究情境下剖析数字导向的作用机理具有重要理论和实践价值。

2.2.2 组织学习相关研究

2.2.2.1 组织学习的内涵

数字化浪潮下，环境剧变使企业愈发认识到学习的重要性，并将其视为克服路径依赖、发展企业适应能力的有效途径，从组织层面考虑如何通过组织学习来应对动态环境已被学者们广泛接受（Ruel 等，2021；Volberda 等，2021）。目前，组织学习相关研究涉足管理学、心理学、社会学等多门学科，不同领域对于组织学习概念的界定各有侧重，大致可划分为行为和能力两个研究视角，具体如表 2.5 所示。

表 2.5 组织学习相关概念

类别	文献来源	概念内涵
行为	Argyris 和 Schön（1978）	组织不断检验并纠正错误的过程
	Gherardi 和 Nicolini（2000）	组织进行社会化学习的互动过程
	Crossan 和 Berdrow（2003）	组织通过寻求获取信息、知识或能力提高竞争力的方法
	Zhao 等（2011）	组织获取信息、理解、专业知识、技术和实践以提高任务绩效的过程
	Wang 和 Ellinger（2011）	组织获取、创造、整合和分发信息的过程
	Tortorella 等（2015）	与组织文化和环境直接相关的、基于更清晰的理解和更深入的知识改进过程
	陈国权和周琦玮（2016）	根据组织过去或其他组织的经验调整自身行为实践或组织结构，进而达成提升绩效的目的
	Zappa 和 Robins（2016）	组织产生、传播和利用知识并将其转化为创新的过程
	Sousa 和 Rocha（2019）	数字学习描述的是一种使用智能手机、平板电脑、电脑等多种技术设备的非计划的、隐含的过程
	肖静华（2020）	依靠各种技术，为响应环境变化而进行的知识应用和探索
	Ruel 等（2021）	通过强调资源和能力的采用、开发、重新配置和更新，来保持资源、能力和组织环境一致的过程，有助于更新发展企业适应能力
	李宇和王竣鹤（2022）	组织挖掘、筛选、获取并利用外部知识的过程
能力	Goh（2003）	组织实施促进和鼓励学习的管理办法、结构和程序的能力
	Jerez-Gómez 等（2005）	组织创造、获取、转移和整合知识的能力
	Wu 和 Chen（2014）；Obeso 等（2020）	组织通过知识加工、行为调整反映新的认知情况，进而提高绩效的能力
	Watad（2019）	组织内获取、转移和创造知识的能力

资料来源：笔者根据相关文献整理。

在基于行为视角的研究中，最具代表性的是组织学习理论开创者 Argyris 和 Schön（1978）提出的概念内涵，他们将组织学习界定为组织为适应环境变化而不断检验并纠正错误的行为过程，且该观点被后续研究沿用（Migdadi，2020）。

Crossan 和 Berdrow（2003）、Zhao 等（2011）、Wang 和 Ellinger（2011）等进一步深化组织学习内涵，更关注信息、知识或技术的获取、加工与实践过程。陈国权和周琦玮（2016）基于经验学习理论，认为组织学习是连接过去与未来的过程机制，经验是学习的原动力。Sousa 和 Rocha（2019）提出数字学习构念，并将其视作驱动企业技能发展、推进数字化转型的根本。肖静华（2020）分析了适应性组织学习模式在跨体系数字化转型过程中的重要地位，强调组织学习与环境动态匹配、高度互动的特性。Ruel 等（2021）指出组织学习的真正价值在于不断地产生和应用新知识或思想来创造价值，并将其视为一种基于过程的资源获取方法。李宇和王竣鹤（2022）提炼数字化背景下传统企业的学习特征，认为组织学习是从外部获取新知识的过程，而组织忘却是替换迭代内部已有知识的过程。

除此之外，还有少部分学者围绕学习能力开展研究。例如，Goh（2003）侧重于强调企业如何营造学习氛围，将组织学习定义为企业实施促进和鼓励学习的管理办法、结构和程序的能力；Jerez-Gómez 等（2005）聚焦知识管理过程，指出组织学习能力即是一个组织创造、获取、转移和整合知识的能力；Wu 和 Chen（2014）、Watad（2019）等基于前人研究成果，深入挖掘组织学习、知识创造和知识管理的关系，提出三者相互独立但又存在部分重叠的复杂关系。

综上，组织学习自提出以来一直受到管理学领域学者的重点关注，基于知识管理、创业管理、创新失败、数字化等情境不断丰富相关研究（Obeso 等，2020；Soomro 等，2020；卢艳秋等，2021）。概括地说，组织学习内涵包括两个核心要点：一是动态性，即学习是一个持续改变、不断调整行为模式的过程；二是目的性，即学习本质上是企业适应复杂外部环境进而提升核心竞争力的过程。鉴于此，本书在传统制造企业数字化转型情境下，将组织学习定义为通过借用数字化工具更新发展企业适应能力的过程（Ruel 等，2021）。

2.2.2.2 组织学习的维度

经文献梳理可以发现，以往研究大多基于学习内容、学习导向和学习结果等标准对概念构成进行解析，本书将具体子维度及释义简要归纳于表 2.6。首先，从学习内容来看，一部分学者基于纵向视角进行维度划分，以 Argyris 和 Schön（1978）、Wong 等（2008）为代表，他们根据学习深度将组织学习分为单环学习、双环学习与再学习三种学习方式；陈国权（2016）基于时空理论，按照过去、现在、未来的时间节点和内部、外部的空间界限进行分类。另一部分学者基于横向视角进行维度划分，最具经典的是 March（1991）聚焦企业内部知识存量改变方式所提出的探索与利用双元学习方式，探索式学习侧重于新知识的探索与创造，利用式学习强调对已有知识的利用和改进；Zahra（1999）

根据知识的来源认为组织学习存在获得式和实践式两种模式；Kamp 等（2004）根据学习渠道将组织学习划分为搜索中学、干中学、用中学和互动中学；林春培和张振刚（2017）细化了基于吸收能力的学习过程，并将其分为探索式、转换式、利用式三种类型；肖静华（2020）认为不同情境下探索与利用、获得与试错等学习方式既可能同时存在，也可能交替存在，而这种适应性学习才是助力企业实现跨体系转型核心机制。其次，从学习导向看，Hult 和 Ferrell（1997）利用一家跨国公司的采购过程，从团队、系统、学习和记忆导向开发了组织学习能力的测量方法；Sinkula 等（1997）构建了一个基于认知视角的组织学习框架，提出学习导向是组织价值观的体现，包括学习承诺、共享愿景、开放心智三个维度，这也成为现今学习导向最常用的度量方式（卫武等，2019）。最后，极少部分学者是从学习结果视角划分组织学习维度，陈国权和周琦玮（2018）从投入与产出的关系视角切入，勾勒了随着学习投入增加，学习产出从量变向质变变化的理论模型。

表 2.6　组织学习维度划分

文献来源	维度	释义
Argyris 和 Schön（1978）；Wong 等（2008）	单环学习	是一种相对基础的学习方式，描述的是在不改变组织规范和目标的前提下，企业发现当下的错误并立刻纠正的过程
	双环学习	是一种深层的学习方式，是指企业深入分析错误的成因，并从根本上改进行为的过程
	再学习	“二次学习”，指企业能够积极改进学习过程并提升自我的过程
March（1991）；He 和 Wong（2004）	探索式学习	侧重于新知识的探索与创造
	利用式学习	侧重于对已有知识的利用与改进
Hult 和 Ferrell（1997）	团队导向	企业对采购过程中成员协作与合作的重视程度
	系统导向	企业对采购过程中活动整体的把控程度
	学习导向	企业对采购过程中组织学习价值的重视程度
	记忆导向	企业对采购知识的交流与传播的重视程度
Sinkula 等（1997）；卫武等（2019）	学习承诺	对学习价值的理解和对学习投入态度
	共享愿景	设定目标和规划为组织学习指引方向
	开放心智	敢于对旧有惯例、假设和信念提出疑问
Zahra（1999）；Zhao（2011）	获得式学习	企业从外部环境中获取并内化知识的过程
	实践式学习	企业利用内部知识，通过成员间信息共享、反复试验进而创造新的知识

续表

文献来源	维度	释义
Kamp 等（2004）	搜索中学	系统地、有组织地搜索新知识
	干中学	通过实践、试错等方法获得知识并提高技能
	用中学	在技术使用过程中获取知识
	互动中学	在生产者与用户的面对面接触中获取专业知识
Lichtenthaler（2009）；林春培和张振刚（2017）	探索式学习	企业从外部获取知识的过程
	转换式学习	将外来知识转换成可被企业直接应用的知识的过程
	利用式学习	企业对知识的转化与应用过程
陈国权（2016）	时间维度	包括从过去、现在和未来中学习
	空间维度	包括内部学习和外部学习
陈国权和周琦玮（2018）	量变式学习	随着组织学习投入增长，学习产出也线性增长
	质变式学习	随着组织学习投入增长，学习产出非线性增长
谢康等（2020）	获得式学习	从其他组织获取知识并内化，进而改变自身行为的学习过程
	试错式学习	通过快速试验、知识共享等方法利用现有知识创造新知识的过程

资料来源：笔者根据相关文献整理。

综合上述研究，组织学习是一个复杂的、多维的概念，存在多种划分方式。但不同于以往，在数字技术推动各行各业数字化进程的大背景下，组织学习被赋予了新的时代特征。一方面，数字技术具有结构属性，该属性强调了技术的开放性与关联性，即数字技术是一种可共享的通用目的技术，有利于促进企业伙伴间形成多主体的互动关系（Von Briel 等，2018）。良好的互动关系在为企业提供更多资源获取渠道的同时，也使得外部可视化、标准化的数据或知识可以被企业简单地模仿或复制（谢康等，2020）。另一方面，数字技术具有内容属性，该属性强调了技术的可编辑性和可扩展性，是指数字技术能够被应用对象访问、修改并注入新功能（蔡莉等，2019）。这表明企业可以利用数字技术实现杠杆效应，即通过试错、迭代的方式扩展现有数字技术和资源，进而实现性能的大幅度提升（Nambisan 等，2017）。总而言之，受数字技术属性影响，企业在数字化转型过程中会呈现出模仿、开发、试错与泛化等学习特征。为贴近这些特征，本书结合传统制造企业数字化转型实践与谢康等（2020）的研究，将组织学习分为获得式学习和试错式学习两种模式。获得式学习是指企业通过模仿其他组织或以较低成本从外部直接获取所需数字资源，从而调整甚至替换自身行为的过程；试错式学习是指企业基于内部现有的数字资源，以迭代试验的方式不断转换、更新自身行为模式的过程。

2.2.2.3 组织学习的前因变量

随着组织学习理论逐渐成熟，学者们开始围绕“组织学习如何产生”这一问题开展研究，从现有文献看，可以从环境、企业和网络三个层面对这些驱动因素进行分类。如表2.7所示，环境层面指的是企业外部的环境因素，包括环境动态性、竞争性等；企业层面指的是来自内部的系列因素，包括企业自身战略、文化，企业领导特质、风格等；网络层面描述的是企业间的影响因素，如网络嵌入、联结强度、知识联盟等。

表2.7 组织学习的前因变量

类别	文献来源	前因变量
环境层面	Ellis和Shpielberg（2003）；陈国权和刘薇（2017）	环境动态性
	O' cass和Weerawardena（2010）	竞争强度
	Hoe（2021）；Hanelt等（2021）；Tortorella等（2020）	技术机会
企业层面	Gibson和Birkinshaw（2004）	组织结构
	Sanz-Valle等（2011）；Kucharska和Bedford（2020）	组织文化
	Wang和Ellinger（2011）	外部环境感知
	Li和Huang（2013）	交互记忆系统
	Ghasemaghaei和Calic（2019）；肖静华（2020）	大数据分析
	Do和Mai（2020）	领导特质；领导风格
	赵富强等（2022）	创业韧性
网络层面	Lavie和Rosenkopf（2006）	战略联盟
	许晖等（2013）	网络嵌入
	Dong和Yang（2015）	知识联盟
	Chung等（2015）	关系网络（商业关系、政治关系）
	徐国军等（2018）；颉茂华等（2021）	联结强度；网络联结

资料来源：笔者根据相关文献整理。

（1）组织学习的本质即企业为与动态环境保持同步而不断改进自身行为的过程，企业所处的环境变化是组织学习产生的直接诱因（陈国权和刘薇，2017）。一方面，环境中蕴藏的新商业机会与广阔发展空间能够激发组织学习意愿（Ellis和Shpielberg，2003）；另一方面，剧烈的市场竞争环境让企业认识到不能局限在过去的成功之中，开展学习活动是企业竞争制胜的法宝（O' cass和Weerawardena，2010）。Hoe（2021）、Hanelt等（2021）认为随着AI等新一代信息技术的兴起，越来越多的企业将新兴技术嵌入组织学习过程，使得组织学习趋于数据化、自动化发展。

（2）除外在环境变化等不可控因素外，组织学习更多地受到一些内在驱动因素的影响。例如，Sanz-Valle 等（2011）认为组织文化体现了组织成员所共同拥有的价值观、信念，通过营造创造互动环境影响知识的创造、分享、传播过程，进而影响组织学习。Ghasemaghaei 和 Calic（2019）基于组织学习理论，证实了数据洞察力在大数据与企业探索与利用能力间的中介作用，肖静华（2020）在其基础上提出大数据分析技术的使用对组织学习的积极促进作用。Do 和 Mai（2020）回顾并梳理了领导者能力与组织学习的关系研究，呼吁关注领导对组织学习的引领、支持、示范作用，如变革型领导、包容型领导、领导敏捷性等变量。赵富强等（2022）指出创业本质上是一个学习和演进的过程，而创业韧性是给予失败后企业再创业、再学习的根本动力。

（3）任何企业都不是独立存在的，企业伙伴间的合作与互动关系是影响组织学习的重要因素之一，这早已在学术界达成共识（Hamel，1991）。在网络层面，组织学习的研究主要围绕网络嵌入、网络联结、知识联盟等变量展开。例如，许晖等（2013）以三家外贸企业国际化转型过程为例，探讨并构建了网络嵌入、组织学习与资源承诺三者相互作用、协同演进的理论模型。Chung 等（2015）基于 120 家中国企业的经验，提出只有做到探索式或利用式学习同商业关系或政治关系之间的适当匹配才能促进更高战略绩效的产生。徐国军等（2018）在合作创新网络的研究背景下，探讨了联结强度通过组织学习对知识转移效果的影响机制。此外，战略联盟或知识联盟的合作方式为企业有效地从外部获取资源提供途径，有助于促进联盟内组织间学习（Dong 和 Yang，2015；Lavie 和 Rosenkopf，2006）。Hübel 等（2022）重点研究了在整个面向可持续性创新的联盟学习过程中学习伙伴的重要性，识别和明确了各阶段学习类型与结果。

2.2.2.4　组织学习的结果变量

究其根本，组织学习是企业以适应复杂环境、提升竞争优势为目标的行为过程，其作用结果主要涉及能力提升、战略更新与绩效产出三个方面（见表 2.8）。

表 2.8　组织学习的结果变量

类别	文献来源	结果变量
能力	Valaei 等（2017）；Jeong 和 Shin（2019）	组织创造力
	卫武等（2019）	组织注意力
	焦豪等（2021）	动态能力

续表

类别	文献来源	结果变量
战略更新	Klammer 等（2017）；Schmitt 等（2018）	组织战略更新
	Zeebroeck 等（2021）；崔淼和周晓雪（2022）	数字化战略更新
绩效	Li 和 Huang 等（2013）	项目绩效
	Wei 等（2014）	新产品开发绩效
	Weinzimmer 和 Esken（2017）；Migdadi（2020）	企业绩效
	潘琼等（2020）	企业转型

资料来源：笔者根据相关文献整理。

（1）能力泛指可以帮助企业应对环境变化的能力，具体包括组织创造力、组织注意力、组织智能、动态能力等。Valaei 等（2017）发现以往研究对于中小企业组织学习能力及其结果存在一定的模糊性与不一致性，为此提出组织学习通过组合性创造力和即兴创造力影响创新水平的概念模型。卫武等（2019）认为组织学习能够激发企业对环境中新信息的关注度，进而影响预测能力和战略决策。焦豪等（2021）在对动态能力的述评中指出，企业不断试错与改进的学习机制有助于企业积累经验，形成的知识库为灵活调整资源配置提供条件，进而促进动态能力的演化。

（2）战略更新描述的是企业更新或替换战略意图的过程，可能会对组织长期前景产生重大影响，现有研究对于企业如何通过更新或替换产品设计、组织学习、动态能力等组织属性来实现战略更新做了详尽的阐述（Xiao 等，2019）。具体而言，Klammer 等（2017）在探讨战略更新的潜在前因及对企业绩效影响的研究中明确指出，以创业为导向并愿意学习的企业更容易实现战略更新，进而在快速变化的市场环境中获取持续成功。谢康等（2020）围绕“大数据资源如何发挥生产要素作用”这一问题，揭示了大数据分析通过获得式学习和试错式学习影响组织惯例更新的企业能力形成机制，并最终提升产品创新绩效的过程。

（3）管理学领域中组织学习被视为提高绩效的一种手段，这同时也印证了其概念内涵的有效性（Elkjaer，2022；Patky，2020）。Jimenez-Jimenez 和 Sanz-Valle（2011）以西班牙组织为背景，证实了组织学习对绩效和创新的积极影响，以及组织年龄、行业类型和环境动态性的调节作用。然而，组织学习对绩效的影响并不总是积极有效的，如 Wei 等（2014）基于探索性学习与利用性学习间的悖论关系，认为探索性学习可以加深对未来技术趋势、市场竞争以及潜在需求的理解，但当探索性学习远超于利用性学习时会引发新知识整合成本过高、产品开发与客户需求不兼容等问题，导致新产品开发绩效下滑。同样地，Pedler 和 Burgoyne（2017）指出当企业过于强调高绩效时可能会分散对学习的关注，且组织实践中很少有证据可以证明组织学习能够直接提高工作绩效，如何保障组织学习的有效性应是后续研究重点关注的问题。

2.2.2.5　组织学习的研究评述

组织学习概念一经提出便在战略管理、组织变革等领域掀起了研究热潮，本节从组织学习内涵、维度、前因及结果等方面梳理现有文献，凝练并绘制图 2.8。

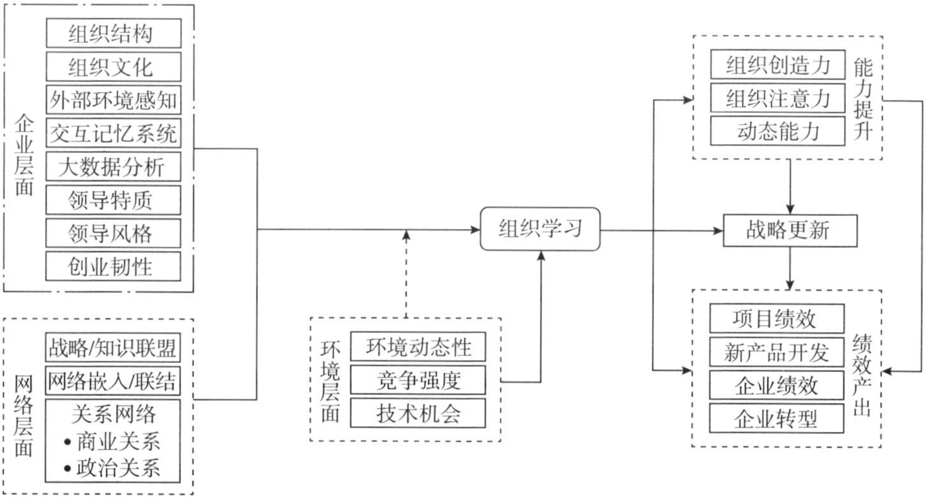

图 2.8　组织学习的相关研究

资料来源：笔者根据相关文献整理。

总体上看，当前研究还存在以下不足：

第一，大部分学者习惯于采用老观念解决新问题，导致数字经济时代组织学习相关研究停留在初级阶段，文献增长势头放缓，理论研究明显滞后于实践发展（Hoe，2021；Ruel 等，2021）。根据实践观察，在数字技术的加持下，企业可以与客户、合作伙伴、员工等主体间形成实时交流与信息反馈的资源渠道，组织学习过程中往往需要根据多渠道、多形式数据反馈不断调整和改进产品或业务流程，以至于很难辨别知识的来源或存量改变方式，无法按照旧有观念单纯依靠学习内容来区分组织学习模式（谢康等，2020）。鉴于此，数字化转型情境下传统制造企业会呈现哪些学习特征？如何解读该情境下的组织学习及构成要素？这些都是目前学术界呼吁开展的未来议题（Hoe，2021；魏江等，2021）。

第二，尽管学者从环境、企业与网络等层次提出了影响组织学习的前因要素，但却无法破解传统制造企业在数字化转型过程中面临的“不愿转”“不会转”和“不敢转”困境，对于何种因素能够促进组织学习以及影响组织学习的边界条件还不明确。陈冬梅等（2020）指出中国乃至全球的企业数字化转型之路都是艰难曲折的，与以往技术转型不同的是，数字化转型涉及认知、惯例、结构的全方位颠覆式变革，需要企业基于战略管理视角予以约束和指导。因此，为更好地激励传统制造企业开展组织学习活动，有必要结合战略管理理论和资源基础理论深入探讨影响组织学习的前因及边界。

第三，现有学者对于组织学习的作用效果还存有争议，尽管大部分文献将组织学习看作企业响应动态环境并提高企业绩效的关键途径，但也有少部分学者对此提出疑问（Tortorella 等，2020）。例如，Garvin 等（2019）认为对学习型组织来说，学习是企业的一项基本职能，可以毫不费力地融入他们的日常工作与流程中，同时企业的管理流程也不会因此有实质性的提升或转变。为此，传统制造企业数字化转型情境下，组织学习描述的是借用数字化工具更新发展企业适应能力的过程，又将如何影响企业的数字化转型绩效？二者的关系是否会受到一些权变因素的影响？这些问题亟待进一步厘清。

2.2.3 数字化转型相关研究

2.2.3.1 数字化转型的内涵

随着新一代数字技术与企业生产经营的深度融合，数字化转型如火如荼，已然成为传统制造迈向先进制造的关键举措（Verhoef 等，2021；杜勇等，2022）。近年来，学术界与实业界基于不同侧重点对数字化转型的定义进行了阐述，根据表述方式可将其大致分为技术、组织和社会三类视角，如表 2.9 所示。

表 2.9 数字化转型相关概念

侧重点		文献来源	概念内涵
学术界	技术	Liu 等（2011）； Wu 等（2021）	整合数字技术与业务流程的组织转型
		Fitzgerald 等（2014）； Westerman 和 Bonnet（2015）	强调数字技术的应用及其带来的效益，如数据分析、无线通信、社交媒体以及嵌入式设备等技术
		Li 等（2018）； Andriole（2019）	由信息技术变革引发的转型

续表

侧重点		文献来源	概念内涵
学术界	组织	陈劲等（2019）	建立在信息和流程数字化基础上的、以创建新商业模式为目标的高层次转型，更能触及企业核心业务
		Verhoef 等（2019）；Matarazzo 等（2021）	企业利用数字技术开发一种新的数字商业模式，从而帮助企业创造和利用更多的价值
		Vial（2019）；戚聿东和肖旭（2020）；刘洋和李亮（2022）	一种旨在通过信息、计算、通信和连接技术的组合引发实体属性的重大变化，从而改善实体的过程
		Warner 和 Wäger（2019）；Smith 和 Beretta（2021）；卢艳秋等（2021）	使用新的数字技术来实现重大业务改进，如提高客户体验、简化操作或创建新的业务模式
		池毛毛等（2020）	利用数字技术实现企业运营、整合和转变等方面转型的程度
		杨震宁等（2021）	企业通过在产品、运营、管理等方面应用数字技术，进而提升绩效和竞争力的变革过程
	社会	Majchrzak 等（2016）；Lindgren（2017）	数字技术的出现与使用会对社会发展造成变革性影响，如平台经济、共享经济、智慧城市等新业态与新模式
实业界	技术	西门子	在业务活动和流程中运用数据和数字化解决方案
		阿里巴巴	IT 架构统一、业务中台互联网化、数据在线智能化是企业数字化转型的关键
	组织	国际商业机器公司 IBM	强调应用数字技术重塑客户价值主张、增强客户交互与协作
		瑞士 IMD 商学院和思科联合研究中心	通过使用数字技术和商业模式来提高绩效的组织变革
		互联网数据中心（IDC）	通过利用数字技术等途径或方法，实现企业商业模式创新和生态系统重构
		赛迪智库	工业数字化转型是利用物联网改进企业的业务流程与运营模式，且这种改变能带来商业价值
	社会	国家信息中心信息化和产业发展、京东数字科技研究院	广义上是指产业数字化，即在数字技术的支撑和引领下，对产业链进行升级、转型和再造的过程

资料来源：笔者根据相关文献整理。

从技术视角看，数字化转型是部署并应用数字技术的过程。具体地，Liu 等（2011）基于电子银行的建设与管理过程，将数字化转型界定为在数字经济中整合数字技术和业务流程的组织转型；Westerman 和 Bonnet（2015）认为数字化转型意味着企业可以利用数字技术获取转型收益；Li 等（2018）在分析中小企业跨境电商数字化转型过程机制的研究中，将数字化转型看作由信息技术变革而引发的转型过程。实业界以西门子、阿里巴巴为代表的“大厂”认为数字化的关键点在于技术支撑，西门子（中国）有限公司执行副总裁王海滨在一次采访中表示，数字化理念的核心就在于利用数字技术使企业内各环节数据串联起来，通过闭环反馈缩短创新周期、促进产品迭代。

从组织视角看，数字化转型强调的是一种组织变革。陈劲等（2019）对“digitization”和“digitalization”这两个容易混淆的英文概念加以区分，前者指的是将信息转化为二进制数字的过程，可称为“信息数字化”，后者是指企业将数字技术应用在工作流程以实现增效的过程，简称“流程数字化”，并结合亚马逊与苹果两家企业的成功实践，提出数字化转型（digital transformation）是以创建新商业模式为目标的更高层次转型；Verhoef 等（2019）、Matarazzo 等（2021）在提及数字化转型时强调数字商业模式的开发与创新；以 Vial（2019）为代表的学者将组织变革泛称为实体属性的重大改变；Warner 和 Wäger（2019）、池毛毛等（2020）、杨震宁等（2021）等在定义表述中进一步具体化组织变革，如提高客户体验、简化操作、战略思维等。同样地，实业界对数字化转型的界定也是大同小异，赛迪智库发布的《工业数字化转型白皮书》提出，工业数字化转型是利用物联网改进企业的业务流程与运营模式，且这种改变能带来商业价值。

从社会视角看，随着数字技术的应用场景日渐丰富，数字化转型不再拘泥于微观层面的组织变革活动，一些研究者和实业家更关注数字技术给社会带来的革命性积极影响，将数字化转型描述为一种社会现象（Majchrzak 等，2016）。Lindgren（2017）重点回答了什么是数字化社会、技术与社会变革的关系、社会环境与数字媒体的关系等问题，他认为随着新工具和新技术的频繁引入，当今的媒体环境也变得越来越复杂，社会必会受到互联网、社交媒体等数字网络通信工具和平台的影响。在我国实业界，京东数字科技研究院在《中国产业数字化发展报告 2020》中广泛地将数字化转型称为产业数字化，描述的是产业链上下游升级、转型和再造的过程。

综合以上，数字化转型的内涵既强调“数字”又强调“转型”，数字技术在企业数字化转型过程中起重要支撑作用，业务改进则是数字化转型的本质特征（Björkdahl，2020；Matarazzo 等，2021）。结合传统制造企业数字化转型的研究情境，本书基于组织变革视角，认为数字化转型是企业利用物联网、云计算、大数据、区块链等数字技术，实现新产品或服务开发、制造流程优化、运营管理升级等重大业务改进的过程，并将数字化转型绩效界定为企业对重大业务改进情况的一种衡量。

2.2.3.2 数字化转型的维度

大多学者在研究时都将数字化转型看作单维度构念，仅有部分学者从转型内容或结果视角对其进行维度划分，本书整理相关文献并绘制表2.10。

表2.10 数字化转型维度划分

文献来源	维度划分
Horlach 等（2017）	销售和沟通渠道数字化；产品和服务数字化
Nadeem 等（2018）	技术应用；价值创造；结构变革；财务；数字领导；敏捷可扩张的数字运营；数字驱动的CEX；数字人工制品；数字化地执行商业战略；数字平台生态系统的外部协作；企业平台整合；灵活人性化的工作场所
Gurbaxani 和 Dunkle（2019）	战略愿景；愿景与数字化转型投资的一致性；创新文化的适用性；拥有足够的知识产权资产和专有技术；数字能力强度；数字技术使用
Sousa-Zomer 等（2020）	数字悟性；数字强度；行为与互动的环境
胡青等（2021）	运营数字化水平；管理制度改进程度
杨震宁等（2021）	数字化技术水平；数字化应用范围
池仁勇等（2022）	制造过程数字化；商业模式数字化

资料来源：笔者根据相关文献整理。

根据转型内容，Horlach 等（2017）认为数字化转型包括销售和沟通渠道的数字化、产品和服务的数字化两部分；Nadeem 等（2018）基于电子商务的数字化转型过程提取了12个维度，涉及技术应用、价值创造、结构变革、财务、数字领导等；Sousa-Zomer 等（2020）结合动态能力和数字化转型的相关文献，提出了数字化转型能力并从个体层面的数字悟性能力、流程层面的数字强度、结构层面的行为与互动环境诠释这一概念；杨震宁等（2021）认为数字技术的作用效果要经历从赋能到使能的作用过程，其中数字化技术水平为企业创新发展赋能，数字化应用范围为企业价值创造使能；池仁勇等（2022）结合“技术—市场”耦合框架，从制造过程数字化与商业模式数字化两方面衡量企业数字化转型战略，并探讨组织变革敏捷性与技术嵌入适应性在战略与绩效间的调节作用。

根据转型结果，Gurbaxani 和 Dunkle（2019）认为数字化转型是重新定义其愿景和战略、组织结构、流程、能力和文化以适应不断发展的数字化商业环境的过程，并提出数字化转型的六个维度是帮助企业稳固竞争地位的关键；胡青等（2021）在多案例研究中提出要从企业在生产流程、营销系统等运营方面，以及管理规章等管理制度方面衡量中小企业的数字化转型绩效。

2.2.3.3 数字化转型的前因变量

采用 TOE（Technology-Organization-Environment）框架梳理和分析数字化转

型的影响因素并总结在表2.11。首先，技术维度主要包括数字学习、数字技术与技术的应用。Sousa 和 Rocha（2019）明确了数字学习的内涵，提出并验证了数字学习是技能发展的重要驱动力，能够促进组织的数字化转型。Lei 等（2021）以纺织行业为研究对象，实证检验了数字技术采用通过数字动态能力影响数字化转型的作用机制。Volberda 等（2021）认为第四次工业革命是一场融合数字、物理和生物环境的技术革命，在这个时代数字技术创造了新的竞争方式，改变了组织内部结构、业务流程、管理者决策方式与组织职能等，推动着企业数字化转型。Tsiavos 和 Kitsios（2022）通过系统的文献回顾提出，在数字经济时代，只有顺应数字技术发展趋势的企业具有可持续性，但同时也需要注意技术只是企业数字化转型战略成功的因素之一，文化、管理、人力资源等要素同样发挥着重要作用。

表2.11　数字化转型的前因变量

类别	文献来源	研究方法	研究对象	前因变量
技术	Sousa 和 Rocha（2019）	定量研究	一般组织	数字学习
	Lei 等（2021）	定量研究	纺织行业	数字技术采用
	严子淳等（2021）	文献综述	一般组织	数字技术
	Volberda 等（2021）	文献综述	一般组织	数字技术
	Tsiavos 和 Kitsios（2022）	定性研究	一般组织	数字技术应用
组织	Hess 等（2016）	案例研究	传统行业	数字化转型战略
	Li 等（2018）	案例研究	中小企业	动态管理能力；组织能力
	Warner 和 Wäger（2019）	案例研究	传统企业	数字动态能力
	Vial 等（2019）	文献综述	一般组织	数字商业战略；跨职能协作；数字文化；数据思维
	Eller 等（2020）	定量研究	中小企业	信息技术；员工技能；数字战略
	肖静华（2020）	定性研究	工业企业	商业模式变革；竞争模式变革；新型人力资本变革；制度变革
	胡青等（2021）	案例研究	中小企业	协同能力
	Kozanoglu 和 Abedin（2021）	定性研究	一般组织	员工数字素养
	钱晶晶和何筠（2021）	案例研究	传统企业	动态能力
	Aasi 等（2022）	案例研究	一般组织	组织结构；技术进步；变革管理；新商业机会；数据管理；文化思维；业务需求增大
	AlNuaimi 等（2022）	定量研究	公共部门	领导力；组织敏捷性
	苏敬勤等（2022）	案例研究	一般组织	数字化能力
	刘洋和李亮（2022）	文献综述	制造企业	主导逻辑改变；企业能力；高管团队
	池毛毛等（2022）	定量研究	制造企业	IT 能力

续表

类别	文献来源	研究方法	研究对象	前因变量
环境	Verhoef 等（2021）	文献综述	传统企业	数字技术；数字竞争力；数字客户行为
	陈楠等（2022）	案例研究	制造企业	市场需求；降本增效；劳动力短缺；行业发展要求
	成琼文和丁红乙（2022）	定量研究	资源型企业	税收优惠政策
	王雪冬等（2022）	定量研究	中小企业	政治关联

资料来源：笔者根据相关文献整理。

其次，组织维度上现有研究主要聚焦在战略、能力、文化、领导力、员工数字素养等要素对企业数字化转型的影响。其中较为代表性的如下：Li 等（2018）以跨境电子商务中小企业为案例研究对象，提出组织能力升级是实现转型的重要前提。Warner 和 Wäger（2019）从战略更新视角研究了传统行业中企业如何建立动态能力以实现数字化转型，他们认为由数字感知、数字捕获和数字重构构成的数字动态能力是企业快速创建、实施和转变商业模式，进而在数字经济中获取竞争地位的先决条件。胡青等（2021）发现中小企业在数字化转型过程中，需要与专业服务机构合作以弥补自身资源能力不足，而协同能力可以有效缩短知识距离，进而提升转型绩效。Kozanoglu 和 Abedin（2021）指出已有数字化转型的相关文献更多的是关注外部利益相关者，特别是与客户的关系，忽略了组织成员数字化技能的关键作用，为此他们将员工在工作实践中利用数字技术的能力称为数字素养（digital literacy），且这种能力是企业适应持续变化的技术环境的根本。刘洋和李亮（2022）围绕制造企业数字化转型梳理国内外学者研究现状，认为企业主导逻辑的改变是转型的起点，企业相关能力的建设是转型的支撑，高管团队的决策是转型的明灯。

最后，环境反映了驱动企业数字化转型的外在因素，如市场需求、行业竞争水平、政策支持等。现如今，数字化转型浪潮和随之而来的商业模式创新从根本上改变了消费者的期望与行为，同时也给传统企业带来了巨大的生存压力，如传统零售商随时可能被快速成长的数字竞争者超越甚至替代，新兴数字技术和竞争格局的改变迫使传统企业转型（Verhoef 等，2021）。陈楠等（2022）通过四家典型制造企业的数字化转型案例分析并总结我国制造行业转型面临的共性问题，发现无论是行业发展需求，还是“招工难、留人更难”的行业困境，都促使企业开展数字化行动以降本增效，但实践中却往往是力不从心，技术支撑不足、投入风险不定、专业人才不够等都是我国制造企业数字化转型之路上的障碍。成琼文和丁红乙（2022）、王雪冬等（2022）从政府与企业的关系视角，证实了税收优惠政策和政府政策感知对企业数字化转型的积极影响。

2.2.3.4 数字化转型的结果变量

数字化转型的积极影响已被多方证实，结果变量中既有微观企业层面的组织能力、数字创新、新产品开发、企业绩效等，又有中观系统层面的利益相关者满意度、价值共创等，还包括宏观社会层面的数字红利、创业活动、区域创新绩效等（朱秀梅和林晓玥，2022）。

从数字化转型的概念看，其本质是组织中传统认知、惯例和结构的持续性重塑与再造，微观企业层面的组织能力升级、流程优化、产品迭代创新都是数字化转型的输出结果（Volberda 等，2021；单宇等，2021）。例如，Ferreira 等（2019）认为数字化转型已成为企业获得竞争优势和差异化的一种方式，通过938 家的样本数据证实了流程数字化对企业创新能力和绩效的积极影响。池毛毛等（2020）以我国中小制造企业为研究对象，探讨了数字化转型对新产品开发绩效的作用机制，通过在理论模型中引入研发双元能力作为中介变量，打开研究“黑箱”的同时，也进一步加深了数字赋能对企业经营的积极影响。

在中观系统层面，Llopis-Albert 等（2021）从汽车制造商、服务提供商、公共交通供应商、消费者到政府等不同参与者的角度，分析了数字化转型对汽车产业的影响，他们认为汽车行业需要抓住工业 4.0 带来的新商机：一方面，从制造商角度看，数字化转型能带来更高的利润、生产力与竞争力；另一方面，从消费者角度看，数字化转型有助于提升消费者满意度。

在宏观社会层面，以 Majchrzak 等（2016）、Lindgren（2017）为代表的学者呼吁理论界关注数字化转型的社会影响。Galindo-Martín 等（2019）以来自 29 个欧洲国家的数据为样本验证了理论框架，即由数字化转型释放的数字红利对创业活动产生了显著影响，而高水平的企业家精神又会刺激新机会的开发与利用，进而推动数字化转型，就此形成了一个有利于整个社会的良性循环。周青等（2020）基于国家战略高度，利用浙江省面板数据验证了数字化接入水平对区域创新绩效的正向影响，以及数字化装备、应用与平台水平对区域创新绩效的倒“U”型影响。

2.2.3.5 数字化转型的研究评述

截至目前，数字化转型的相关研究大致可分为三类：一是基于转型驱动视角，关注企业数字化战略更新与演化、战略制定与战略类型的选择、数字化领导或高管团队等（Singh 和 Hess，2017；Zeebroeck 等，2021；王永贵和汪淋淋，2021）；二是基于转型过程视角，大多采用案例研究法分析具体的转型模式与路径、资源编排与能力升级等（Warner 和 Wäger，2019；张媛等，2022）；三是基于转型结果视角，探讨数字化转型对绩效的影响（肖静华，2020）。本书在前人研究的基础上，梳理数字化转型相关研究并绘制图 2.9。

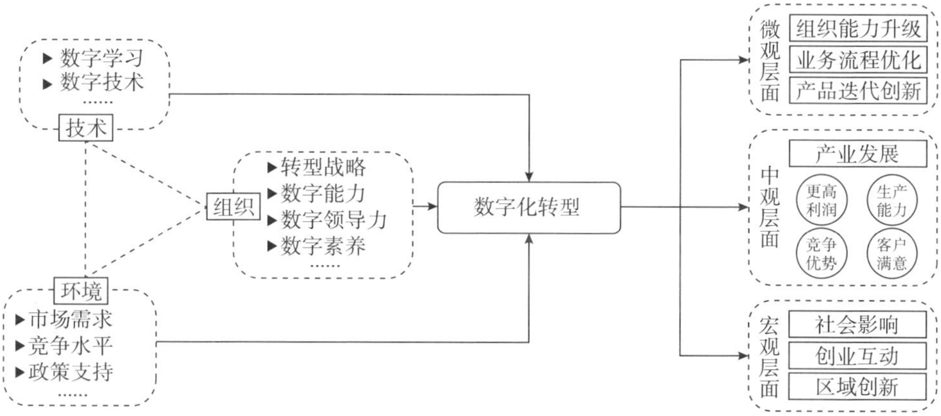

图 2.9　数字化转型的相关研究

资料来源：笔者根据相关文献整理。

虽然近年来理论界对数字化转型的关注度大幅度上升，研究内容也较多样化，但整体上还存在不足。尤其是对于数字化转型的前因研究，大多采用案例研究、文献综述等定性研究方法，缺少大样本的实证研究（Ardito 等，2021；朱秀梅和林晓玥，2022）。并且，研究对象也大多聚焦在一般组织、中小企业或传统企业，研究结论仍然有限和分散。传统制造业作为我国的工业主体却很少受到关注，以至于在面对实践中传统制造企业“力不从心”的数字化现状时无法给予有效的理论指导。此外，从已有的量化研究看，部分学者选择采用本书词频分析和关键词提取的方法，再通过对数化处理来表征企业数字化转型情况（成琼文和丁红乙，2022）；也有部分学者根据企业数字技术使用或在运营、整合和转变等方面的转变设置题项，以此来量化数字化转型（池毛毛等，2020）。这些均为推动相关研究发展做出了巨大贡献，但对于传统制造企业数字化转型而言，这些测量方法普遍忽略了产品和制造过程的数字化（Stornelli 等，2021；池仁勇等，2022）。因此，有必要进一步探讨“传统制造企业如何有效实施数字化转型”，并在新情境下系统地思考“如何在概念界定与度量方式上体现传统制造企业特征”。

2.2.4　数字基础设施相关研究

2.2.4.1　数字基础设施的内涵及构成

所谓基础设施，宏观层面上通常代指能够为社会生产、居民生活提供服务的公共设施，包括能源供应、供水排水、交通运输等公共“硬”设施，以及教育、医疗、文化等公共“软”服务；而在信息系统研究领域，通常被描述为一个信息技术与系统的集合，如 Malhotra 等（2005）在供应链合作伙伴信息共享的研究中，将 IT 基础设施解释为提供信息接口的信息系统，该系统使企业能够接收并处理来自供应链伙伴的信息从而创造新知识（Henfridsson 和 Bygstad，2013）。伴随着数字经济时代的到来，基础设施的内涵不断演化和丰富，数字基础设施这一概念也逐渐映入学者们的视野，本书根据时间顺序对相关概念的梳理如表 2. 12 所示。

表 2. 12　数字基础设施的相关概念

文献来源	概念内涵	构成要素
Tilson 等（2010）；刘洋等（2020）	企业或行业运转所需的基本信息技术、组织结构以及相关的服务和设施	硬件设施；软件系统；数字社区
Nambisan 等（2017）；蔡莉等（2019）	为数字创新或数字创业提供交流、合作和计算能力的工具和系统	3D 打印技术；社交媒体；众包系统；数字创客空间等
Constantinides 等（2018）	允许多个利益相关者编排具体服务和内容需求的计算与网络资源	互联网；数据中心；智能手机和平板电脑等设备
黄舍予（2020）；张辉等（2022）	是以新一代信息技术和数字化为核心而形成的	信息基础设施；融合基础设施；公益性基础设施
Yu 和 Moon（2021）	企业拥有及使用的与数字化相关的基础设施	—
池仁勇等（2022）	企业与数字化相关的硬件平台和软件系统	信息系统；基础设施；技术架构

资料来源：笔者根据相关文献整理。

Tilson 等（2010）基于信息系统领域相关研究，认为数字基础设施体现了 IT 发展的一个新阶段，且从形式上看与 IT 基础设施不同，数字基础设施是共享的、无界的、多样的、开放的、不断发展的，是一个由各种信息技术能力、用户、运营及设计社区组成的社会技术系统。Nambisan 等（2017）提出数字技术的三个构成要素分别是数字组件、数字平台和数字基础设施，其中数字基础设施描述的是能够为数字创新或数字创业提供交流、合作和计算能力的工具和系统，如 3D 打印技术、社交媒体、众包系统、数字创客空间等。2020 年，中国信息通信研究院院长刘多在一次专家座谈会上表示，“数字基建”是“新基建”的核心。他强调数字基础设施是以数字技术和数字化为核心形成的，同传统基础设施相比大有不同，具体表现在更广的内容范畴、更快的迭代演化、更大的资金投入、更高的建设标准、更严的网络安全、更优的人才选拔六个方面（黄舍予，2020）。刘洋等（2020）基于 Tilson 等（2010）的定义，构建了以数字基础设施作为创新支撑的数字创新管理理论框架，并认为数字基础设施是一个较为广泛的概念，既包含企业自身掌握的云计算技术、物联网技术和相关软件，以及计算机、移动设备、应用平台等硬件设施，也包括企业所处数字生态环境或数字社区治理情况等。Yu 和 Moon（2021）认为数字基础设施是数字能力的子维度之一，并将其界定为企业拥有及使用的与数字化相关的基础设施。池仁勇等（2022）基于池毛毛等（2022）关于 IT 基础设施的观点，将数字基础设施定义为企业与数字化相关的硬件平台和软件系统，如信息系统、基础设施、技术架构等。张辉等（2022）从行业视角出发，认为数字基础设施是由信息基础设施、融合基础设施和公益性基础设施三类组成，其中信息基础设施包括 5G、工业互联网、人工智能、数据中心等，融合基础设施具体是指如智慧交通、智慧能源等新一代信息基础设施与各行各业深度融合的产物，公益性基础设施即如智慧校园、智慧医院等能够促进科学研究、技术创新和产品研发的基础设施。

综合上述观点，数字基础设施是在新一代信息技术下演化而来的、独立于信息系统领域的新兴变量，可以定义为全球、国家、区域、行业或企业等不同层次的相关服务和设施（Tilson 等，2010）。本书聚焦传统制造企业数字化转型的研究情境，基于企业层面认为数字基础设施描述了企业所拥有的数字化相关的硬件设施，以及数字技术的掌握情况。

2.2.4.2 数字基础设施的前因变量

在 Tilson 等（2010）的呼吁下，越来越多学者开始关注数字基础设施的具体架构及演化机制。Henfridsson 和 Bygstad（2013）通过文献梳理发现，以往研究按照哲学基础可分为诠释主义与实证主义两种，如从复杂性理论、行动者网络理论、工作实践与学习理论和战略选择理论等视角，但这两类视角都忽略了数字基础设施演化过程中的因果关系，为此他们基于一家航空公司的单案例研究，根据所涉及的参与主体提出促进数字基础设施演化的三种关键机制，即采用（Adoption）、创新（Innovation）和扩展（Scaling），具体如图 2.10 所示。

首先，采用机制中用户扮演着重要角色，且用户数量与企业收益直接相关，随着用户数量的增加，企业收入也在增加，这反过来又为基础设施吸引了更多资源，有助于其提供更多更好的服务。其次，创新机制充分利用了技术的可延展性，业务和技术开发人员通过技术元素、商务惯例、供应商、用户群体等资源的重新组合创造新服务，进而促进数字技术设施的演化。最后，扩展机制强调数字基础设施的开放性，企业可通过创建协作激励机制来吸引新的合作伙伴，在增加合作伙伴解决方案的同时，扩展数字基础设施的覆盖范围。

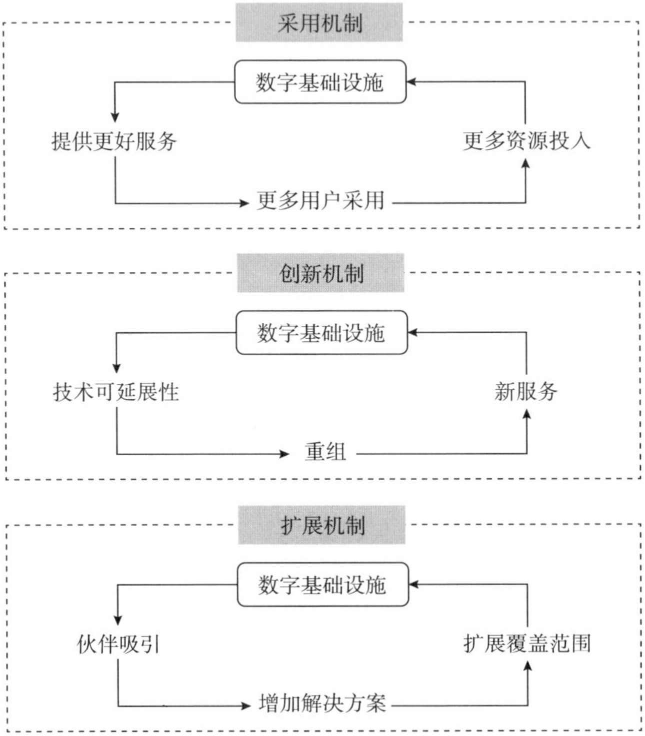

图 2.10 数字化基础设施的演化机制

资料来源：Henfridsson 和 Bygstad（2013）。

2.2.4.3 数字基础设施的结果变量

从数字基础设施的现有文献来看，结果变量主要包括技术创新（张辉等，2022）、数字创新（刘洋等，2022）、数字创业（Constantinides 等，2018）等。从技术视角看，数字基础设施作为一种底层技术，有助于企业打破屏障使内部数据充分流动，通过搭建平台加强内外部沟通与协作，不断丰富企业数字资源池，为实现价值创造提供支撑（张媛等，2022）。从服务视角看，企业层面如数字创客空间、众包系统等数字基础设施能够为企业提供良好的实验环境，数字产品在反复测试与实施的过程中快速形成、不断改进（Nambisan 等，2017）；区域层面的数字基础设施能够帮助企业构建并嵌入数字生态系统，鼓励企业跨越边界形成新的竞合关系，通过与相关联的各类主体价值共创促进数字创新（李晶和曹钰华，2022）。但值得注意的是，尽管数字基础设施为创新主体开展数字化提供了便利条件，但过高的基础投入会造成资金积压与资源冗余、治理难度增大，导致数字基础设施赋能作用效果减弱（周青等，2020）。

2.2.4.4　数字基础设施的研究述评

在数字经济时代，数字基础设施愈发受到学者们的关注，相关研究得到了快速发展。通过上述文献可知，现有研究普遍将数字基础设施看作一个社会技术系统，认同其在推动社会数字经济发展、产业数字化转型、企业数字创新等方面的支撑作用（Tilson 等，2010；刘洋等，2020）。本书梳理相关研究并绘制图 2.11。

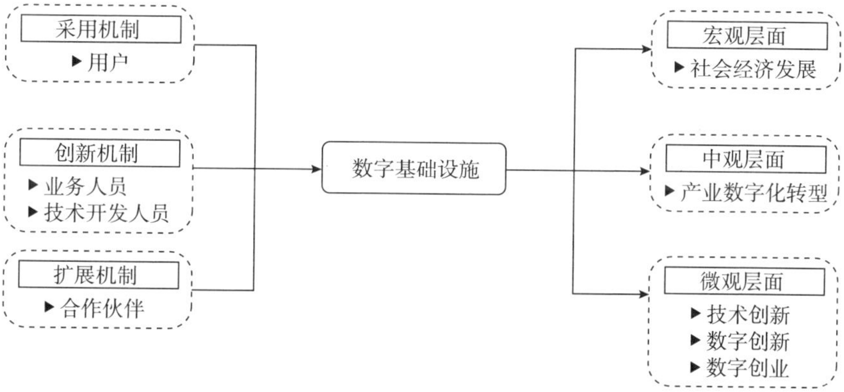

图 2.11　数字基础设施的相关研究

资料来源：笔者根据相关文献整理。

同时也发现研究存在一些不足，具体如下：

第一，近年来更多研究者打破信息系统领域研究边界关注数字基础设施这一概念，并从不同视角予以分类，比如根据物理属性分为硬件设施和软件系统（李忠顺，2022），根据形成过程分为信息网络融合创新演进而成的工业互联网、数据中心等和信息技术赋能转型升级形成的交通基础设施、智慧医院等（黄舍予，2020）。然而，现有定量研究中，多数学者却是从宽带和互联网接入端口数、用户数、移动电话普及率等指标来衡量数字基础设施，变量的概念表述、构成要素与测度方式之间存在偏差。因此，未来研究亟须借鉴数字化硬件设备存有量和数字化技术水平等量表科学地衡量企业层面的数字基础设施。

第二，现有定量研究大多将数字基础设施作为输入变量，探究其对企业技术创新、区域数字创新绩效的影响（刘洋等，2022；张辉等，2022）。但从概念界定上看，数字基础设施描述的是企业所拥有的数字化相关的硬件设施以及数字技术等软件系统的掌握情况，反映了企业的数字基础与数字禀赋，一方面可以帮助企业缩短企业间知识距离，拓宽资源获取渠道，为企业开展高效、灵活的组织学习提供保障；另一方面当企业拥有较高的数字禀赋时，数字导向下企业更容易形成良好的数字氛围，激发组织学习需求，积极探索数字化新业务。因此，在传统制造企业数字化转型过程中，有必要将数字基础设施作为一个调节变量去探讨其如何在数字导向与组织学习的关系间发挥作用。

2.2.5 组织敏捷性相关研究

2.2.5.1 组织敏捷性的内涵

敏捷性一词源于20世纪90年代美国艾柯卡研究所提出的“21世纪工业企业战略报告”，他们认为工业经济发展已经进入敏捷性竞争时代，根据市场需求灵活调整、优化升级制造技术与能力是企业保持竞争优势的关键（Yusuf等，1999）。随后，敏捷性引发学术界的广泛关注，从组织敏捷性概念初探到敏捷组织的构建与治理，已经积累了丰富的研究成果（Sjödin等，2020；钱雨等，2021）。从表2.13可以看出，研究者们普遍将组织敏捷性定义为一种企业能力，但研究情境不同导致概念表述存在差异，主要存在流程能力、持续进化能力和动态能力三种观点。

表2.13 组织敏捷性相关概念

类型	文献来源	概念内涵
流程能力	Yusuf等（1999）	对竞争基础（速度、灵活性、创新主动性、质量和盈利能力）的成功探索，即通过整合可重构资源和最佳实践，在快速变化的市场环境中提供符合客户需求的产品和服务
	Sambamurthy等（2003）	一种发现创新机会的能力，即通过迅速、创意地组合必需的资产、知识和关系来抓住竞争性市场机会的能力
	Badawy（2009）	企业在核心业务中不断调整和适应战略方向的能力
	Lu和Ramamurthy（2011）	一种企业能力，即通过快速和创新反应来处理商业环境中经常出现的意外变化，并以此作为企业繁荣发展机会的能力
持续进化能力	Zhang和Sharifi（2007）	一种制造战略，为制造企业在动态、持续变化的商业环境中繁荣发展提供竞争能力
	Vinodh等（2012）	企业在不可预测、快速变化的环境中蓬勃发展的一系列能力
动态能力	Teece等（2016）	在内外部环境允许的条件下，企业高效且有效地重新部署或配置资源以创造价值并维持高收益活动的能力
	Morawiec和Sotysik-Piorunkiewicz（2022）	企业主动识别环境中的信号并将其作为线索和机会来感知、评估、制定应对措施的能力

资料来源：笔者根据相关文献整理。

第一，组织敏捷性是一种流程能力，强调对市场环境变化的感知与响应（Lee等，2015）。其中，代表性学者Sambamurthy等（2003）提出，具有高敏捷性的企业会通过迅速、创意地组合必需的资产、知识和关系来抓住竞争性市场机会；Badawy（2009）从战略视角出发，认为敏捷性是指企业在核心业务中不断调整和适应战略方向的能力，通过改变现有业务流程来适应快速变化的商业环境，进而获取竞争优势；Lu和Ramamurthy（2011）提出敏捷性是企业应对商业环境中意外变化的一种关键能力，一方面通过精准洞察市场需求改进产品或服务，另一方面通过灵活调整业务流程应对市场或行业变化。

第二，组织敏捷性是一种持续进化能力，强调企业在不确定和不可预测环境中的持续适应与更新过程（Anna-Theresa，2021）。Zhang和Sharifi（2007）基于敏捷制造的竞争理念将敏捷性视为一种制造战略，重点关注敏捷制造战略对企业在动态、持续变化的商业环境中获取竞争力的决定性作用。Vinodh等（2012）认为敏捷性泛指能够帮助企业在不可预测、快速变化的环境中蓬勃发展的一系列能力，敏捷性的五个驱动因素，即劳动力、制造管理、制造战略、制造技术和组织结构是敏捷制造的主要构成要素。

第三，组织敏捷性是一种动态能力。Teece等（2016）基于前人研究发现，组织敏捷性的根本在于强调企业适应环境变化的能力，实施过程中会表现出"及时""灵活""快速"等动态特征，为此他们将组织敏捷性看作动态能力的微观表现，描述的是企业在内外部环境允许的条件下，高效且有效地重新部署或配置资源以创造价值并维持高收益活动的能力。Morawiec和Sotysik-Piorunkiewicz（2022）认为对敏捷企业来说，任何变化都可能成为机会的来源，组织敏捷性描述的是企业通过主动识别环境信号感知并抓住创新机会制定应对措施的能力。

综合以上观点，组织敏捷性引申于"敏捷制造"概念，随着时间推移，其概念内涵被不断丰富，主要形成了以流程能力、持续进化能力、动态能力为主的三种观点（钱雨等，2021）。本书认为三种观点间是一种相互依存、相互补充的关系，共同诠释了组织敏捷性的内涵，因此将组织敏捷性定义为企业快速感知并识别市场机会，同时及时调整内部运营模式的一种动态能力。

2.2.5.2 组织敏捷性的维度

组织敏捷性是一个多维度概念，本书将现有维度划分方式简要归纳于表2.14。Sambamurthy等（2003）根据活动对象进行归类，认为外部客户、合作伙伴、内部运营是组织敏捷性的三个子能力结构，易锐和夏清华（2018）在探讨开放式创新与新创企业脆弱性的关系研究中沿用了这一划分方式，从三方视角全面地衡量了新创企业敏捷性。Lin等（2006）提出"变"似乎成为新竞争时代的主旋律，此时敏捷企业的关键作用愈发凸显，敏捷能力包括四个基本要素，即响应能力、胜任力、灵活性和敏捷度。Lu 和 Ramamurthy（2011）的维度划分已得到众多研究者的认同，他们认为组织敏捷性由对外的市场利用敏捷性和对内的运营调整敏捷性两方面构成。Chakravarty 等（2013）从主动进攻与被动防御视角，将组织敏捷性分为创业敏捷性和适应敏捷性。Lowry 和 Wilson（2016）在现代组织越来越依赖信息技术的大环境下，重点关注 IT 资源如何支持 IT 敏捷性，并从信息、系统、战略分析考量信息技术敏捷性。

表 2.14　组织敏捷性维度划分

文献来源	维度	释义
Sambamurthy 等（2003）；易锐和夏清华（2018）	客户敏捷性	通过搜集客户信息探索和利用机会、采取竞争行动的能力
	合作敏捷性	通过联盟、合作伙伴和合资企业的关系，充分利用来自供应商、分销商、合同制造商和物流供应商的资产、知识和能力的能力
	运营敏捷性	企业调整业务流程以实现速度、准确性和成本节约的能力
Lin 等（2006）	响应能力	主动或被动地识别变化、迅速响应并在变化中恢复的能力
	胜任力	高效且有效地达成企业目标的能力
	灵活性/适应性	利用相同的工具处理不同业务流程、实现不同目标的能力
	敏捷度/速度	在尽可能短的时间内完成活动的能力
Overby 等（2006）	感知能力	感知环境变化（包括竞争对手行动、消费者偏好、经济、监管法规、技术进步等）的能力
	反应能力	响应环境变化的能力，如开展一项新的冒险活动、调整现有业务、推出新产品、开拓新市场等
Lee 等（2009）；Chakravarty 等（2013）	创业/进攻敏捷性	一种预测和积极抓住市场机会的能力，允许企业修改定位和战略，并寻求新的商业模式以在不断变化的条件下获得早期竞争优势
	适应/防御敏捷性	以防御性的方式观察和响应市场动态，例如在混乱的市场条件下保持弹性，致力于如何从中复原，而非从根本上改变内部结构以响应变化
Lu 和 Ramamurthy（2011）	市场利用敏捷性	改变产品和服务以响应客户需求
	运营调整敏捷性	调整内部业务流程以应对需求的变化
Lowry 和 Wilson（2016）	信息敏捷性	访问和使用 IT
	系统敏捷性	IT 开发、实现、修改和维护
	战略敏捷性	利用 IT 能力

资料来源：笔者根据相关文献整理。

综上，在传统制造企业数字化转型的研究情境下，本书借鉴 Lu 和 Ramamurthy（2011）的观点，从市场利用和运营调整两方面衡量组织敏捷性。一方面，数字经济时代营商环境最大的改变在于市场需求的快速变化，企业能否顺应时代发展在很大程度上取决于市场利用敏捷性；另一方面，数字化转型不同于以往的技术变革，而是一次对传统认知、惯例和结构的持续性重塑与再造过程，而运营调整敏捷性恰恰能够反映企业内部改进或更新旧有思想、流程等的能力，可见采用该种维度划分方式更能体现研究情境特征。

2.2.5.3 组织敏捷性的前因变量

从现有文献看，组织敏捷性既会受到内部技术架构、组织能力等因素的影响，也会受到外部环境客观变化的影响，前因变量可归为技术、组织和环境三个层面。其中，技术层面主要包括 IT 技术、IT 能力、数字技术等因素；组织层面包括市场导向、动态能力、领导风格、组织文化等因素；环境层面包括客户需求、环境易变性、动态性和不确定性等因素，具体如表 2.15 所示。

表 2.15 组织敏捷性的前因变量

类别	文献来源	前因变量
技术	Oosterhout 等（2006）；Lowry 和 Wilson（2016）	IT 技术
	Overby 等（2006）；Chakravarty 等（2013）	IT 能力
	Corte-Real 等（2017）；Vial（2019）	数字技术
	郭星光和陈曦（2021）	数据赋能
组织	Bahrami 等（2016）	组织学习
	Teece 等（2016）	动态能力
	Ravichandran（2018）	数字平台能力
	AlNuaimi 等（2022）	数字化转型领导力
环境	Tallon 和 Pinsonneault（2011）	环境易变性
	Lee 等（2015）	环境动态性
	Mao 等（2015）	环境不确定性
	Zhou 等（2018）	在线用户评论量

资料来源：笔者根据相关文献整理。

在技术层面，IT 技术、IT 能力、数字技术等已被证实是组织敏捷性的主要驱动因素。在信息系统研究领域，学者们围绕信息技术与敏捷性的矛盾关系展开了激烈的探讨。部分学者提出企业过度追求信息技术发展可能造成内部多个信息系统彼此割裂，刚性的系统架构严重阻碍了组织敏捷性的产生（Katayama 和

Bennett, 1999)。Overby 等(2006)认为有效的管理和使用信息技术是一门学问,并呼吁学者聚焦如何利用信息技术提升组织敏捷性这一话题。吴晓云和陈鹏飞(2015)基于资源和能力的双重视角将信息技术拆分成资产和能力两部分,并证实二者对组织敏捷性的正向作用。Lowry 和 Wilson(2016)进一步深入 IT 资源与敏捷性的关系,以 IT 经理和专业人员为研究对象,验证了 IT 服务感知通过 IT 服务质量正向影响 IT 敏捷性的理论模型。同样地,伴随着数字技术迅速崛起,更多学者转换视角认为敏捷型组织是数字化时代对企业发展提出的基本要求与终极目标(Morawiec 和 Sotysik-Piorunkiewicz, 2022),如 Corte-Real 等(2017)证实了大数据分析可以加速组织间的知识共享,通过知识管理提升组织敏捷性,进而提升企业绩效。

在组织层面,组织敏捷性的形成也会受到企业能力、企业氛围、领导风格等多方面因素影响。具体地,Teece 等(2016)提出强大的动态能力是培养组织敏捷性的必备能力,尤其是在高度不确定和高风险的环境下,感知、捕获、重构可以指导管理者何时以及如何进行管理,有助于实现组织敏捷性。Ravichandran(2018)指出创建数字平台是企业提升组织敏捷性的重要手段,同时冒险、创新、容错的企业氛围也为构建敏捷组织创造有利条件。AlNuaimi 等(2022)认为领导者对于提高组织敏捷性至关重要,一方面领导者有能力改变企业业务状况,另一方面领导者也有能力扭转不成功的战略决策,这些均有利于企业灵活、快速地适应环境变化。

在环境层面,学者更多的是从外界环境特征视角探讨这些因素所发挥的直接或间接效应。如 Tallon 和 Pinsonneault(2011)发现,当企业处于高度动荡的环境时,IT 基础设施灵活性在战略联盟和流程敏捷性之间的积极调节效应更加显著。Lee 等(2015)同样印证了这一结果,他们认为环境动态性会正向调节 IT 与双元经营之间的关系。Chakravarty 等(2013)则提出相反观点,即随着环境变化速度的加快,IT 能力对组织敏捷性的正向影响会减弱。Zhou 等(2018)关注在线用户评论对于组织敏捷性的重要性,通过使用一个拥有超过 300 万在线评论的移动应用数据集检验发现评论量与客户敏捷性的“U”型曲线关系。随着评论数量的增加,数据处理与分析难度、产品开发成本等给企业造成一定负担,但大量的在线评论也为企业探索多元化客户需求提供便利,进而影响企业对用户需求的响应速度。

2.2.5.4 组织敏捷性的结果变量

在愈发动荡且高度竞争的大环境下,组织敏捷性关乎企业的生存与发展,目前学者主要是基于三种研究情境对结果变量展开探讨(钱雨等, 2021)。一是常态情境下组织敏捷性对企业绩效、财务绩效的积极影响(Chakravarty 等, 2013)。

例如，敏捷制造企业可以凭借高度柔性的动态组织结构来保证企业内部信息的瞬时沟通，同时凭借柔性化、模块化的工艺技术迅速响应企业外部客户需求，充分把握市场机会，进而为企业获取长期经济收益（Anna-Theresa，2021）。二是危机情境下组织敏捷性是化危为机的关键（Sotysik-Piorunkiewicz，2022）。以新冠病毒冲击下的林清轩为例，外部环境突变使得消费者倾向于无接触式购买，线下门店销售利润额锐减，此时敏捷企业林清轩通过敏锐感知市场环境变化与消费者需求，调整运营模式拓展线上经营渠道，抓住直播经济新商机（张娜等，2021）。三是数字情境下组织敏捷性对数字创新、数字化转型等的积极影响（Ghezzi 和 Cavallo，2020；AlNuaimi 等，2022）。例如，敏捷性开发能够激发企业探索数据、员工和任务等多种资源的匹配与组合方式，进而寻找创造新资源实现商业模式创新（Ghasemaghaei 等，2017）。

2.2.5.5 组织敏捷性的研究评述

本节从组织敏捷性内涵、维度、前因及结果等方面进行文献梳理，发现组织敏捷性在信息系统领域内已经形成了较为全面且深入的研究体系，如图 2.12 所示。但与此同时，我们也发现现有研究尚存在不足之处。

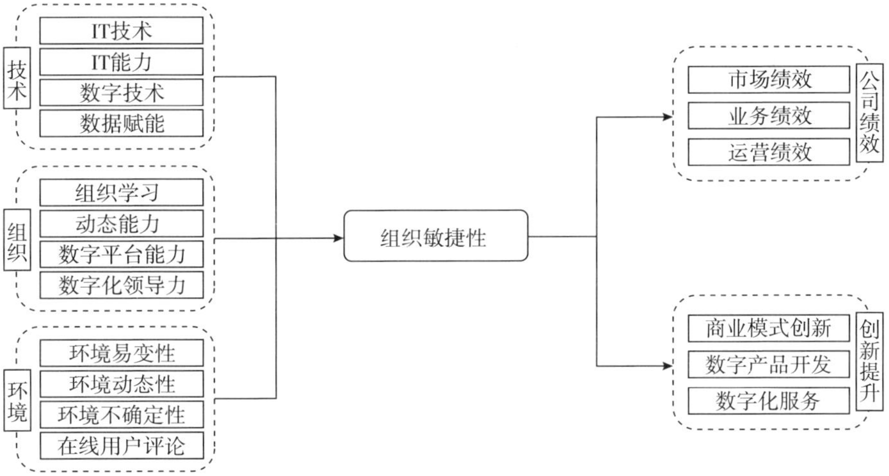

图 2.12 组织敏捷性的相关研究

资料来源：笔者根据相关文献整理。

第一，学者大多局限在信息技术对组织敏捷性的驱动作用，并理所应当地认为在数字化时代数字技术便是提升组织敏捷性的不二法门，但这其中还存在一些问题值得深入思考（Wamba，2022）。与传统信息技术相比，数字技术具备哪些属性和特征？掌握了数字技术的企业是否可以被认为是敏捷型组织？敏捷性作为一种动态能力，它的形成与作用机理是否受到行业或企业特征的影响？因此，未来有必要结合特定研究对象，对数字情境下组织敏捷性的作用机制进行深入探讨。

第二，在以往的定量研究中，组织敏捷性通常被视为中介或结果变量，聚焦如何提升组织敏捷性、构建敏捷型企业等问题，并且大多数研究都依托于西方管理情境下的敏捷制造，基于中国本土情境的相关研究略显不足（Teece 等，2016；Anna-Theresa，2021）。数字经济浪潮下，传统制造企业作为我国工业的主体，承载了我国制造业弯道超车、高质量发展的艰巨使命，传统制造企业迫切地需要通过学习数字化经验、探索数字化路径等手段实现数字化转型，如开发数字化产品或服务、改进制造流程、升级运营管理等，而在这一过程中是否具有感知市场需求变化和顺应技术发展的能力显得尤为重要。因此，有必要分析组织敏捷性在组织学习与企业数字化转型绩效关系间发挥的调节效应。

2.2.6 变量间关系文献梳理

2.2.6.1 数字导向与数字化转型

综合数字导向与数字化转型的相关文献，数字导向已被认同是数字化转型的先决条件（Hess 等，2016；Nasiri 等，2022）。从技术角度来看，数字化转型本身是依托于数字技术发生的，而数字导向侧重于强调数字技术的使用，将直接决定数字化转型的成败（Arias-Pérez 和 Vélez-Jaramillo，2022）。Nasiri 等（2022）探讨了数字化转型的三个前因变量（数字导向、数字强度、数字成熟度）对企业财务绩效的影响，结果显示数字导向与数字强度无法直接提升企业财务绩效，而是需要通过数字成熟度作为中介间接影响财务绩效。Rupeika-Apoga 等（2022）以中小企业为研究对象，证实了数字导向通过数字化转型影响企业绩效的作用路径。但数字化转型不同于单纯的技术变革，转型过程中需要转换管理思维以克服传统文化的阻力，科学的战略规划将是转型落地的基本前提（Hess 等，2016；Trigeorgis 和 Reuer，2017）。刘洋等（2020）在数字创新的前因探讨中发现，制定数字战略、构建数字创新导向的文化是其中的重要环节。Proksch 等（2021）发现，数字化战略与新创企业数字化程度紧密相关，并且对于那些希望在数字时代取得成功的企业来说，数字化战略将是企业实现数字化过程中的重要资源之一。

综上所述，尽管已有研究关注到数字导向的积极作用，但更多的是探讨数字导向对数字化转型的直接影响，或是关注数字导向所带来的经济效益，缺少关于“数字导向为何以及如何影响数字化转型”的探讨。为弥补这一研究空白，本书基于战略管理理论的“S-SCP”战略分析框架，将组织学习视为一种资源获取行为引入研究框架，以期为传统制造企业执行数字导向最终实现数字化转型提供具体的理论指导。

2.2.6.2　组织学习与数字化转型

组织学习作为管理学领域经久不衰的关键词，自提出以来被学者们不断丰富和拓展（陈国权和周琦玮，2016；Obeso 等，2020）。数字化情境下，组织学习作为一种内生动力的重要作用也愈发凸显。Kohli 和 Melville（2019）认为知识是企业提升数字业务创新能力的基础，并且强调了组织学习对于数字创新的必要性，无论是现有知识还是向供应链伙伴学习都将有益于数字创新。肖静华（2020）提出随着企业内外部环境的变化，组织学习也会表现出多种不同形式，而融合探索、利用、获得与试错等多种学习方式的适应性组织学习在传统企业跨体系转型中将起到关键衔接作用。Mancha 和 Shankaranarayanan（2021）提出数字背景的经验学习至关重要，个体需要通过经验学习不断形成、改造与转换思维方式，进而促进数字创新。肖静华等（2021）通过案例研究发现，数字化加速学习机制和数字化重构学习机制是助力美的集团实现智能制造升级的关键。魏江等（2021）阐述了组织学习理论在新组织情境下产生的新趋势，提出关注数字化情境下组织学习的呼吁。

综上所述，虽然组织学习在企业数字化发展中的影响不言而喻，但从现有研究成果看，关于数字化情境下的组织学习仍旧缺乏理论探讨，对于组织学习在传统制造企业数字化转型过程中的作用机制知之甚少。因此，本书基于组织学习理论，结合数字技术属性进一步解读获得式学习和试错式学习的维度划分方式，并探讨两种学习模式在数字导向与企业数字化转型绩效间的中介机制，以期为未来相关研究提供启发。

2.3　本章小结

本章系统地梳理与评述了研究内容所涉及的相关理论基础、关键变量及变量间关系，重点阐述了战略管理理论、组织学习理论、资源基础理论和动态能力理论的理论内涵、发展脉络和在本书的应用，对数字导向、组织学习、数字化转型、数字基础设施和组织敏捷性等关键变量的内涵、维度、前因、后果的研究现状进行了归纳与总结，并阐明现有研究的局限和空白，为相关领域深入研究提供方向。通过对数字导向与数字化转型、组织学习与数字化转型的文献梳理，总结研究缺口与亟待丰富、补充之处，为后续研究奠定理论与文献基础。

第3章　案例研究与理论模型构建

基于前文对相关理论与文献的回顾与梳理，为进一步探索数字导向对传统制造企业数字化转型绩效的影响机理，本章拟通过探索性案例研究，遵循典型性、资料可获取性和样本选取差异性原则，选取我国四家传统制造企业作为案例分析对象，采用扎根理论研究方法从获取的数据资料中提炼关键构念，根据故事线片段和典型证据形成理论预设，初步构建“数字导向—组织学习—数字化转型绩效”的理论模型。从传统制造行业的数字化转型成功案例中总结普遍规律，揭示数字导向、组织学习、数字基础设施、组织敏捷性与企业数字化转型绩效之间的关系，以期为后续实证研究提供依据。

3.1　理论分析与理论问题

近年来，数字化转型逐渐受到学术界和实业界的广泛关注（Hanelt 等，2021；李兰等，2022），利用并发挥数字技术赋能与使能，有助于企业在业务流程、管理范式、商业模式等方面实现重大突破，进而在数字化营商环境下寻求并创造新的发展机会和利润增长点（Lichtenthaler，2020）。尤其对成长在工业时代的传统制造企业而言，数字技术的出现改变了市场竞争格局，同时削弱了企业原本的技术优势，面对快速变换的客户需求已应接不暇，利润空间不断被压缩。显然，数字化转型已成为数字经济时代下每个企业的必修课（刘洋和李亮，2022），但这却是一个长期迭代的过程，任何激进的、思虑不周的数字化行动都可能造成转型失败（Cooper，2019）。理论层面上，数字化转型过程中基于战略管理高度进行统筹协调与部署至关重要（王永贵和汪淋淋，2021）。同理，数字导向作为企业应用数字技术的一种战略定位，是数字化转型的起点。一方面，数字导向坚定了企业数字化的决心与信心，打消了对于应用数字技术的疑虑；另一方面，数字导向可以为数字化行动指引方向，有效避免企业盲目跟风的现象。基于此，本书认为战略管理理论是数字化转型相关研究的重要视角，可以解释数字导向为何以及如何提升企业数字化转型绩效的问题。

然而在实践中，战略预期目标与实际结果相去甚远、战略规划与执行“两张皮”等现象在传统制造企业的数字化转型过程中并不罕见（Lee 和 Puranam，2016）。实践的发展对现有理论研究提出挑战，具体表现为以下三个方面：其一，企业明确数字导向后却苦于自身资源能力限制而不知从何入手；其二，企业间边界日益模糊的数字时代想要获取资源并不困难，但怎样的资源和行动才符合当下企业的发展现状不得而知；其三，即便企业在数字化转型过程中乐于学习、勇于尝试、敢于试错，但成绩寥寥，究竟是什么原因导致数字化进程缓慢鲜有探索。解释并回应上述挑战对于揭示数字导向对传统制造企业数字化转型绩效的影响路径至关重要。

从目前的研究现状来看，造成理论发展与实践相脱节的原因有三：首先，数字导向、数字化转型都是近年来的新兴主题，相关研究尚处于初步探索阶段。尽管学者们已经关注到企业战略层面的因素对数字化转型的影响，但围绕数字导向与数字化转型关系进行探索的研究大多强调二者的直接效应，缺乏对其中内在机制的深入探讨（Ardito 等，2021；Arias-Pérez 等，2021）。其次，组织学习作为一种基于过程的资源获取方法，虽然相关研究发展至今已较为成熟，但更多的仍停留在战略管理、知识管理、组织变革等领域，数字化情境下的组织学习尚未得到充分重视，如何解读并赋予情景化特征是未来研究应关注的重点（Hoe，2021；魏江等，2021）。最后，已有研究证实，组织学习是组织打破路径依赖、实现变革的重要途径（Ruel 等，2021），但在数字化转型过程中组织学习的中介机制会受到哪些权变因素的影响还不明确，如何确保组织学习顺利开展和学习成效有待进一步探讨。基于此，对于“数字导向为何以及如何影响传统制造企业数字化转型绩效”这两个未知的研究问题，有必要采用探索性案例的研究方法，利用质性数据展开分析，并尝试从中提炼关键构念、总结一般规律、构建理论模型，进而为假设关系推理奠定基础。

3.2 案例研究设计

3.2.1 研究方法选择

基于上述理论分析与理论问题的提出，本书采用探索性案例研究方法的原因如下：其一，从研究问题的属性来看，研究所关注的对象是传统制造这一特定行业，探讨的是数字导向对企业数字化转型绩效的影响，回答的是“为何”以及“如何”的问题，具有较强的解释性特征。尽管现有理论研究针对相关问题做出了有益的探讨，但还不足以解释和指导实践中传统制造企业面临的“不愿转”“不会转”“不敢转”难题。本书从实践现象出发旨在明晰其背后的科学问题、提出理论新洞见，具有探索性特征。其二，从研究方法的优势来看，探索性案例研究作为一种质性研究方法，多适用于解释低度概念化的现象以及解决尚处在初级发展阶段的理论问题（苏敬勤和贾依帛，2018），基于多案例的扎根编码和分析更利于提炼关键构念、梳理构念间的逻辑关系，从而构建简洁且具有普适性的理论模型，在剖析传统制造企业复杂且艰巨的数字化转型过程中具有独特优势。

遵循探索性案例研究的原则与步骤，首先，本书通过现实观察与文献回顾明确实践现象对理论研究的挑战，提出研究问题；其次，在理论抽样原则的指导下，选择四家传统制造企业作为研究的分析单元，通过电话访谈、实地调研获取一手资料，以及通过新闻媒体报道、企业官网、图书文献等渠道获得二手资料，形成“三角验证”，确保数据收集的有效性；再次，经过数据编码与分析过程界定核心概念，初步梳理逻辑关系；最后，通过跨案例分析反复挖掘四个案例间的差异与共性，形成科学、合理、普适的理论框架。案例研究步骤如图 3.1 所示。

3.2.2 案例选择与描述

根据 Eisenhardt（1989）的观点，多案例研究中的案例选择应遵循一定的抽样方法，且案例数量应控制在 4~10 个。本书在理论抽样原则的指导下，将案例数量选定为四家企业，既能从多来源验证逻辑的可复制性，又能满足跨案例的对比分析需求（解学梅和韩宇航，2022）。案例选择的主要依据有三个：首先，秉持典型性原则，选取的四家企业早已将数字化转型提升到战略管理层面，并且均已取得阶段性成效，这与本书的研究问题的适配性良好。其次，遵循数据资料的可获取性，选取的四家企业信息披露与数据公开性较强，便于从新闻报道、企业

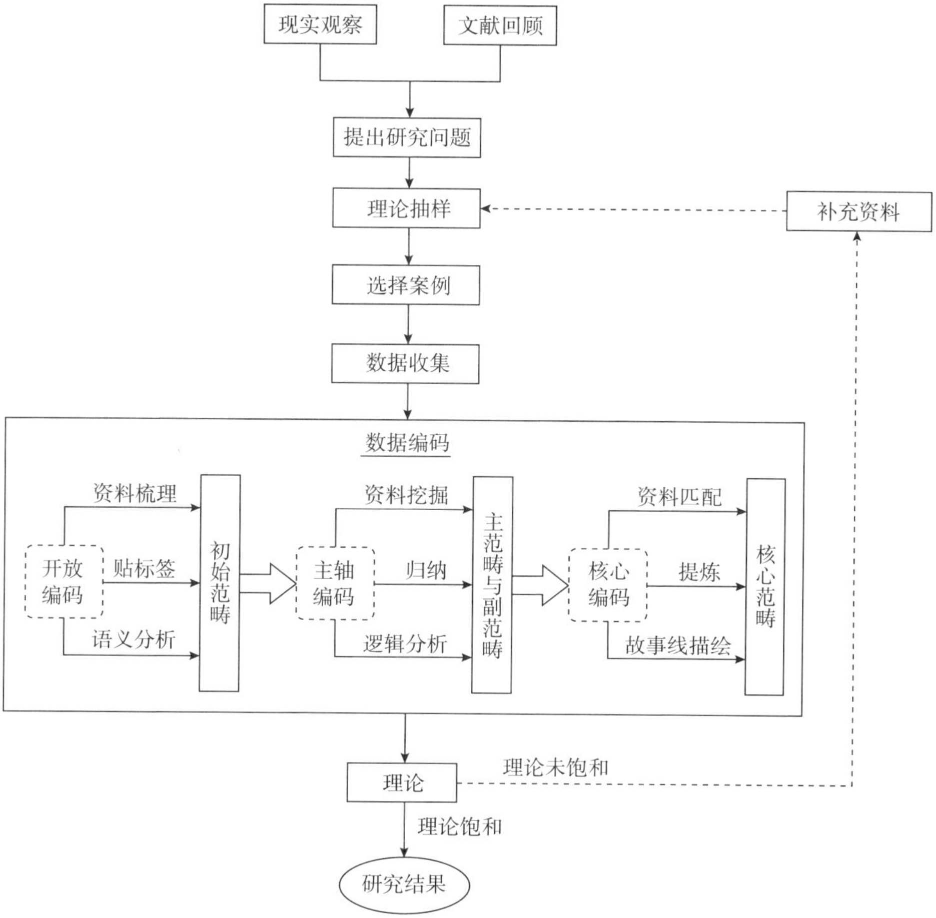

图 3.1　案例研究步骤

资料来源：笔者根据相关文献整理。

官网等渠道获取二手资料，是开展访谈调研的基础性工作（Eisenhardt 和 Graebner，2007），同时也有助于形成“三角验证”以保证所获数据的准确性（Yin，2013）。最后，按照样本选取的差异性原则，这四家案例企业的规模和所属细分行业既相似又不同，涉猎家电行业、重化工业、机械制造等传统制造领域，有助于利用跨案例分析的逻辑复制与扩展，得出具有一定普适性的理论框架。

鉴于企业保护信息安全的需求，本书隐去企业名称并采用代码 A~D 予以替代，并将基本信息绘制于表 3.1 中。接下来对四家案例企业的数字化转型历程进行简单描述介绍。

表 3.1 案例企业基本信息

企业名称	成立时间	企业规模	主营业务	数字化启动时间与转型成效
A 企业	1968 年	大型企业	家电行业，包括家用电器、中央空调、采暖设备、照明设备、家用空调设备等及其零部件的研发、制造、销售、安装、维修及售后服务	2012 年 打造了国内数量最多的世界灯塔工厂（5 家）；仅用了一年时间，营业收入提高 233%，净利润提高 777%，存货占比大幅度下降；具备对外输出工业互联网相关咨询及系统实施服务的能力，辐射赋能 400 多家大型企业
B 企业	1982 年	大型企业	重化工业，涉足电力、有色金属、生物化工、煤化工、氯碱化工、石油化工矿山和建材等领域	2016 年 数据互联互通互控，形成设备运行管理闭环；80%以上业务实现在线化管理；7 级管理体系简化为 4 级；拥有百万级别的供应商参数上云；成立互联网工业平台，向外输出 SaaS 化业务或解决方案
C 企业	1994 年	中小企业	锁芯制造，以锁芯、智能锁为"拳头产品"，涵盖国标、欧美、美标的民用锁及工业用锁、智能锁和防盗报警系统、智能家居产品等的研发、设计与生产	2015 年 大幅度降低人力成本，产能稳步上升，2021 年产值增加超过 1 亿元；成功打造数字化车间，持续改善生产工艺，生产工时缩减至原耗时的 70%；拥有 2 个高度自动化智能工厂，月产锁芯、智能锁 100 多万套
D 企业	1975 年	中小企业	弹簧制造，主要包括弹簧、钢丝、汽车零部件、摩托车配件、弹簧加工专用设备等的研发、生产与销售	2018 年 企业生产效率提高 20%、能源利用率提高 10%、运营成本降低 20%、产品不良品率降低 20%；2021 上半年实现销售收入 2.97 亿元，上缴税额 2520 万元

资料来源：笔者整理。

3.2.2.1 A 企业

A 企业在 1968 年创立于广东省佛山市，是一家以家电制造业为主的大型综合性企业集团，员工总人数在 13.5 万左右，旗下共拥有 10 余个品牌，建设国内生产基地 16 所、国外生产基地 6 所，产品远销 200 多个国家和地区。从 1980 年正式踏入家电行业至今，已形成智能家居、工业技术、楼宇科技、机器人与自动化、数字化创业五大业务板块。2021 年在 iiMedia Ranking 评选的中国国产家电品牌排行中位列第一，2022 年入选福布斯发布的"2022 中国数字经济 100 强"榜单，获评"灯塔工厂"荣誉，跻身"2022 世界品牌 500 强"榜单。

追溯 A 企业数字化转型历程，2012 年以前，A 企业紧抓"家电下乡"政策引发的消费热潮，凭借大规模制造的发展模式快速拓展并占有国内市场；但与此同时，巨大的市场需求量也吸引了一大批竞争者涌入，行业家电保有量逐渐趋于饱和态势，大规模制造的弊端也日益凸显。为解决产品滞销、库存积压带来的成本困扰，2012 年 A 企业果断执行“632”战略计划，开启数智化升级之路，从渠道改革到柔性制造的转变，成功打通组织内部 IT 系统、流程和数据。2015 年 A 企业继续推广“T+3”业务模式以销定产，2016 年再次升级“智能产品+智能制造”战略，助力产品品质、生产效率以及运营能力的显著提升。2018 年，A 企业开始向 B 端转型建设工业互联网平台，并在 2022 年入选国家“双跨”平台。从 2012 年数字化转型启动至 2022 年的整十年里，A 企业从战略破局，由传统制造型厂商到全球化科技集团，成为中国企业数字化转型的典范。

3.2.2.2　B 企业

B 企业创立于 1982 年，总部位于上海浦东，是伴随我国改革开放成长的第一批民营企业，员工总人数超过 3 万，旗下 300 余家子公司遍布我国 28 个省份以及越南、印度尼西亚、新加坡等国家。现今已发展成为集重化工业（矿山、发电、铝业、水泥、化工等）、农业（饲料、养殖等）和商业地产为一体的特大型跨国民营企业集团。2021 年营业收入为 1845.2 亿元，荣获中国绿色发展典范企业，2022 年入选“2022 中国制造业民营企业 500 强”榜单，位列第 24。

但即便是这样一家领跑行业的制造业巨头，过去很长一段时间内在数字化建设方面也稍显落后，尤其是企业内部的组织协同与管理效率低下、业务审批流程复杂、数据流动受阻等问题较为突出。2015 年，B 企业开始小范围测试钉钉，并于 2016 年制定数字化转型的初步规划与每年的阶段性目标，正式开启数字化新征程；2017 年，上线统一门户，实现单点登录，开启智能 MES 项目建设；2018 年，制造了专属于钉钉的底座集成，上线了业财一体化平台、物流平台等；2019 年，财务共享、智能供应链上线，B 企业初步实现了智能制造；2020 年，成立了专属的工业互联网平台，全面推广智能物料管理系统；2021 年，初步建成数据中台，成立单独的数科板块，第一个自主设计、开发、运行的企业商城正式上线；2022 年，面对奥密克戎病毒的进化分支和疫情的瞬息万变，数科板块在短短 48 小时内成功开发了内部流调统计平台，为企业科学防范疫情扩散提供了智能化工具支持。2016~2022 年的六年里，B 企业已经成功实现了传统的“制造能力”向“服务能力+数字化能力+制造能力”的转变，成为传统制造业数字化转型的企业新标杆。

3.2.2.3　C 企业

C 企业于 1994 年成立，坐落在广东省中山市，享有“全球锁具行业标杆企业”“中国最安全锁芯称号”的美誉，员工总人数 800 多，拥有两个自动化生产厂区，占地面积近5万平方米，建有广东省级技术中心和精密锁芯工程研发中心，拥有超过60项国家专利。C企业以锁芯和智能锁为企业“拳头产品”，同时也覆盖各种民用锁、工业用锁、防盗报警系统等产品的研发、设计与生产。企业一直秉持“质量=生命”的理念，向全球超百万户家庭提供安全服务，以过硬的产品品质赢得了国内外市场的认可。2021年被工信部评为专精特新“小巨人”企业，入选2021年中小企业数字化转型典型案例名单。

2015年，C企业通过引入“易飞ERP管理系统”实现信息化管理基础，同年启动数字化车间建设；2016~2017年，购置一系列自动化生产设备，形成智能化生产条件；2018年，引入“携客云互联网+供应链协同系统”，实现供销存一体化智能化管理；2019~2020年，购置智能化加工系统，提高自动化覆盖率，铺设生产设备数字采集工作；2021年，引入“语祯工业互联网系统”，实现生产实时数字化管理，订单跟踪管理、柔性化生产执行等核心功能；2022年，携手精工智能启动数智化顶层设计项目，帮助企业梳理下一步行动路径，加速数字化智能化发展。C企业历时七年，初步完成了数字化改造目标。

3.2.2.4　D企业

D企业始建于1975年，注册地址为浙江省诸暨市，是一家专业从事高端弹簧产品研发、生产和销售的高新技术企业，主要产品有悬架弹簧、制动弹簧、稳定杆等，产品主要应用于汽车行业、轨道交通、机器人、农用机械等领域。目前员工总人数已超过950人，总资产超过87000万元，旗下拥有4家子公司，已形成年交付悬架弹簧和制动弹簧1500万支、年交付各类阀系和异性弹簧6000万支、年交付稳定杆360万根的产能。2021年被工信部认定为专精特新“小巨人”企业，上半年实现了销售收入2.97亿元，上缴税额2520万元。

从企业成长历程看，紧跟时代发展的思想早已深深融入D企业的血液。2001年，D企业已经开始采买ERP系统推广无纸化办公，2010年更是把握住时代契机，大力发展电子商务；2014年，D企业致力于建设全自动弹簧生产架，探索并尝试用机器替代人工；2018年，自主研发的全自动悬架弹簧生产线正式投产，标志着数字化转型的开始；2020年，缺少IT专业人员的D企业尝试借助钉钉进行数字化创新实验，通过利用钉钉平台的“托拉拽”搭建出涉及生产、质量、物流、供应等关键环节的多个管理功能，实现了90%业务的数字化。现如今，生产环节透明、精益生产、产线提效等无一不彰显着D企业的数字化转型初见成效。

3.2.3　数据收集

为确保所收集的案例数据真实可靠，本书采用多元化的方式从多种渠道收集资料以构成三角验证（Yin，2013）。具体的数据来源和收集方式如表3.2所示。

表 3.2　案例资料收集情况

案例企业	来源编码	资料收集结果
A 企业	E1	开展电话访谈 6 次，访谈人数 8 人次，总访谈时长 248 分，形成一手资料约 6.4 万字
	E2	收集企业官网披露的信息 8 条，新闻报道 45 篇，微信公众号、知乎等媒体平台推文 16 篇，宣传视频 9 条，图书 3 本，期刊文献 22 篇，汇总二手资料约 26.9 万字
	E3	以客户身份购买智能家电产品，体验售前、售中、售后服务，与线上人工客服和安装维护员工开展非正式交谈 3 次
B 企业	F1	开展电话访谈 3 次，访谈人数 3 人次，总访谈时长 83 分，形成一手资料约 1.1 万字
	F2	收集企业官网披露的信息 4 条，新闻报道 32 篇，微信公众号、知乎等媒体平台推文 6 篇，宣传视频 5 条，公开性会议论坛 1 次，期刊文献 10 篇，汇总二手资料约 12.7 万字
	F3	参观并拍摄企业文化墙，到工厂车间实地考察
C 企业	G1	开展电话访谈 4 次，访谈人数共计 4 人次，总访谈时长 96 分，形成一手资料约 1.6 万字
	G2	收集企业官网披露的信息 2 条，新闻报道 25 篇，知乎、小红书平台推文 5 篇，宣传视频 7 条，典型案例库案例 1 篇，汇总二手资料约 8.9 万字
	G3	以客户身份购买智能锁产品，与线下产品经理、线上客服、售后维修工人开展非正式交谈 6 次
D 企业	H1	开展电话访谈 3 次，访谈人数 4 人次，总访谈时长 114 分，形成一手资料约 2.4 万字
	H2	收集企业官网披露的信息 8 条，新闻报道 36 篇，微信公众号、知乎等媒体平台推文 4 篇，宣传视频 4 条，期刊文献 1 篇，汇总二手资料约 9.2 万字
	H3	实地考察，参观数字化车间，并拍摄企业文化墙

资料来源：笔者整理。

从表 3.2 中可以清晰地看出，本书的数据来源包括：①在案例选定初期，通过官方网站、新闻报道、媒体推文等途径进行初步数据收集，了解企业概况与发展历程。②研究团队以电话、电子邮件等形式邀请受访企业中高层参与调研，包括 IT 部经理、业务主管、采购专员、产品经理等人员。但受新冠疫情影响，本书更多的是通过电话访谈的方式围绕事先拟定的访谈提纲同受访者进行提问与交流，每家企业每位受访者平均访谈时长约 30 分钟，累计访谈总长 541 分钟，共获取一手资料 11.5 万字。③根据访谈调研结果，再通过中国管理案例库、中国知网等学术数据库等途径检索相关期刊、图书等，进行二手资料的补充。这也是本书案例数据的主要来源。一方面，由于访谈形式受限导致研究所获取的一手资料有限；另一方面，研究重点关注企业如何实现数字化转型的过程，涉及转型初期面临的困境、数字化基础情况等敏感问题，因此，二手资料既能减少受访者回溯过往造成的偏差，又可有效规避“掩藏失败、放大成就”等现象（Eisenhardt 和 Graebner，2007）。本书总计收集二手资料 57.7 万字。④参与性观察。研究团队通过实地考察或以客户身份购买案例企业推出的部分智能化产品，深入实际情景体验产品与服务，进一步丰富案例素材。

3.3 案例数据分析

3.3.1 效度检验

为保证案例研究的科学有效性，本书拟采用两种措施：首先，对于案例研究的内在效度，运用多元搜集资料方式，获取来自半结构化和非正式访谈的一手资料、来自官方网站和图书期刊等渠道的二手资料，以及通过参与性观察所获得的素材补充，分别代表了案例企业、媒体与国内外学者、研究团队三种视角，资料之间相互检验构成了“三角验证”（Yin，2013）。此外，研究团队由三位教师、三名博士研究生和三名硕士研究生构成，在资料整理与分析过程中为减少研究者的主观臆断，以三位教师带领的三个小组为单位，分别负责电话访谈的文字转录、二手资料的归纳梳理与实地调研的笔记整理。资料整理、核对等基础性工作完成后，对数据编码并进行交叉论证和充分讨论，当意见不一致时通过电话回访、资料溯源进行验证与确认，经再次讨论达成一致。其次，对于案例研究的外在效度，本书遵循逐项复制原则开展跨案例分析，即在逐个梳理四家案例企业资料后，将第一家企业提炼出的逻辑复制到其他三家企业中，通过不断挖掘和复制提升理论框架的普适程度（Eisenhardt，1989）。

3.3.2 数据编码

按照扎根理论提出的“三级编码”研究程序，本书先后通过开放性编码（open coding）、主轴性编码（axial coding）和选择性编码（selective coding）三个步骤将质性材料概念化、理论化（Glaser 和 Strauss，1968）。在提炼关键构念的基础上，以“讲好中国故事”为宗旨，通过案例内与案例间分析捋顺构念间的逻辑关系，进而为理论模型的构建提供数据支撑。

3.3.2.1 开放性编码

对所有质性材料进行逐句分析，提取出与研究内容相关的段落和语句并进行贴标签处理，共得到228件“典型事件”。经研究团队的反复比较与充分研讨，最终从“典型事件”中凝练出190个“初始范畴”。考虑到篇幅原因，将开放性编码的部分示例展示于表3.3中。

表3.3 开放性编码过程示例

典型事件	初始范畴
董事长带队自上而下地推进数字化转型这项“一把手工程”，促成业务、流程、IT三个小组分头执行“632”战略计划	战略的执行与推进
企业数字化的每一阶段都进行了战略升级，如1.0时代以“632”战略计划为引领，2.0时代又提出了“双智”战略，3.0时代进行了“全面数字化和全面智能化”的战略布局	坚持战略引领
只有真正理解数字技术带来的改变，才能拥抱这个时代，企业才能走在行业前列	理解数字技术价值
领导经常带领团队到国内外一些优秀的数智化标杆企业去参观学习、交流数字化经验	实地参观学习
组织内部IT系统的连通与标准化拓宽了学习渠道，使得企业更加开放，经常跨越组织边界获取资源	拓宽资源获取渠道
坚持把产品的品质保障放在第一线，要按照市场需求把产品线分类管理	响应市场需求
企业为将制造工艺一代代传承下去，尝试了很多办法，如三维扫描、成像重叠等，但都没有成功	鼓励容错试错
只要将流程梳理清楚便能基于钉钉平台快速搭建出很多功能，现如今生产部门90%的业务都已实现了数字化	借助第三方平台
企业结合系统的内外部用户需求，建设了属于自己的数据中台，降低了重复建设和烟囱式协作的成本	自主探索数字化路径
通过“智能人事”“智慧行政与后勤”等模块，在手机端轻松实现信息化和移动化，给员工的工作带来了便利，提高了员工的满意度	扁平化管理
企业始终秉持“顾客至上”的理念，执行柔性化生产方案，即可根据客户需求生产个性化定制产品	改进生产方案
掌握的大数据技术与算法模型等有助于人机交互系统即时反馈与及时修正	快速试验与修正

资料来源：笔者整理。

3.3.2.2 主轴性编码

如表 3.4 所示，研究团队不断比较 190 个“初始范畴”，利用演绎与归纳的方法将近似概念整合，形成 24 个“副范畴”，再经过进一步推导与凝练，最终得到 11 个“主范畴”。此外，本阶段按照“条件—行动—结果”的范式，围绕“主范畴因何出现，出现的情境条件是什么”“情境条件下企业会表现出哪些行为”“行为结果如何”等问题进行资料补充与思考，并结合相关理论研究对“主范畴”的内涵进行简要说明。

表 3.4 主轴性编码

副范畴（编码频次）	主范畴	范畴内涵
价值识别（5）；数字愿景（9）	数字技术认知	“数字技术认知”是指案例企业能够理解数字技术的应用价值
战略引领（8）；技术更新（5）	数字技术应用	“数字技术应用”是指案例企业具有使用数字技术的意愿
跨组织学习（8）；低成本购买（7）	获得式学习	“获得式学习”是指案例企业模仿或以较低成本从外部获取资源的行为
容错文化（6）；实时反馈修正（8）	试错式学习	“试错式学习”是指案例企业以迭代试验的方式扩展现有资源的行为
数据采集系统（7）；监控系统（5）；嵌入式硬件终端（4）	硬件设施	“硬件设施”是指案例企业拥有的与数字化相关的硬件设备
大数据技术（8）；平台生态技术（6）；智能化技术（5）	软件基础	“软件基础”是指案例企业所掌握的数字技术情况
需求感知（12）；机会捕捉（9）	市场利用敏捷	“市场利用敏捷”是指案例企业具有感知数字时代下市场变化和机会的能力
响应客户需求（6）；顺应时代发展（3）	运营调整敏捷	“运营调整敏捷”是指案例企业具有应对数字化营商环境的能力
智能化产品（15）；在线服务平台（6）	产品服务开发	“产品服务开发”是指案例企业提高了产品或服务的数智化程度
打造数字产线（14）；建设智慧车间（10）	制造流程改进	“制造流程改进”是指案例企业在产品生产制造过程中实现了数字化
简化流程（9）；管理增效（15）	运营管理升级	“运营管理升级”是指案例企业在日常商务运营中采用了数字技术

资料来源：笔者整理。

3.3.2.3 选择性编码

如表3.5所示，本书在主轴编码得到的11个“主范畴”的基础上，结合范畴内涵和相关理论研究最终将它们凝练成5个“核心范畴”。具体而言：“数字技术认知”和“数字技术应用”具有理论逻辑的一致性，分别代表了企业对应用数字技术的态度和行为，可以将其整合到“数字导向”这一构念中（Khin和Ho，2019）；“获得式学习”和“试错式学习”分别代表着企业在数字化转型过程中效仿其他企业和自主试错探索的两种资源获取方式，可以将其整合到“组织学习”这一构念中（Ruel等，2021）；“硬件设施”和“软件基础”基于物理属性从硬件和软件角度分别描述了企业的数字化转型基础和禀赋，可以将其整合到“数字基础设施”这一构念中（Tilson等，2010；刘洋等，2020）；“市场利用敏捷性”和“运营调整敏捷性”分别代表着企业对外感知和对内响应的能力，可以将其整合到“组织敏捷性”这一构念中（Lu和Ramamurthy，2011）；“产品/服务开发”“制造流程改进”和“运营管理升级”分别代表着企业在产品、制造和管理上的数字化改进程度，可以将其整合到“数字化转型绩效”这一构念中（Dorian等，2021）。

表3.5 选择性编码

主范畴	核心范畴
数字技术认知；数字技术应用	数字导向
获得式学习；试错式学习	组织学习
硬件设施；软件基础	数字基础设施
市场利用敏捷；运营调整敏捷	组织敏捷性
产品/服务开发；制造流程改进；运营管理升级	数字化转型绩效

资料来源：笔者整理。

与此同时，本书在选择性编码过程中发现了“故事线”的存在。以“数字化转型绩效”为例，其初始范畴“提高生产产能”“生产可视化”“提高人事效率”等下的树节点是后置于其他主范畴而形成的，且这些树节点与其他主范畴或副范畴存在逻辑关系。本书经反复分析，一条清楚明晰的案例“故事线”得以呈现。为更直观地反映编码结果与“故事线”，本书绘制了数据结构图，如图3.2所示。

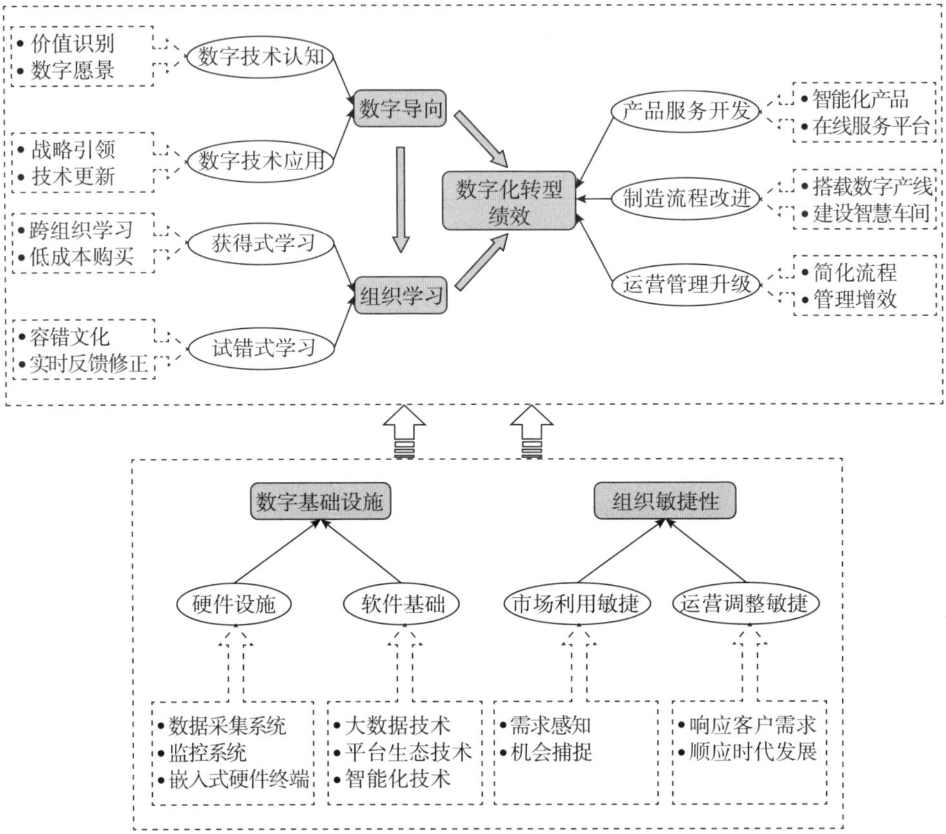

图 3.2　数据编码结果

资料来源：笔者绘制。

3.4　案例发现与讨论

3.4.1　核心构念界定

本书基于扎根理论，从四家案例材料中共提炼出数字导向、组织学习、数字基础设施、组织敏捷性和数字化转型绩效 5 个核心构念。本小节将结合数据编码过程与相关文献对构念的内涵予以界定。

3.4.1.1　数字导向

数字导向作为战略导向在数字化情境下衍生的新兴概念，反映了企业对数字技术应用价值或前景的正确认知，以及企业在各个业务环节中应用数字技术的意愿，是传统制造企业向数字化体系迈进的关键一步（Kindermann 等，2021），引领着后续数字化行动。本书基于案例数据分析与相关文献，识别出数字导向的概念，其中包含数字技术认知和数字技术应用两方面，部分证据展示如表 3.6 所示。

表 3.6　数字导向编码过程的证据展示

核心范畴	主范畴	副范畴	初始范畴	部分案例资料示例
数字导向	数字技术认知	a11 价值识别	i1 数字技术带来新体验 i2 理解数字技术价值 ……	“未来工厂都应该利用数字技术（i2）实现设备自制、数字化运营（i13）”“最理想的数字化就是尽可能地让人减少重复冗杂的工作，让每名员工使用新工具、新技术参与创新（i14）”“人们对我们这行业总是存在刻板印象，枯燥的流水车间、远离互联网、远离潮流，但事实上我们极为关注新兴事物，数字技术给我们带来了全新的生产体验（i1），其创造性、颠覆性价值不可否认（i2）”
		a12 数字愿景	…… i13 未来数字化工厂描绘 i14 理想的数字化企业	
	数字技术应用	a13 战略引领	i15 战略执行与推进 i16 战略计划 ……	“我们的员工已经形成了每半小时看一次钉钉的工作习惯，钉钉成为 B 企业全链路数字化的超级入口（i27）”“数字化转型必须明确目标，统一规划，每年都有必须完成的关键指标（i16）”“智能制造驱动企业数字化转型是我们的发展战略（i15），我们要积极使用数字技术、数字平台等工具（i27，i28）来摆脱传统单依靠制造能力创造核心竞争力的时代”“我们基于 AI+IoT 技术替代 IC 卡模式，实行智能过磅采样（i28）”
		a14 技术更新	…… i26 搭载第三方数字平台 i27 应用新一代数字技术	

资料来源：笔者整理。

数字技术认知是指传统制造企业能够理解数字技术的投资价值、商业价值、社会价值等，具体包括价值识别和数字愿景。例如，A 企业受访者谈道：“作为一家规模庞大的制造企业，就好比一头大象，若想要在错综复杂的市场中如猎豹一般敏捷，必须为大象配备灵敏的数字化底座，数字技术变革是必要的，前途也是光明的。”B 企业产品经理在一次公开演讲中表示：“所有的新兴数字技术都应该为企业经营服务，未来工厂应该是以数字生产力为驱动的。”C 企业作为一家中小制造企业，随着企业快速发展，管理者也越发认识到，“提升生产效率、保障产品品质需要采用更加科学的手段和工具”。D 企业多年来紧跟时代浪潮，作为行业内率先尝试数字化的排头兵，数字化转型成效显著，“智慧工厂给工人与生产带来了全新的交互体验，也让我们工作更有干劲、更有乐趣了”。

数字技术应用指的是传统制造企业具有使用数字技术的意愿，包括战略引领和技术更新。例如，A 企业针对数字化的不同阶段制订了相应的战略计划，如 1.0 时代的“632”战略、2.0 时代的“双智”战略、3.0 时代的“全面数字化和全面智能化”战略，明确了每一阶段的重点任务与转型目标。B 企业受访者提出：“对传统制造业来说，数字经济是一个以效率和效益为中心的关键时期，既快又好是我们企业所追求的，钉钉帮我们实现了这一目标。”C 企业在政府相关政策的扶持下，迅速完成数智化战略布局和调整，找准了未来发展的新方向。D 企业致力于以全自动弹簧生产线替换流水线生产，以“机器换人”减少工人的高危工作。

综上，从案例材料看，数字导向是战略层面对数字技术的一种认知或行为倾向；从现有研究对数字导向的概念描述看，数字导向大多反映了对数字技术应用价值或前景的正确认知，强调了数字技术和数字化的重要性。因此，本书借鉴 Khin 和 Ho（2019）的观点，认为数字导向指的是企业对应用数字技术来提供创新产品、服务和解决方案的一种战略定位，是传统制造企业克服认知偏差、向数字化体系迈进的关键一步。

3.4.1.2 组织学习

在企业数字化转型过程中，单纯依靠战略层面的谋划与布局是远远不够的，如何克服传统路径依赖、冲破自有资源束缚等问题始终困扰着广大传统制造企业。需要注意的是，数字技术是企业提升绩效的必要非充分条件，无法为企业带来持续性竞争优势（Usai 等，2021），引入数字技术也不等同于实现了数字化转型，企业还需要通过开展学习活动促进技术应用与资源转化（Volberda 等，2021）。尽管不同领域的理论研究对于组织学习这一构念的界定不一致，但大多学者认同学习是一种为适应环境变化而不断反思、检验并纠正错误的行为（Migdadi，2020；卢艳秋等，2021），其价值体现在不断地产生并应用新的知识或想法来创造价值（Ruel 等，2021）。对于学习模式也存在多种划分方式，其中较为经典的是基于知识存量改变方式分为探索式学习和利用式学习（March，1991），基于学习深度分为单环学习、双环学习与再学习等（Argyris，1977）。然而，数字化情境下组织学习模式越发复杂，以往经典的维度划分方式可能不再适用（魏江等，2021；谢康等，2020）。因此，本书基于案例数据分析与相关文献，识别出数字化情境下的组织学习概念包含获得式学习和试错式学习两方面，部分证据展示如表 3.7 所示。

表 3.7　组织学习编码过程的证据展示

核心范畴	主范畴	副范畴	初始范畴	部分案例资料示例
组织学习	获得式学习	a21 跨组织学习	i28 获取外部资源 i29 实地参观学习 i30 向标杆企业学习 ……	"组织内部 IT 系统的连通与标准化拓宽了学习渠道，使得企业更加开放，经常跨越组织边界获取资源（i28）""我曾参观过福特、丰田的生产线（i29），发现它们的柔性生产线若是可以应用到弹簧产线上，将帮助我们节省一大笔库存成本（i30）""我们购置了自动化生产设备用于形成智能化生产条件，购置智能化加工系统提高覆盖率（i41）""我们携手精工智能启动了数智化顶层设计项目，对企业数智能力进行全面诊断，并为未来数智化转型设计行动路径（i42）"
		a22 低成本购买	…… i41 购置设备支持数智改造 i42 获得数字化解决方案	
	试错式学习	a23 容错文化	i43 鼓励容错试错 i44 内部经验分享 ……	"企业为将制造工艺一代代传承下去，尝试了很多办法如三维扫描、成像重叠等，但都没有成功（i43）""企业全员参与并使用钉钉的低代码开发功能，开始创新实验一年时间内便搭载出 166 个不同功能（i56）""团队伙伴之间会经常分享与交流成功或失败经验，过程中会碰撞出新的点子，提出问题解决方案（i44）""我们现在通过系统模拟快速地发现问题，同时系统也基本上可以做到即时收集客户反馈（i55）"
		a24 实时反馈修正	…… i55 信息反馈 i56 快速试验	

资料来源：笔者整理。

获得式学习是指传统制造企业模仿或以较低成本从外部获取资源的行为，具体包括跨组织学习和低成本购买。例如，A 企业受访者提到："数字化之路是艰难且充满焦虑的，绝不能靠单打独斗。"与行业内其他两家龙头企业相比，A 企业的数字化手段显得更加灵活与多样，例如，在机器人产业领域，A 企业善于把握市场机会，围绕产业链上下游企业，凭借不断并购或与之合作的方式助力企业在智能制造领域迈向一个崭新的阶段。B 企业受访者提到："为使企业所有的基础型管理业务实现集中和共享，我们选择依托钉钉这个具有开放生态底座的移动办公平台获得技术支持，利用平台上的一站式组织服务、智能人事等模块培养全员数据化思维，利用智慧行政和后勤、商旅管理系统等模块实现极致的扁平化管理。"C 企业副总经理在一次采访中谈道："企业是养出来的，只有不断投入才能让企业更有生命力、竞争力。"近年来，C 企业坚持与精工智能、语祯物联等数字服务机构合作，通过引进生产管理系统、定制柔性化生产方案等手段初步完成数字化改造。D 企业董事长曾经想要复制福特、丰田的生产线经验，让自家的弹簧生产线也实现柔性生产，虽然尝试失败，但无疑为企业开展数字化创新实验开辟了新思路。

试错式学习是指传统制造企业以迭代试验的方式拓展现有资源的行为，具体包括容错文化和实施反馈修正。例如，A 企业受访者表示：“我们利用模拟仿真软件能做到低成本试错，尽早发现研发、生产、销售等环节的不足与漏洞，以便及时地作出应对和调整，既保证了产品质量，又节约了成本。”B 企业基于钉钉平台成功打造并推出专属的 APP，根据用户需求通过“个性化应用开发—试验迭代收集反馈—动态调整”的循环学习机制，自主建立了集数据存储、集成、智力和服务为一体的数据中台，成功实现数据驱动生产的经营数字化。C 企业受访者提到：“偶尔的一次重大突破绝不能称之为成功，面对未知的挑战，我们始终秉持迎难而上的精神，要以持之以恒的行动不断突破自我。”D 企业的 IT 人员利用钉钉平台的低代码开发，针对企业管理实践中出现的订单变动、人工计数不准确、材料入库慢等问题，在短时间内完成了功能模块搭建，从而大幅度提升了企业在生产、质量、物流、供应等环节的运行效率。

综上所述，从案例材料看，传统制造企业在数字化转型过程中会表现出“拿来主义”与“自主探索”两种学习模式，即：以获得式学习的方式模仿行业内标杆企业先进的数字化思维和经验，或借助第三方力量以合作购买的方式直接获取数字化解决方案；以试错式学习的方式结合自有资源和数字化经验，通过反复试验与迭代调整或重塑业务流程、管理模式等。从现有研究来看，组织学习是一个复杂的、多维的概念，企业在数字化情境下呈现出模仿、开发、试错与泛化的学习特征（肖静华等，2021）。因此，本书借鉴 Ruel 等（2021）的观点，将组织学习定义为通过借用数字化工具更新发展企业适应能力的过程，包括获得式学习和试错式学习两个维度。

3.4.1.3 数字基础设施

提及数字基础设施，理论界大多将其视为数字经济发展的坚实底座，或是企业跨越边界形成新的竞合关系，促进企业内部数据充分流动的一种技术支撑（李晶和曹钰华，2022；张媛等，2022）。尽管数字基础设施的支撑作用已得到广泛认同，但目前学者们对于数字基础设施的内涵及构成要素的争论却持续不断。基于此，本书结合案例数据分析与相关文献，识别出企业层面的数字基础设施可以从硬件设施和软件基础两方面衡量，部分证据展示如表 3.8 所示。

案例资料中多次提到企业的数字基础设施建设有助于开拓资源获取渠道，为自主探索数字化路径提供丰富的资源。其中，硬件设施是指传统制造企业拥有的与数字化相关的硬件设备，具体包括数据采集系统、监控系统和嵌入式终端硬件；软件基础是指传统制造企业所掌握的数字技术情况，具体包括大数据技术、平台生态技术和智能化技术。A 企业在数字化转型道路上布局良久，通过前期信息化、网络化建设为数字跃迁打下坚实基础，其在研发、制造、供应链、营销等

表 3.8 数字基础设施编码过程的证据展示

核心范畴	主范畴	副范畴	初始范畴	部分案例资料示例
数字基础设施	硬件设施	a31 数据采集系统	i57 数据源收集 ……	“整个工厂情况显示在中央数字屏幕上（i65），从原材料入库到产品生产再到售后反馈情况全都一目了然（i57）”“我们企业设备传感器普及率高达90%（i71）”“我们实现了一码通行，原材料、产品出入库只需要用收集扫码记录（i72）”“我们实现了设备实施在线，通过传感器（i71）和云端，工作人员便可实时掌握设备运行状态，通过预警和报警机制做到提前预判并处理异常指标（i66）”
		a32 监控系统	…… i65 大屏显示 i66 预警报警 ……	
		a33 嵌入式终端硬件	…… i71 传感器 i72 电子标签	
	软件基础	a34 大数据技术	i73 数据库 i74 数据分析 ……	“我们会使用 SAP、Oracle 等系统（i73）查询、获取国内外企业的先进管理经验”“我们现在掌握了包含采购、交易、销售等在内的大数据，使得我们在预测顾客偏好方面更得心应手（i74）”“我们基于 AI+IoT 技术替代 IC 卡模式（i90），实行智能过磅采样”“我们为满足业务发展需要，建设了具有数据存储（i73）、集成、治理、服务等功能的数据中台”“成立了属于自己的工业互联网平台（i84），打造的产业链生态向外辐射带动链上企业转型升级（i85）”“有了算法模型的支持，系统可以做到根据反馈简单改进（i97）”
		a35 平台生态技术	…… i84 工业互联网平台 i85 数字生态 ……	
		a36 智能化技术	…… i90 人工智能 i91 机器学习	

资料来源：笔者整理。

领域打造了一批自主可控的工业软件和管理软件，已成为解决卡脖子问题的重要利器。此外，A 企业 IT 规划架构与质量运营部长在一次访谈中提到：“我们在机器人自动化、智慧楼宇、智慧仓储等方面具备自主硬件产品和解决方案，企业的制造业知识、软件和硬件‘三位一体’的特色正是我们打造工业互联网平台并脱颖而出的重要原因。”B 企业受访者提到：“在与钉钉合作之前，我们企业为解决组织协同效率低下、行业跨度大造成的管理乱象等问题也曾搭载过不少信息化系统，虽然短时间内效果显著，但同时过多的系统堆叠反而造成了数据孤岛等现象的出现。”C 企业虽然数字基础设施薄弱，但在数字化初期便投入巨额资金，在硬件上采用“数控系统+机器人+PLC+传感器+网光”的方式进行数据采集，在软件上则引进生产管理系统辅助生产管理者的决策，这些举措为后续企业进行大数据分析夯实了数据基础。D 企业受访者提到：“开放平台可以让企业更加便捷地获得数字能力，为了使生产环节的数据更准确，生产环节更透明，我们建立了属于自己的智能工厂，现如今企业设备传感器普及率高达 90%，建立智能仓库系统，用手机操作实现智能入库、智能发货等流程是我们的下一阶段目标。”

综上所述，案例企业在数字化转型过程中致力于打造与企业发展相配套的数字基础设施，既包含数据采集系统、监控系统和嵌入式终端硬件等硬件，又包含大数据技术、平台生态技术、智能化技术等软件。因此，本书基于刘洋等（2020）的研究，认为数字基础设施描述了企业所拥有的数字化硬件设施以及数字技术的掌握情况。

3.4.1.4 组织敏捷性

组织敏捷性是从“敏捷制造”概念引申而来的，是企业感知和响应外部环境的一种动态能力，尤其在面对纷繁复杂的数字化营商环境之时，敏捷性的优势作用显得尤为突出（Ghasemaghaei 等，2017；Alnuaimi 等，2022）。本书基于案例数据分析与相关文献，识别出组织敏捷性的概念包含市场利用敏捷和运营调整敏捷两方面，部分证据展示如表 3.9 所示。

表 3.9 组织敏捷性编码过程的证据展示

<table>
<tr><th>核心范畴</th><th>主范畴</th><th>副范畴</th><th>初始范畴</th><th>部分案例资料示例</th></tr>
<tr><td rowspan="4">组织敏捷性</td><td rowspan="2">市场利用敏捷</td><td>a41 需求感知</td><td>i92 以满足客户需求为目的
i93 建立用户反馈收集渠道
……</td><td rowspan="2">“钉钉上线不久，为了能满足大客户业务需求（i92），我们打造了专属 APP”“市场是时刻变化的，唯有不断了解市场变化的根源（i112），才能精准制定中长期发展策略”“现在是线上线下拼效率，讲究满足用户需求的时代（i92），不顺应时代做出改变很难长久生存”“在机会出现的时候，我们企业会毫不犹豫地与其他企业合作或是采取并购策略（i111）”“我们建立了企业会员运营体系，从用户触达、用户运营、数据管理三方面与用户直接建立有效沟通（i93）”</td></tr>
<tr><td>a42 机会捕捉</td><td>……
i111 识别市场机会
i112 分析市场变化深层原因</td></tr>
<tr><td rowspan="2">运营调整敏捷</td><td>a43 响应客户需求</td><td>i113 个性化定制生产
i114 产线管理
……</td><td rowspan="2">“我们实行的柔性化生产方案就是要按照客户需求生产个性化定制产品（i113）”“我们按照客户需求把生产分类管理（i114），以达到利用有限资源发挥无限价值的效果”“我们仅用了 3 年的时间便完成了集团统一标准，形成了以产品经理制为核心的 IT 组织架构（i120）”“面对新冠冲击，我们的重化工产品、农产品加工产品也都实现了线上线下相结合的销售模式（i121）”</td></tr>
<tr><td>a44 顺应时代发展</td><td>……
i120 简化组织架构
i121 销售模式调整</td></tr>
</table>

资料来源：笔者整理。

市场利用敏捷是指传统制造企业可以感知数字时代下市场需求变化和机会的能力，包括需求感知和机会捕捉两方面；运营调整敏捷是指传统制造企业具有应对数字化营商环境的能力，包括响应客户需求和顺应时代发展两方面。具体而言，数字经济时代为家电行业带来了高效快捷产销的新发展模式，导致传统家电企业面临随时被替代甚至淘汰的风险，A企业具备在行业不同发展阶段都适时识势的能力，通过敏锐地捕捉市场动向在激烈的市场竞争中脱颖而出。A企业受访者谈及的："抓本质、抓关键、抓机会是企业的竞争之本，企业在数字化领域的发展业绩离不开其擅于把握市场机会的能力……我们在数字化过程中注重对接市场需求，同消费者实时沟通交流并以此开展研发生产工作"。B企业受访者提到："为了能满足大客户业务需求，我们在钉钉平台的帮助下打造了专属APP，以60多个微应用联结200多个组织，助力企业成功实现了降本增效"。C企业董事长在一次项目启动会上表示："企业要积极适应新时代发展，在政府政策扶持下更要了解市场变化，找准未来的发展路径"。2018年，C企业面对井喷式增长的智能锁市场嗅到了商机，发现只有"有实力、有技术、有品质"的企业才能在行业立足，为此，C企业秉持"消费者至上"的产品理念，针对不同的需求推出定制化智能锁方案，为用户提供便捷的智能产品体验。D企业多年来紧跟时代脚步，从2001年采买ERP系统推行无纸化办公，到2014年投产中国第一条全自动化弹簧生产线，再到2020年基于钉钉低代码开发功能尝试搭建出IT资产管理功能，正是这种灵活转变的能力使得D企业成为借用钉钉平台完成数字化创新的样本企业。

综上所述，从案例材料看，新冠疫情之下借助数字化工具实现逆势增长的企业往往具备一个鲜明的特点，即具备感知并响应外部环境变化的能力。从理论研究看，组织敏捷性作为动态能力的一个特定子集，通过对外感知环境变化、对内调整运营模式助力企业在动态复杂的环境下仍能获取持续性的竞争优势（Nijssen和Paauwe，2012）。本书借鉴Lu和Ramamurthy（2011）的观点，将组织敏捷性定义为企业快速感知并识别市场机会，同时及时调整内部运营模式的一种动态能力。

3.4.1.5 数字化转型绩效

本书是围绕"数字化转型"这一热点议题展开的，所谓数字化转型是指企业利用数字技术实现重大业务改进的过程，而数字化转型绩效则是对企业转型结果的一种衡量（Ghezzi和Cavallo，2020；卢艳秋等，2021）。但从理论研究看，学者们普遍关注数字化转型为企业带来的经济效益，却忽略了企业应如何推进数字化转型等问题，对于如何解析数字化转型绩效这一构念也尚未达成统一标准（Ferreira等，2019；杜勇等，2022）。基于此，本书结合案例数据编码与相关文献，识别出传统制造企业的数字化转型绩效包含产品服务开发、制造流程改进和运营管理升级三方面，部分证据展示如表3.10所示。

表 3.10 数字化转型绩效编码过程的证据展示

<table>
<tr><th>核心范畴</th><th>主范畴</th><th>副范畴</th><th>初始范畴</th><th>部分案例资料示例</th></tr>
<tr><td rowspan="6">数字化转型绩效</td><td rowspan="2">产品服务开发</td><td>a51
智能化产品</td><td>i122 开拓智能家居业务板块
i123 推出个性化定制智能锁
……</td><td rowspan="2">“在 M-SMART 智慧家居战略的引领下，我们成功依托物联网、云计算等先进技术，将企业从一家传统家电制造商转为智慧家居创造商（i122）”“我们企业在智能锁领域实现了全系列产品线研发矩阵，为满足客户对智能化、简易化、使用场景多元化等需求开发具备多种功能的智能锁（i123），并且推出一系列便捷的管家式智能锁服务方案，持续赋能多个领域的品牌商、服务商（i141）”“截至目前，我们在国内建设了 3000 多个终端销售店面和服务网点，基本覆盖了绝大多数城市（i142）”</td></tr>
<tr><td>a52
在线服务平台</td><td>……
i141 提供智能锁全套解决方案
i142 建设服务网点</td></tr>
<tr><td rowspan="2">制造流程改进</td><td>a53
打造数字产线</td><td>i143 提高生产产能
i144 保证产品质量
……</td><td rowspan="2">“我们现拥有两个基于数字化打造的智能工厂，月产量可以达到一百多万套锁芯和智能锁（i143）”“我们企业经过数字化改造之后，实现了精益生产，生产效率提高 20%（i143），产品不良品率降低 20%（i144）”“我们已经做到了生产可追溯，系统出现异常时会自动拨打相应负责人电话并留存微信记录以便查询核对（i165）”“整个工厂情况显示在中央数字屏幕上，从原材料入库到产品生产再到售后反馈情况全都一目了然（i166）”</td></tr>
<tr><td>a54
建设智慧车间</td><td>……
i165 产品可溯源
i166 生产可视化</td></tr>
<tr><td rowspan="2">运营管理升级</td><td>a55
简化流程</td><td>i167 提高人事效率
i168 打通内部数据流通
……</td><td rowspan="2">“有了钉钉平台，我们入职签订合同减少了很多繁杂手续，只需要线上完成签字即可（i167）”“通过智能人事、智慧行政与后勤等模块（i190），在手机端轻松实现信息化和移动化（i189），为员工工作带来便利，提高了满意度”“我们企业建设的渠道云促进代理商、分销商和终端门店之间的信息流（i168），通过统一的用户、采购、营销等信息管理实现渠道管理的协同效应”</td></tr>
<tr><td>a56
管理增效</td><td>……
i189 移动办公
i190 扁平化管理</td></tr>
</table>

资料来源：笔者整理。

产品服务开发是指传统制造企业提高了产品或服务的数智化程度，具体包括智能化产品和在线服务平台。例如，A 企业经过十年的数字化之路，从以家用空调、生活电器、中央空调、电机等 13 个传统业务产品为主的家电企业，成功转型成集智能家居、暖通与楼宇、机电、机器人与自动化、数字化创新五大业务板块为一体的数字化、智能化家电企业，拥有数字驱动的全价值链和柔性化智能制造能力。B 企业的全面数字化转型同样硕果累累，受访者提到：“通过数字化转型重大举措，我们企业运用 MES 系统已经实现了‘安全环保高标准、生产管控高智能’，2021 年集团电子销售系统覆盖至 23 家重化工公司，73%重化工产品实现了线上销售，针对铝产品的销售开发了‘长单自提、送到销售’的新模式”。

C企业现今已成功向外输出智能锁服务方案，受访者提到：“我们企业从最初仅简单地提供锁芯到锁芯、锁体、机械锁、智能锁等全系列产品线研发矩阵，再到提供智能锁OEM/ODM解决方案的升级，是企业长期以来坚持研发投入、打造智能工厂的结果体现”。D企业在数字技术赋能下成为国内外弹簧制造商同行中的佼佼者，受访者谈道：“产品质量实现质的飞跃，得到美资天纳克、法国克诺尔、中国一汽红旗等客户的高度认可。”

制造流程改进是指传统制造企业在产品的生产制造过程中实现了数字化，具体包括打造数字生产线和建设智慧车间。回顾A企业的数字化转型之路，绝不是为了转型而转型，受访者谈道：“我们企业一直致力于将数字技术与现有业务进行高度关联，且主动购置、引入一系列数智化生产和管理系统以实现数字化产线改造目标，从2011年到2017年员工总量下降了一半，在不新增生产线的情况下产量仍能提升。”2021年，B企业将物流、智能物料、仓管系统推广至所有重工子公司，使得物资在途管理、进出厂管理、仓库管理等进入数字化管理新阶段。C企业打造的“数字化+可视化车间”不由得让所有参观者眼前一亮，受访者介绍道：“我们企业通过IOT与大数据技术实现了生产过程管理的可视化，通过生产过程管理系统实现在PC端、移动端实时同步生产数据，‘用数据让管理更透明，让数据产生价值’是我们一直所追求的。”D企业已成功实现利用手机钉钉或数字大屏随时随地查看工厂的生产情况，受访者提到：“钉钉上的工时结算流程让生产环节变得更加透明，报工数据、材料数据、计件数据更准确，使得工厂可以按照订单数量实现精益生产，不失为产线提效、减轻库存压力的好办法。”

运营管理升级是指传统制造企业在日常商务运营中采用了数字技术，从而简化了流程，提高了管理效率。例如，随着数字化与企业发展的不断深化，A企业逐渐认识到“企业数字化转型不单是强调技术的转型，更涉及企业的方方面面，其中最明显的就是员工工作方式的转变：移动端可以满足各式各样的工作需求，包括工作程序安装、同供应商交易协调等”。B企业借助钉钉平台轻松地扭转了集团内部行业跨度大、管理标准不统一的运营困境，受访者以商旅管理为例谈道：“受行业性质影响我们企业的生产基地大多分布在国内较为偏远的地区，过去差旅手续需要耗费大量人力物力，如到达目的地后的接站、住宿、餐饮等问题都需要提前与生产基地沟通，预留时间置办临时出入证、临时饭卡等，但有了钉钉的商旅管理系统后，可以在后台实现快速入住与退房手续，仅凭手机便可在员工宿舍办理入住、食堂就餐等。”C企业的受访者在回顾数字化成就时指出：“经过升级改造，我们企业员工人数从初始的900人减少至如今600多人，人力成本减少的同时产能却在稳步提升……生产过程中数据采集与分析对企业经营决策亦起到辅助作用。”D企业的数字化车间中一些枯燥、危险的工作都由机器、算法承担，并且受访者也提到："自从有了钉钉，企业真正实现了在线协同办公，管理效率大幅度上升。"

综上所述，从案例材料看，传统制造企业利用数字技术实现的重大业务改变主要体现在产品服务、制造流程和运营管理三个方面。同样地，Björkdahl（2020）指出，与其他类型企业不同，制造企业的数字化转型并不一定涉及激进的商业模式创新、新的产品类别或是对竞争技术的回应，而是主要体现在更高效的制造、更具创新性能的产品以及更高效的企业运营，如通过增加产量、减少故障、有效维护以及提升内部各职能部门效率等方式，实现数字化转型的最终目的——提质降本增效（Matarazzo 等，2021）。基于此，本书从组织变革视角出发，将数字化转型定义为企业利用物联网、云计算、大数据、区块链等数字技术，实现产品或服务开发、制造流程改进、运营管理升级等重大业务改进的过程，并从这三个方面对企业数字化转型绩效加以衡量。

3.4.2 理论模型提出

在数据编码与核心构念界定的基础上，本书通过案例内与案例间分析发现，构念之间存在一定的关联性，并且四家企业的数字化转型过程具有相似的逻辑框架。因此，本小节将进一步剖析案例细节，结合相关理论基础构建出概念模型。

3.4.2.1 数字导向对企业数字化转型绩效的影响

战略管理理论指出，科学合理的战略制定是企业在竞争格局中取得优胜的关键（Trigeorgis 和 Reuer，2017）。尤其在数字经济时代，新技术、新模式、新业态的出现吹响了产业数字化的冲锋号角，战略先行有助于企业化被动为主动，跑出数字化转型"加速度"。从本书选取的 4 个代表性案例中不难发现，企业打出的战略组合拳是数字化转型成功的第一要义，即能够正确认识数字技术应用前景并制定相应战略布局的企业往往在数字化转型的速度与绩效上表现更佳。例如，A 企业用了十年彻底摘掉了"传统家电制造"的标签。在阶段性战略规划的指引下，A 企业多年来稳扎稳打现已成为一家数字化、智能化驱动的科技集团。纵观 A 企业的数字化转型历程，可大致分为三个时代：2012~2015 年的 1.0 时代，企业坚持实施"632"战略计划，实现了 IT 一致性变革；2016~2019 年的 2.0 时代，企业提出"智能产品+智能制造"的"双智"战略，通过使用大数据、移动化等数字技术大幅度提升企业效率，推广"T+3"模式，实现数据驱动的 C2M 客户定制，基于 IoT 技术打造以数据为驱动的全价值链卓越运营，建设工业互联网平台对外输出解决方案；2020 年至今的 3.0 时代，企业"全面数字化和全面智能化"的战略布局将指引企业实现 5G 技术的应用落地与商业模式的彻底改变。正如受访者所说："企业数字化转型只有起点没有终点，我们将永远在路上。"同样地，B 企业作为一家重化工企业早已深刻意识到数字化技术是解决传统制造行业内部跨度大、数据不流动、人员效率低下等问题的有效手段，产品总经理在一次会议论坛上明确表示："所有企业的数字化转型必须要有统一的规划和明确的目标。"2016年，B企业正式开启数字化转型新征程，致力于通过不断深化物联网、大数据、云计算等数字技术实现高效经营的发展目标，在"智能制造驱动企业数字化转型"发展战略的引领下，最终成为我国重化工领域产业互联、生态建设的示范样本。C企业真正地理解并把握住了数字技术带来的改变，面对新冠疫情冲击下惨淡的市场表现，高层管理者毅然提出"数字化升级"的战略思想，也正是这一举措助力企业在扩大工厂产能的同时，发展成为智能锁方案供应商的先行者，走在行业前列。D企业自主研发的全自动悬架弹簧生产线投入生产正式拉开了数字化序幕，员工无一不感慨数字技术带来的便利之处。在"开放平台能够让企业更便捷获得数字能力"的理念下，D企业尝试与钉钉建立合作，开启了一场数字化创新实验，受访者谈道："数字化车间的建设让产品质量有了质的飞跃，得到客户的一致认可，生产效率提升20%的同时，产品不良频率下降20%，达成了既快又好的生产目标。"

基于以上分析，具有明确的数字导向是四家企业的共性特征，与企业数字化转型绩效之间存在一定的相关关系。在面对"数字化转型"这项前期投资巨大而又充满未知的复杂工程时，从战略管理高度自上而下地进行统筹与部署，既能够克服组织惯性，消除对数字技术的疑虑，又能保证强力的数字化资金投入与周转，进而真正实现数字化转型落地实施（卢宝周等，2022）。

3.4.2.2 数字导向、组织学习对企业数字化转型绩效的影响

组织学习理论指出，组织学习是帮助企业跳脱惯性束缚、实现组织变革的重要途径（Argyris 和 Schön，1978；Ruel 等，2021）。在数字经济时代，随着数字技术的快速迭代，企业数字化转型也呈现出动态性、连续性特征（Hanelt 等，2021；苏敬勤等，2022），唯有不断学习才能帮助传统制造企业摆脱对原有工业化体系的依赖，从而适应时代的更迭变化（Ardito 等，2021）。综合四家案例企业的数字化转型经验发现，组织学习本质上是一种基于过程的资源获取方法，存在获得式学习与试错式学习两种模式。一方面，传统制造企业拥有的资源和能力与数字化契合度不高，企业内部的"数字鸿沟"阻碍数字化转型进程，此种情况下企业迫切地需要借助第三方数字平台或与数字服务供应商建立合作关系（Cenamor 等，2019），通过模仿复制、低成本购买等方式获取新的数字资源，以弥补企业资源不足的短板（陈威如和王节祥，2021）。另一方面，对于数字技术这一新兴事物，尽管一些传统制造企业已经认识到数字技术的应用前景并制订了相应的战略计划，但由于缺少数字化经验而不知从何入手，导致战略制定与执行存在偏差，数字化转型进程受阻；并且企业数字化转型本质上便是一个持续探索

和试错的过程（卢艳秋等，2021），此种状况下大多数企业都是“摸着石头过河”，即结合企业实际发展情况需要大胆探索、理性试错，不断调整数字化行为与活动（Tortorella 等，2020）。综合以上内容，对传统制造企业而言，数字导向是数字化转型成功的必要非充分条件，二者间存在通过激活获得式或试错式学习行为进而提升转型绩效的逻辑链条。具体举例如下：

A 企业在最初的数字化探索阶段，除组织员工参与课程培训、讲座论坛等专业性训练外，还在 SAP、Oracle 等系统实施过程中搜寻其中内嵌的先进管理经验，正如 CIO 所言：“坚决不要把系统看作简单的操作软件来使用，系统最大的价值就在于内嵌于其中的数据信息与管理经验，要抱着学习的态度去使用系统，搞清楚系统的设计逻辑，这比参加专业性训练更节省时间，也更有学习效率。”在这样的学习理念下，A 企业快速打通组织内部 IT 系统、流程和数据，由只注重产量、产品附加值低的粗放式管理模式转变为数据口径统一、信息共享的数字化管理模式。接下来，企业步入数字化成熟阶段后自主探索的数字化能力会变得更强，开始注重收集消费者信息与反馈，受访者提到：“我们现在通过系统模拟快速地发现问题，同时系统也基本上可以做到即时收集客户反馈，利用大数据分析技术解析消费者特征与需求变化，以此调整产品设计与开发过程。”2018 年，A 企业更是依托“T+3”模式，自主探索开发建设了工业互联网平台，开启对外赋能、带动产业链上下游企业数字化升级的 3.0 时代。

B 企业在意识到内部业务跨度大、管理效率低等问题将成为数字经济时代阻碍企业发展的致命弱点后，于 2016 年以提升企业数智化程度为目标做了初步的战略规划，选择了拥有开放生态底座的钉钉平台，合作打造了专属 APP，并利用平台提供的优质、便捷服务在专属 APP 上推出了 60 多个数字化微应用，实现了组织提能、业务优化、管理增效。当 B 企业积累一定数字资源后，开始尝试以钉钉为科技底座打造数据中台，通过与用户实时交流、收集需求反馈不断地试验迭代，成功上线了第一个自主设计、开发、运行的企业商城。2020 年，B 企业整合自身的数字化经验和优质 IT 资源，通过自主建设的工业互联网平台向外输出 SaaS 化业务或解决方案。

C 企业作为中小制造企业中的数字化转型典范，自 2015 年开始以“信息化—智能化—数字化”为三阶段目标，通过引入多种数据化管理系统、购置系列生产设备为实现数字化精益生产提供条件，同时携手精工智能、语祯物联等多个数字化服务机构来获取定制的数字化解决方案，从而帮助企业降低转型风险，加速从传统加工企业到数字化管理企业的转型进程。

D 企业为减轻库存压力，曾尝试将福特、丰田等主机厂商的柔性产线经验复制到弹簧生产上，想要在同一条生产线上完成所有加工工艺，做到精准组合不同零件，但很快发现“弹簧虽小但工艺流程却更为复杂，在数字化这条路上决不能照搬照抄”。自此之后，D 企业直面痛点，借鉴之前 IT 部门负责人基于钉钉平台搭建 IT 资产管理功能的成功经验，开启了一场数字化创新实验。D 企业利用钉钉推出的低代码平台，即便是对代码一窍不通的普通员工也能参与到功能模块搭建中，受访者表示：“短短一年内便搭载出 166 个不同功能，突破了中小企业在资金、人才等方面的限制。”

综上所述，数字导向作为一种战略定位，能够为传统制造企业的数字化起到指引方向的作用，但在具体实施过程中，面对数字资源不足等困局又将如何突破，进而实现数字化转型？通过解析四家案例企业的数字化转型过程不难发现，传统制造企业呈现出模仿、开发、试错与泛化的学习特征（肖静华等，2021），组织学习在数字导向与数字化转型绩效的关系中发挥重要枢纽作用。数字导向反映了企业对数字技术及其应用前景的认知，是激活组织学习需求的重要前因（Khin 和 Ho，2019），此时企业渴望通过模仿、试验等学习行为获取新的数字资源、更新发展适应能力，以摆脱对工业化体系的依赖，在实现数字化愿景的同时，提升竞争优势（Artido 等，2021）。

3.4.2.3　数字基础设施对数字导向与组织学习关系的影响

根据资源基础理论，企业会结合自身资源情况采取与战略相匹配的资源行动（Liu 等，2016）。通过对比四家案例企业发现，不同企业在数字化转型过程中采取的学习模式略有差异：A 企业采取了以“试错式为主，获得式为辅”的学习模式；B 企业采取了“先获得，再试错”的学习模式；C 企业凭借“获得式学习”模式实现了数字化精益生产；D 企业采用“获得式为主，试错式为辅”的学习模式快速提升了数字化水平。究其原因，数字基础设施反映了企业的数字基础情况可能是影响数字导向下组织学习模式选择的关键要素。例如，A 企业与 B 企业同样作为行业龙头，都以打通企业内部数据流、走出 IT 系统堆叠造成的“数据孤岛”为企业数字化转型的首要任务，并在积累了一定的数字化基础后探索建设工业互联网平台，带动工业企业向绿色化、数字化转型。A 企业受访者提到：“信息系统可以将老师傅们的工艺经验转为数字化的作业指导手册，我们登录系统便能实现随时随地参阅……我们掌握的大数据技术帮助我们去了解市场需求、预测消费者偏好，利用数字化仿真进行产品试验减少了实验成本，同时也缩短了产品从开发到市场投入的时间。”而 B 企业作为一家重化工企业，数字化之初面临着数字化、智能化程度低等行业共性难题，为此选择“先获得，再试错”的学习模式，依靠钉钉平台解决组织协同、数据流动等问题，并利用钉钉发布的“码上制造”产品自主开发物料管理等系统应用，助力企业实现全链路数字化。此外，C 企业与 D 企业同属传统机械制造行业的中小企业，但两家企业的数字基础设施建设情况存在较大差距。C企业的雏形是一间五金厂，工厂生产设备老旧，更缺少自动化、智能化加工设备，因此C企业在明确数字化目标后采用获得式学习模式，先后投入近800万元用来购置一系列生产、加工设备形成智能化生产条件，引入“易飞ERP管理系统”来实现信息化管理基础，借助语祯物联来设计未来数字化路径等。而D企业受访者表示：“各大新闻媒体评价我们为‘年轻化企业’，这不仅体现在管理层平均年龄上，更体现在‘前卫’的思想和行动上，比如2001年企业便采买ERP系统推广无纸化办公，2000年企业第一台数控电脑卷簧机投产，2014年企业便实现了机器换人的生产自动化。”因此拥有数字基础设施的D企业不只是简单地使用钉钉平台提高办公效率，也会开展试错式学习，如尝试利用钉钉提供的低代码平台，通过“拖拉拽”的方法自主搭建出多个管理功能等。但与同样拥有数字化基础的A企业相比，D企业缺少专业技术人才，数字基础建设相对薄弱，如生产过程中的数据采集始终是一大痛点，因此D企业选择钉钉作为合作伙伴，更多的是以获得式学习为主、试错式学习为辅；而A企业是以试错式学习为主、获得式学习为辅，如依托自有资源和多年来的管理经验摸索出以销定产的“T+3”模式，实现了数字营销、数字企划、柔性制造的全价值链精益管理，并依托该模式自主开发了全链路、全智能的工业软件——工业互联网平台。显然，拥有更高数字基础设施水平的A企业更具备试错式学习的条件。

基于以上分析，数字导向、组织学习与数字基础设施三者间存在一定的关联性，数字基础设施可能会影响数字导向下组织学习模式的选择。一方面，数字基础设施有助于拓宽数字资源获取渠道，提高数字资源的利用效率（Kallinikos等，2013）；另一方面，数字基础设施建设水平更高的企业能够更加敏锐地捕捉数字机会，并且良好的数字氛围也有助于企业积极探索数字化新业务（李宇和王竣鹤，2022）。

3.4.2.4 组织敏捷性对组织学习与企业数字化转型绩效的影响

根据动态能力理论，当市场环境变得动荡不定、不可预测时，拥有高动态能力的企业往往更能应势而动、顺势而为（Teece，2007）。因此，在数字经济背景下，传统制造企业若想要长久搭载数字化这辆“顺风车”，除了不断学习来获取和探索新的数字技术，还应具备感知和响应客户需求的能力，以便推出与客户需求相对应的数字化产品或服务。正如古语有云“知己知彼，百战不殆”，从本书选取的四个代表性案例中也不难发现，面对复杂多变的数字化营商环境，敏捷性成为传统制造企业实现数字化蜕变的能力保障（Rossia等，2020）。例如，A企业受访者提到：“在数字经济不断发展的今天，传统制造依靠规模、人力取胜的方式早已过时，现在是线上线下拼效率，讲究满足用户需求的时代，不顺应时代做出改变很难长久生存。”业内专家也曾评价道：“A企业之所以能从被动响应跨越到主动服务，最为关键的是其具有实时洞察用户需求并提前响应的能力。”

B企业受访者提出："曾被工信部评选为'优秀解决方案'的智能供应链平台，在建设过程中始终坚持将B端用户和C端员工的感受与建议摆在首位，既满足了易安装、易操作、易维护的用户使用需求，又实现客户一键下单，司机自主进场等业务闭环，实现大幅度提升作业效率。"C企业多年来秉承"要把好产品推给消费者"的产品理念，面对井喷式智能锁市场推出定制化的智能锁方案，通过多样化的操控方式、开放兼容的系统接口为用户提供便捷的智能产品体验，也因此得到了同行的认可。D企业管理层始终对新鲜事物保持敏感度与热忱，具有跟随时代发展灵活转型的能力，从最初的硬件投入（全自动生产线）到软件服务和解决方案（钉钉平台），D企业一直都是行业前沿的领跑者。

基于以上分析可发现，决定传统制造企业数字化转型成败的因素是多方面的，除通过学习不断改进与更新行为模式外，更要重视外部环境变化的感知能力以及内部运营调整与灵活改变的能力，即组织学习与组织敏捷性会对企业数字化转型绩效产生综合性影响。当企业具有较高的组织敏捷性时，既可以保证外来资源或技术与旧有业务快速融合，极大地优化获得式学习成效（Alnuaimi等，2022）；又可以有针对性地将试错式学习环节与客户需求对接，提高数字化产品的研发、试验与迭代效率。

总体来看，传统制造企业的数字化转型具有以下四个典型特征：战略引领性、动态跨越性、路径差异性与融合创新性。对于一向求稳保稳的传统制造业而言，数字化转型需要从战略层面进行部署与推进，通过不断学习与数字技术发展保持同步，进而实现工业化到数字化体系的跨越。但还需注意的是，在数字基础设施的影响下，不同企业间组织学习模式略有差异，并且企业数字化转型绩效的提升不仅取决于数字化技术和经验的学习与积累，还要强调其是否能够捕捉市场机会，能否将新旧业务与技术进行有机融合与创新。

分析至此，案例故事线逐步呈现，构念间的逻辑关系逐渐清晰，本书结合战略管理理论、组织学习理论、资源基础理论与动态能力理论，在案例数据与理论研究相互印证的基础上，构建出研究的理论模型（见图3.3）。

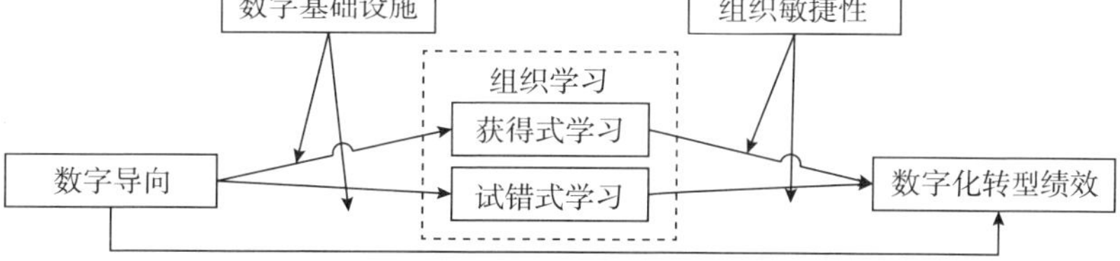

图3.3 基于探索性案例研究的理论模型

资料来源：笔者绘制。

3.5 本章小结

在前文理论基础与文献综述的基础上，本章采用探索性案例研究方法，旨在回答“数字导向为何以及如何影响传统制造企业数字化转型绩效”这两个未知的研究问题。首先，本章从战略管理理论视角切入，提出关注传统制造企业数字化转型的重要性与必要性，并结合现实情况分析实践发展对现有理论研究的挑战及成因，提出案例研究拟解决的理论问题。

其次，在案例研究设计与案例数据分析部分，对于研究方法和案例选择的原因、数据收集、数据编码等过程进行细致阐述，并采取“三角验证法”和逐项复制原则来保障数据分析的有效性。按照扎根理论提出的“三级编码”研究程序，先后通过开放性编码、主轴性编码和选择性编码三个步骤将收集的质性材料概念化、理论化，为提炼关键构念、捋顺构念间逻辑关系提供数据依据。

最后，在案例发现与讨论部分，结合数据编码过程与相关文献对数字导向、组织学习、数字基础设施、组织敏捷性与数字化转型绩效五个构念的内涵予以界定，通过案例内与案例间分析充分探讨构念之间的关联性，并基于四家企业的数字化转型过程提炼“数字导向—组织学习—数字化转型绩效”的逻辑框架，结合相关理论初步构建本书的理论模型，为后文推理研究假设、开展大样本实证分析提供支撑。

第4章　研究假设提出

本章基于探索性案例所构建的理论模型，以传统制造企业为研究对象，深入剖析数字导向、获得式学习、试错式学习、数字基础设施、组织敏捷性和企业数字化转型绩效之间的关系，对数字导向与企业数字化转型绩效的关系、获得式学习与试错式学习的中介作用、数字基础设施和组织敏捷性的调节作用等展开充分讨论与推理。为达成上述目的，本章将结合相关文献，从理论层面厘清变量间关系，揭示数字导向影响企业数字化转型绩效的内在机理。

4.1　数字导向与企业数字化转型绩效

数字经济发展背景下，面对不断压缩的利润空间和快速变化的市场环境，走数字化发展道路似乎已成为传统制造行业的主流趋势（Matarazzo 等，2021）。根据战略管理理论，制定科学合理的战略规划是企业在复杂环境中取得优胜的关键（Trigeorgis 和 Reuer，2017），任何激进的、思虑不周的数字化行动都可能造成转型计划受挫，甚至转型失败（Cooper，2019）。尤其是对传统制造企业而言，数字化转型是一个长期迭代、充满创新性与冒险性的过程，需要对企业传统认知、惯例和结构进行重塑与再造（Ghezzi 和 Cavallo，2020）。这也意味着，数字化转型过程中必须克服新旧观念冲突、短时间内投资无法见效、失败风险、业务失衡等巨大压力，企业只有保持强大的战略决心和耐心，才能顶住压力推动数字化前行。因此，本书认为数字导向作为企业应用数字技术的一种战略定位，是推动数字化转型这项“一把手”工程的关键所在（Kindermann 等，2021）。数字导向对企业数字化转型绩效的作用机理如图 4.1 所示。

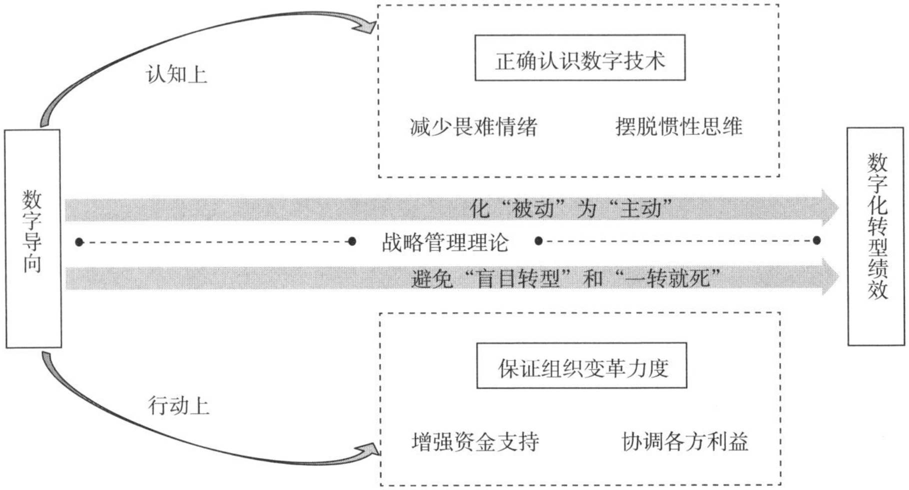

图 4.1 数字导向对企业数字化转型绩效的作用机理

资料来源：笔者绘制。

第一，数字导向反映了企业对数字技术及其应用前景的正确认知，有助于其摆脱惯性思维束缚，进而促进数字化转型落地。从成长环境来看，传统制造企业多年来在工业时代形成了较强的组织惯性，即总是将注意力投注在传统制造工艺和过去的辉煌成就上，对一些新兴事物存在较强的抵触心理（Morgan 等，2019）。Murawski 和 Bick（2017）也指出，数字经济时代组织面临的主要挑战是使其文化、思维模式适应新的数字化工作方式，而不是实现颠覆性创新。因此，具有数字导向的企业往往能够理解数字技术的使用价值并致力于拥抱数字技术，在开展数字化时具有更多优势（Khin 和 Ho，2019）。一方面，数字导向能够化被动为主动，扭转企业的僵化认知，通过描绘数字技术的应用前景增强员工数据思维，鼓励其在日常工作中尝试采用数字技术，切实地感受数字技术对业务发展、运营模式的正向意义，在打消企业数字化顾虑的同时稳固企业转型的决心（Solberg 等，2020）。另一方面，数字化转型是建立在数字技术基础上的连续性组织变革，其成功与否在很大程度上取决于数字技术发现与采用的速度（Arias-Pérez 和 Vélez-Jaramillo，2022；苏敬勤等，2022）。而具有数字导向的企业强调利用数字技术创造价值，如面对愈发精细化的消费市场时，这类企业更倾向于使用大数据技术预测市场行情、分析顾客需求，并针对需求推出个性化定制的产品设计及生产方案，提高产品附加值（Burchardt 和 Maisch，2019）。

第二，数字导向体现了企业全景式的数字化战略规划，既能保证组织变革力度，又能协调企业内部各方利益与矛盾，助力企业数字化转型的顺利推进（Reuschl 等，2022）。与一些天生数字化企业相比，传统制造企业的数字化基础较为薄弱且传统管理模式很难打破，经验、人才、设备不足使得企业在数字化转型前期需要投入大量资金（El Sawy 等，2016），而新技术、新业务的探索必定会改变固有工作习惯、冲击原有业务，进而引发企业内部利益冲突（严子淳等，2021），这些均是传统制造企业数字化转型过程中面临的巨大变革阻力。因此，从战略管理高度部署数字化任务，可以有效保证数字化策略与外部环境变化相适配，宏观把控资源的协调与利用情况（Sousa-Zomer 等，2020），通过树立共同的清晰的数字愿景提升企业凝聚力，使企业上下对数字化目标达成共识，避免"盲目转型"和"一转就死"等现象，让数字化转型事半功倍（Gurbaxani 和 Dunkle，2019）。此外，在数字导向的强力推动下，即使面对外界质疑也能坚定组织发展或重构的信念，在数字化转型过程中真正做到正确看待牺牲短期利益，步步为营（Matt 等，2015）。例如，三一集团前董事长梁稳根在第十三届全国人民代表大会上的经典发言："三一的数字化转型，要么翻身，要么翻船！"正是明确的数字导向支撑着企业坚持长期主义，顶着巨大压力进行数字化投资，最终实现了数字化生产、运营和管理。

基于以上分析，本书提出如下假设：

H4.1：数字导向对企业数字化转型绩效存在正向影响。

4.2　获得式学习的中介作用

根据战略管理理论，企业战略的有效实施离不开资源协调与配置（罗均梅，2020）。数字导向作为一种特定背景下的战略导向，在指导企业配置资源、开展活动以实现卓越的绩效方面具有重要作用（Guo 等，2020；Zhou 等，2005）。但值得注意的是，数字导向对企业数字化转型绩效的作用更多地体现在战略引领层面，解决企业自身资源条件与战略发展需求的不匹配才是推进数字化转型的关键（Correani 等，2020）。尤其对于传统制造企业来说，长期以来其在生产经营、业务流程等方面均处于稳定发展状态（陈威如和王节祥，2021），在面对数字化营商环境这一重大改变时，企业原本建立在工业化体系中的资源和能力不再有效，即便是在数字导向的指引下也很难获得竞争优势（Singh 和 Hess，2017）。此时，企业便需要通过学习的方式从外部获取新资源，更新发展企业适应能力（Wu 等，2021）。鉴于此，本书按照战略管理理论中"S-SCP"的逻辑框架，结合组织学习理论，认为获得式学习是数字导向影响企业数字化转型绩效的重要过程机制。接下来将具体剖析数字导向与获得式学习、获得式学习与企业数字化转型绩效的关系。

4.2.1 数字导向与获得式学习

数字化情境下，获得式学习描述的是企业通过模仿其他组织或以较低成本从外部直接获取所需数字资源，从而调整甚至替换自身行为的过程（谢康等，2020）。根据组织学习理论，学习行为不是凭空产生的，受到管理层的战略引领、组织内部支持性环境、企业自身发展需要等多方因素的影响（Strobl 等，2022）。尤其对于一些传统制造企业来说，学习并接受新的价值创造方式、经营管理模式极具挑战（Rossi 等，2020）。在这种情况下具有数字导向的企业数字化目标明确且坚定，一方面能够坚定组织发展与重塑的决心，有效激活组织的学习调整需求；另一方面通过明确应用数字技术的战略意义，为企业学习全新技术提供动力支撑（Tortorella 等，2020）。显然，数字导向是企业顺利开展获得式学习的先决条件。

首先，高数字导向的企业往往对待数字技术更加开放，在自上而下的战略引领下企业倾向于迅速投入数字化项目（Khin 和 Ho，2019）。Quinton 等（2018）以中小企业为研究对象，认为数字导向能够鼓励企业采用数字技术克服传统认知并跨越僵化的组织界限。当面对自身资源和能力缺失的窘境时，具有数字导向的企业通常会选择果断出击，通过不断评估自有资源与数字化转型所需关键资源之间的差距，激发组织学习需求，并采取“复制拿来”的方式直接从外部获取所需资源，以快速高效地达成数字化目标。

其次，数字导向能够体现企业对数字技术及其发展前景的正确认知，这既有助于缩短企业之间的技术距离，也为开展获得式学习拓展了资源渠道。Ardito 等（2021）证实了数字导向能够解决中小企业面临的资源困境，帮助它们同更多企业建立新的联系，进而获取更广泛的知识来源或关系资源并运用到创新活动中。周洲和吴馨童（2022）基于知识基础观，认为数字技术应用有利于提高企业进行外部知识搜寻的强度，进而增加产品成本优势。因此，具有数字导向的企业注重外部资源的获取，能够充分利用数字技术的开放性与关联性，通过与伙伴企业建立合作关系，以更好地交流数字经验、共享数据资源，进而改善自身行为习惯。

最后，拥有数字导向的企业通常具有与时俱进的思想意识和较强的洞察能力，不仅专注于理解当前的数字技术趋势，还能够预见数字技术的应用前景，不断学习新的技术创造价值（Quinton 等，2018；Arias-Pérez 和 Vélez-Jaramillo，2022）。同时，这类企业也会更加关注行业内其他企业的数字化情况，并在同行的正向激励下提高获得式学习的主动性，通过模仿其他组织行为或引进先进经验的方式改变固化的行为习惯（Amit 和 Han，2017）。

基于以上分析，本书提出如下假设：

H4.2：数字导向对获得式学习存在正向影响。

4.2.2 获得式学习与企业数字化转型绩效

在传统制造企业的数字化转型过程中，获得式学习强调的是一种以较低成本直接获取数字资源并调整自身行为的学习方式，如参观模仿标杆企业数字化路径、借助数字平台或工业互联网平台赋能、从数字服务商购买成熟的数字化解决方案等。付晓蓉等（2019）指出，搜寻外部知识能够增加组织现有知识或经验的差异性，有助于企业改变原有技术轨迹，通过克服组织固化的行为习惯提升企业创新能力。李晶和曹钰华（2022）指出，数字化转型绝不是一个“单打独斗”的组织变革过程，为跨越数字鸿沟企业需要改变竞合方式，通过嵌入数字生态系统实现主体间的资源互补与共享，进而提高数字资源水平，推进数字化转型。由此可见，获得式学习既能够快速缓解企业技术能力有限的短板问题（陈威如和王节祥，2021），也能通过丰富组织现有知识库减少新技术在使用过程中面临的不确定性（Frishammar 等，2015）。换言之，获得式学习是影响企业数字化转型绩效的重要前因。

首先，获得式学习能够充盈企业数字资源库，为数字化转型的落地实施提供资源保障。在数字经济时代，海量性、可流动性、可复制性的数字资源打破了传统制造企业凭借 VRIN 资源便可保持长期竞争优势的旧有发展模式（魏江等，2021），数字资源的缺失将成为企业数字化转型之路上的巨大阻碍。此时，获得式学习能够有效弥补这一不足，并且所获取的数字资源往往具有通用性，成熟的数字化经验或解决方案可以直接应用于产品开发、生产制造、运营管理等业务环节，在一定程度上可以适当避免企业“走弯路”的风险（Li 等，2018）。例如，风华系能源借助钉钉平台的“码上制造”轻松实现了生产车间的设备互联，通过智能精准管控大幅度提高车间效率，使生产流程更加智能化；红岭集团缔造的“红岭模式”成功开启了服装行业基于大数据工业化定制的新生产模式，在带动传统服装制造行业产业模式升级的同时，也引得海尔、华为、TCL 等行业内外多家企业纷纷前往参观和学习。

其次，获得式学习强调的是外部异质性知识的获取过程，即通过不断学习先进技术和管理经验改善自身行为，这有助于促进组织惯例更新进而推动数字化转型。数字化转型实质上不仅强调了数字技术的更迭，更强调组织对过时惯例的抛弃以及数字化惯例的开发与重塑（Ghezzi 和 Cavallo，2020；Volberda 等，2021）。

谢康等（2020）指出，企业会将通过观察和模仿习得的生产或管理知识内化嵌入组织结构或惯例，即获得式学习是组织惯例更新的先决条件。根据 Girod 和 Whittington（2017）的研究，后发企业若想在数字化浪潮下获得竞争优势，就必须依靠从外部获取的知识资源升级现有技术和重构现有能力。显然，获得式学习能够帮助传统制造企业“破旧立新”，通过学习行业内外先进经验和知识调整工业时代形成的行为模式以适应数字化环境，而具有更高环境适应性的企业在数字化转型过程中会表现出更佳的绩效（Brynjolfsson 和 Mcelheran，2016）。

基于以上分析，本书提出如下假设：

H4.3：获得式学习对企业数字化转型绩效存在正向影响。

综合 H4.2 和 H4.3，获得式学习在数字导向与企业数字化转型绩效之间的中介作用如图 4.2 所示。传统制造企业数字化转型过程中数字导向能有效激活组织学习意识，在自身资源和能力受限的情况下，选择采用模仿标杆企业数字化路径、购买成熟数字化解决方案等获得式学习方式，通过获取外部的通用技术或标准化资源为企业节省研发时间，在一定程度上能够降低转型失败风险，提升企业效率、调整业务流程、优化管理模式，进而加速企业数字化进程。

基于以上分析，本书提出如下假设：

H4.4：获得式学习在数字导向与企业数字化转型绩效的关系中起中介作用。

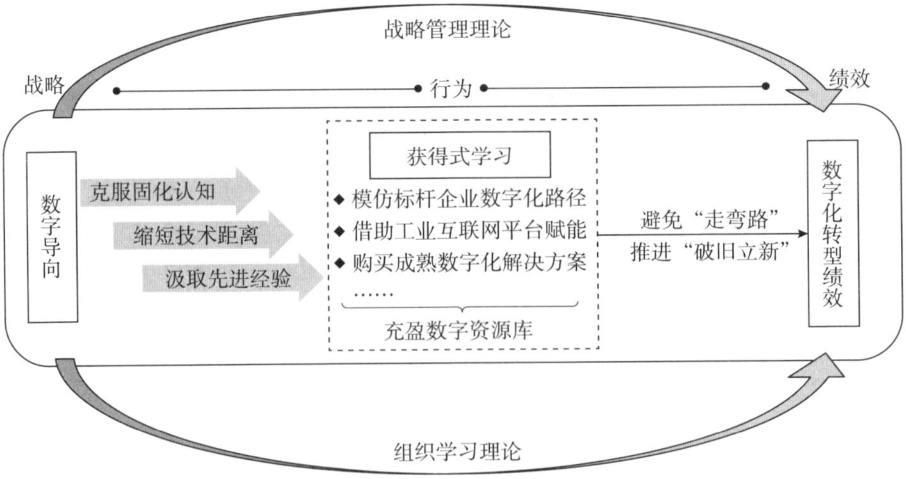

图 4.2　获得式学习的中介作用机理

资料来源：笔者绘制。

4.3　试错式学习的中介作用

根据组织学习理论，学习的本质是一个不断检验并纠正错误以适应复杂外部环境的过程，具有连续性、阶段性和动态性三个显著特征（Argyris 和 Schön，1997），其中阶段性强调企业需要根据不同的组织发展阶段进行学习目标与任务的调整。同理，在应对易变、不确定、复杂和模糊的数字化环境时，企业需要做出持续改变（Chanias 等，2019），除开展获得式学习从第三方获取成熟的数字化解决方案外，还应根据企业实际发展与内部所需等具体情况进行理性试错（单宇等，2021），通过不断修改和调整行为模式探索适合行业特色的数字化路径，谨防盲目从众、生搬硬套等不良现象的出现。基于以上分析，本书按照战略管理理论中“S-SCP”的逻辑框架，结合组织学习理论，认为试错式学习是数字导向影响企业数字化转型绩效的重要过程机制。接下来将具体剖析数字导向与试错式学习、试错式学习与企业数字化转型绩效的关系。

4.3.1　数字导向与试错式学习

数字化情境下，试错式学习描述的是企业基于内部现有的数字资源，以迭代试验的方式不断转换、更新自身行为模式的过程（谢康等，2020）。但通常情况下这种试错式学习既不是自发产生的，也不会自动产生。一方面，逃避和掩藏是人类对差错的本能反应（Jenkins 等，2014；Zhao 等，2022）。Aboobaker 和 Zakkariya（2021）指出，失败会削减组织保持或获得竞争优势的潜力，为此在数字化转型实践中，企业对未知的恐惧导致其不愿通过试验迭代的方式寻找问题的解决办法，而是更倾向于一些常规稳定、显而易见的解决方案（单宇等，2021）。另一方面，与获得式学习相比，试错式学习是一个反复试验与改进的过程，伴随其中的是巨额资金投入和高昂的时间成本（Tahirsylaj，2012）。根据麦肯锡的一项调研结果，大多数企业更加追求转型速度（Tsou 和 Chen，2021），普遍缺乏试错的耐心。基于此，在传统制造企业的数字化转型过程中，鼓励容错试错的文化氛围至关重要，而这将得益于战略层面数字导向的引领与推动（Proksch 等，2021；武常岐等，2022）。

第一，数字导向体现了企业对于应用新兴数字技术的一种承诺，有助于激发组织采取试错式学习的主动性。数字技术的出现悄然改变了传统制造模式，人机融合、人机交互等生产技术推动传统工业技术升级换代，而这些对于那些在工业时代成长起来的老牌企业来说，本身便是一个实验、试错和发现的过程（Volberda 等，2021）。因此，拥有数字导向的企业对于数字技术的接受程度更高，有助于减少企业的偏见与顾虑（Solberg 等，2020），愿意尝试应用新的数字技术来解决传统工厂中的生产运营问题。此外，在数字导向的驱动下，企业能够充分利用数字技术的可编辑性和可扩展性，通过不断修改和注入新功能使技术效益最大化（Nambisan 等，2017；蔡莉等，2019）。例如，“低代码”的出现为许多传统制造企业带来福音，解决了缺少专业 IT 技术人员的困扰，企业利用低代码开发工具可以在短时间内自主搭建出多个应用程序或系统，并针对自身发展需要不断调试与改进，提升程序或系统的性能。

第二，数字导向能够促进企业内部跨部门间的知识流动，为企业积累数字化经验、巩固和扩展现有知识提供一个良好的氛围支撑。具体而言，根据 Arias-Pérez 等（2021）的研究，数字导向描述的是企业为利用新兴数字技术带来的机遇而精心设计的战略布局，会通过知识获取、转换和应用进而创造价值。周洲和吴馨童（2022）亦指出，数字技术应用有利于提升企业内部知识存储和利用效率。显然，拥有高数字导向的企业更善于利用现存的数字资源更新发展适应能力。一方面，数字导向有助于促进资源的协同创造，通过增加企业内部的知识流动促进多样化的资源整合与重组，充分释放现有数字资源的潜在价值（Bharadwaj 等，2013；Forman 和 Van Zeebroeck，2019）。另一方面，数字导向通过构筑上下一致的数字化愿景，能有效激发全员数字化意识，创造积极的数字化价值认同（Eller 等，2020）。此外，具有数字导向的企业往往具有一定的风险承担能力，在允许试验和即兴发挥的组织文化下，成员间会主动进行数字化经验的交流与分享，为开展试错式学习提供知识基础（Maravilhas 和 Martins，2019），同时企业的冒险精神也会激励组织尝试多种数字化手段，通过向各部门员工、客户、供应商等群体收集数据反馈，在不断的试验开发与迭代升级过程中探索出最合适的数字化之路（Vial，2019）。

基于以上分析，本书提出如下假设：

H4.5：数字导向对试错式学习存在正向影响。

4.3.2 试错式学习与企业数字化转型绩效

在传统制造企业的数字化转型过程中，试错式学习强调的是一种以理性试验的方式转换、更新自身行为模式的过程，如自主探索企业数字化转型的新方法和新路径、通过复盘和反思数字化的现状与困难提出改进方案等。理论层面上，Proksch 等（2021）指出，在数字化初始阶段，一定程度的容忍失败是必要的，尤其对于传统制造企业而言，数字化转型是困难的，在陈旧惯例的影响下，在对传统加工工艺、工作流程、管理模式改造的过程中，失败在所难免（Smith 和 Beretta，2021）。实践经验也表明，对大多数企业来说，从工业化体系向数字化体系跨越都是一项需要长期积累的变革过程，绝非一朝一夕之功（Ferreira 等，2019）。再加上，传统制造企业的数字化转型也并非简单地将数字技术引入，而是更加强调数字技术与既有业务流程、价值链的互动和融合（胡青，2020；Matarazzo 等，2021；李兰等，2022）。此时，试错式学习的优势得以凸显，主动理性的试错有助于企业在调整行为模式时更贴合发展实际，既能满足企业数字化自主权的需求，又能使企业在保留原有优势业务的基础上设计开发数字化新产品或服务，进而提高数字化转型绩效。换言之，试错式学习是影响企业数字化转型绩效的重要前因。

首先，试错式学习可以充分释放数据资源的潜在价值，进而增强企业数字化转型的核心动力。在数字经济时代，数据成为一种基础性、战略性资源，数据驱动是企业运作的核心特征，也是传统制造企业数字化转型的主线任务之一（Warner 和 Wäger，2019；郭星光和陈曦，2021）。相比劳动、资本、土地等生产要素，数据作为一种新型生产要素可以被无限次重复使用，“把数据盘活，让数据说话”，分析和处理海量数据并从中获得有意义的信息是数据的重要价值所在（Rittera 和 Pedersenab，2020）。而试错式学习描述的是企业通过不断试验和迭代更新调整行为模式的过程，反复地创新试错有助于挖掘数据资源的潜在价值，让数据成为强大的生产力。罗兴武等（2021）在以钉钉数字平台为案例的研究中指出，试错学习能够帮助企业创造主动型事件，进而提升数字资源探索能力。Annarelli 等（2021）指出，成功地开发和利用数字资源及能力不仅能够帮助企业更好地管理，而且能促进企业在数字化转型中获得先发优势。总之，试错式学习的实验环节可以为数据提供多种应用场景，通过在数据中挖掘价值实现数据驱动业务创新，为企业数字化转型落地提速增效。

其次，试错式学习更注重内部知识的应用与数字化经验的积累，作为一种内生动力有助于企业走出舒适圈，突破路径依赖，循序渐进地接受并形成新的组织惯例，从而加速数字化转型进程。不同于获得式学习，试错式学习发生在企业内部（Zhao 等，2011），随着实验、试错与改进等学习行为的进行，数字经验、数字知识等资源逐渐累积并固化为组织记忆（Kogan 等，2017），有利于企业从根本上更新组织惯例以适应数字化环境（Tortorella 等，2020）。根据 Bendig 等（2018）的研究，知识资源的积累是企业能力发展的核心驱动力，为此试错式学习可以通过内部知识的应用与扩展提高企业研发能力，进而开发出数字化新产品或服务。此外，Tahirsylaj（2012）指出，快速智能失败是一个有意识的冒险和试错的过程，在这一过程中企业通过风险控制管理将试错成本缩减到最小，并通过持续学习直至找到一种最佳方案。同理，数字化转型过程中的理性试错能够帮助企业节省资源、降低试错成本，即根据已积累的经验知识可以快速筛选出有效的数字化项目，同时可以及时止损，停止一些不必要的数字化工作，尽可能地减少转型失败的发生次数，从而提高企业数字化行动的有效性（Schiuma等，2022）。

最后，通过试错式学习转换、调整的组织行为模式更贴合企业实际发展需要，针对实践中所出现的各种问题加以整改和修正有利于提升数字化转型绩效。数字经济时代的消费者需求总是处于千变万化之中，在这种营商环境下试错式学习通常被看作产品创新的起点之一（谢康等，2020）。一方面，基于现有产品基础上的持续开发改进能够帮助企业在短期内推出产品新功能，及时满足消费者需求；另一方面，快速试验与试错可以为企业新产品研发节省大量时间成本，从而在激烈的竞争中抢占市场先机（Björkdahl，2020）。此外，Wu 等（2021）指出，数字技术也可能带来负面效应，当企业的运营流程存有瑕疵时，简单地依靠数字技术引入可能会无限放大这些缺陷，此时开展试错式学习的优势得以凸显。具体地，试错式学习模式有助于企业在数字化转型过程中快速预测、识别危机（单宇等，2021），并根据企业自身发展情况及时调整，提出行之有效的解决方案，避免陷入“重引进轻融合”的数字化转型误区。除此之外，鼓励开展试错式学习的企业更能直面数字化转型中的失败，在包容失败的组织氛围下将权力下放到员工手中，激励员工结合自身经验参与企业数字化决策，从而确保有影响力的数字化转型（Schiuma 等，2022）。

基于以上分析，本书提出如下假设：

H4. 6：试错式学习对企业数字化转型绩效存在正向影响。

综合 H4. 5 和 H4. 6，试错式学习在数字导向与企业数字化转型绩效之间的中介作用如图 4. 3 所示。在传统制造企业的数字化转型过程中，数字导向能增强理性试错的积极性与主动性，通过营造宽松的容错氛围支持企业在自主探索、持续试错的学习过程中不断调整行为模式，从而摸索出符合自身发展的数字化路径，最终保障数字化转型有效落地。

基于以上分析，本书提出如下假设：

H4. 7：试错式学习在数字导向与企业数字化转型绩效的关系中起中介作用。

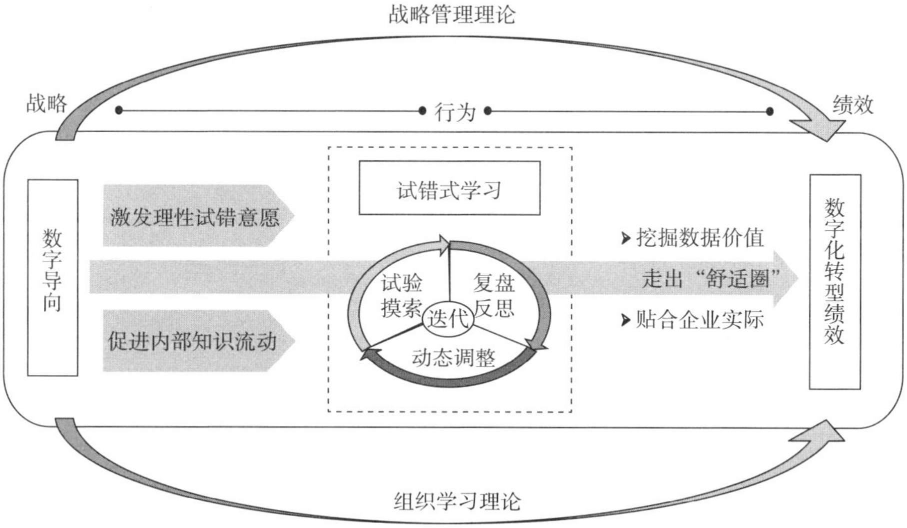

图 4.3 试错式学习的中介作用机理

资料来源：笔者绘制。

4.4 数字基础设施的调节作用

根据资源基础理论，在动态变化的外部环境中，独特的资源优势是企业获取持续竞争力的关键（Rashidirad 等，2015），然而数字经济时代下 VRIN 资源的基本假设受到挑战（George 等，2014；魏江等，2021）。Usai 等（2021）认为数字技术作为一种通用目的技术，其本身对企业提升数字化转型绩效的影响并不显著。从上文的理论分析可知，传统制造企业的数字化转型还需要在数字导向的战略引领下通过开展组织学习活动促进数字资源的转化与融合，从而提升数字技术的使用效率（Ruel 等，2021）。虽然数字导向是促进企业开展组织学习的内在动机，但组织学习理论指出，过去积累的知识或经验会影响组织未来的学习活动（Schilling 和 Kluge，2009），从探索性案例中也不难看出，受自身数字化基础的影响，四家案例企业在数字资源的获取方式上略有不同。Liu 等（2016）亦指出，为最大化发挥资源效益，实践中企业会结合自身资源情况采取与战略相匹配的资源行动。因此，数字基础设施描述的是企业所拥有的与数字化相关的硬件设施以及数字技术等软件的掌握情况，反映了企业的数字基础，是数字导向影响组织学习模式选择的重要边界条件。接下来，本书将分别剖析数字基础设施对获得式学习、试错式学习中介效应的调节作用，作用机理如图 4.4 所示。

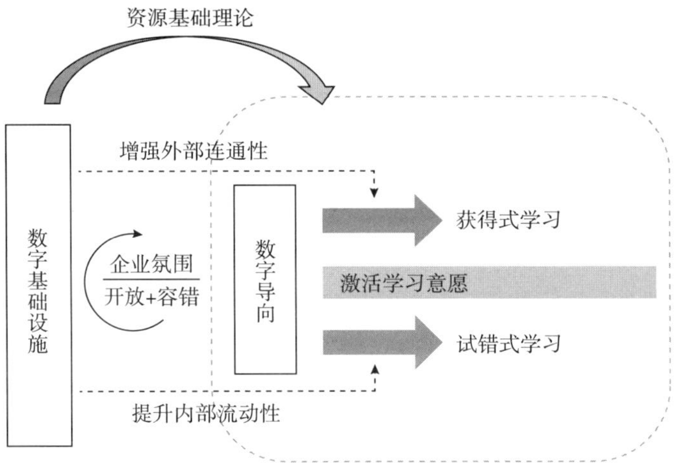

图 4.4 数字基础设施的调节作用机理

资料来源：笔者绘制。

4.4.1 数字基础设施对获得式学习中介效应的调节作用

在数字导向对获得式学习存在积极影响的基础上，数字基础设施能够进一步增强数字导向与获得式学习的正向关系。

首先，数字基础设施有助于改变企业与其他主体间的竞合方式，加强与外部的连通性与合作意愿（Yoo 等，2010）。具体而言，数字基础设施处于较高水平的传统制造企业更具与数字时代同频共振的能力，一方面共创共赢的发展理念能够推动多元主体间的合作互动与价值共创，增强企业异质性资源的获取意愿（李晶和曹钰华，2022）；另一方面新型价值网络的构建能够激励企业把握市场新机遇，激励企业尝试获取全新的数字技术实现跨越式发展（李忠顺，2022），而这些均有利于放大数字导向的积极作用效果，进而促进企业开展获得式学习。反之，当企业不具备数字基础设施，对于一无所知的新兴事物更多地表现抗拒和抵触（Morgan 等，2019），即使在数字导向的驱动作用下也很难扭转固化思维，可能会抑制获得式学习的产生。

其次，数字基础设施为企业创造了一个开放、高效的技术交流环境（Nambisan 等，2017），能够有效降低跨领域、跨组织的协作成本，提升数字资源流动速率（Vial，2019）。当企业的数字基础设施建设水平较高时，其与其他企业的互动不再受到地理距离的限制，更容易打破企业间的沟通壁垒并嵌入数字生态环境，更广阔的合作范围增加了企业数字资源获取渠道（李晶和曹钰华，2022）。此时，具有数字导向的企业能够快速捕捉数字机会，利用这种技术交流环境了解最前沿的数字化相关信息，观察并学习数字领先企业的先进经验，以较低成本同第三方企业互换数字资源或购买数字化解决方案，最终促进获得式学习的产生。相反地，当企业数字基础设施建设水平较低时，尽管企业从外部获取资源的意愿更为迫切，但由于数字基础落差的存在，企业间的信息交流渠道受限，缺乏直接的沟通，导致组织间知识转移成本也随之增加（Forman 和 Van Zeebroeck，2019），这些均不利于获得式学习的产生。

基于以上分析，本书提出如下假设：

H4.8：数字基础设施正向调节数字导向与获得式学习之间的关系（即企业的数字基础设施建设水平越高，数字导向对获得式学习的正向影响就越强，反之则越弱）。

综合 H4.4 和 H4.8，本书将进一步推理数字基础设施对获得式学习中介效应的调节作用（Edwards 和 Lambert，2007）：传统制造企业的数字基础设施建设水平越高时，越能够促进具有数字导向的企业开展获得式学习，进而提升企业数字化转型绩效。肖静华等（2021）在深入剖析美的集团智能制造转型升级过程的案例研究中发现，在数据采集、数据梳理、数据标准化等信息系统的加持作用下，企业通过从知识获取到知识反馈的加速学习机制完成了数字化补课阶段，企业管理能力也实现了从粗放式到数字化的跨越。基于这一论点不难看出，数字基础设施可以拓宽数字资源获取渠道，并为企业在数字导向下开展获得式学习提供便利条件（Kallinikos 等，2013），通过从外部直接获取数字资源的学习方式有助于快速弥补企业资源短缺的不足，最终推动传统制造企业实现数字化转型。

基于以上分析，本书提出如下假设：

H4.9：数字基础设施正向调节获得式学习在数字导向与企业数字化转型绩效之间的中介效应（即企业数字基础设施的建设水平越高，获得式学习的中介作用越强，反之则越弱）。

4.4.2 数字基础设施对试错式学习中介效应的调节作用

在数字导向对试错式学习存在积极影响的基础上，数字基础设施能够进一步增强数字导向与试错式学习的正向关系。首先，数字基础设施作为一种底层技术，为企业开展试错式学习提供了数据支持。传统制造企业在日常生产运作中会产生大量数据资源，武常岐等（2022）指出，在数字经济时代，传统行业除了要面对数字技术飞速发展的压力，更要解决数据规模膨胀所带来的挑战。由此可见，数据资源分散、数据颗粒度粗等问题是传统制造企业在数字化转型过程中面临的现实“拦路虎”，而良好的数字基础设施建设能够有效化解这一阻碍。当企业的数字基础设施建设水平较高时，有助于削减和模糊企业内不同职能部门间的信息壁垒（Rialti 等，2018），通过强化数字导向对企业内部数据连通、知识流动的积极作用，提升对现有数字资源的利用效率，从而促进试错式学习的产生。此外，数字基础设施的建设还可以帮助企业采集、存储、管理并分析来自消费者、供应商等的数据反馈，洞察消费者画像和需求，为企业试错迭代奠定基础。相反地，当数字基础设施建设水平较低时，企业内部数据冗杂，即便是在数字导向的驱动下也很难发挥数据作为生产要素的价值，企业信息共享程度低、数据流通受限可能会抑制学习需求与积极性的产生，最终阻碍试错式学习的产生。

其次，数字基础设施反映了企业的数字基础与禀赋，拥有高水平数字基础设施的企业在开展试错式学习时更具优势。一方面，这类企业数字技术成熟度较高，具有探索数字化新业务的能力，在数字导向的引领下企业更倾向于凭借已有的数字经验或资源自主探索数字化路径，在反复试验中优化、调整行为惯例；另一方面，根据 Henfridsson 和 Bygstad（2013）的研究，延展性是数字基础设施的重要特征之一，为企业进行数字资源重组创造了有利的条件，同时数字基础设施较好的企业拥有较为丰富的数字资源库，此时企业更愿意选择通过理性试错、迭代改进的方式调整行为模式（张媛等，2022）。反之，当企业的数字设施建设水平较低时，有限的数字资源拥有量无法支撑企业利用现有资源进行试验迭代，更不具备承担试错风险的勇气和资本，这种情况下数字导向的积极效应被大幅度削弱，不利于试错式学习的产生。

基于以上分析，本书提出如下假设：

H4.10：数字基础设施正向调节数字导向与试错式学习之间的关系（即企业的数字基础设施建设水平越高，数字导向对试错式学习的正向影响就越强，反之则越弱）。

综合 H4.5 和 H4.10，本书将进一步推理数字基础设施对试错式学习中介效应的调节作用（Edwards 和 Lambert，2007）：传统制造企业的数字基础设施建设水平越高，越能够促进具有数字导向的企业开展试错式学习，进而提升企业数字化转型绩效。以往的部分研究可以间接印证本书的这一推理，例如，肖静华等（2021）指出，美的集团利用智能系统辅助企业开展数字化重构学习，从以人为主体的试错学习转变为以系统为主体的试错学习，提升了资源迭代效率，也标志着企业实现了从工业化体系到智能化体系的跨越；从张培和张苗苗（2021）剖析步科公司从数字化探索者到指导者的转型经验中不难发现，转型初期的步科由于缺少数字经验和资源导致自主探索的战术以失败告终，而后通过与数字服务商金蝶战略合作的方式快速完成了工厂的数字化改造。总而言之，数字基础设施反映了企业的数字基础与禀赋，为企业在数字导向下开展试错式学习提供数据和资源支撑，结合企业实际发展状况，通过利用内部现有的数字资源以迭代试验的学习方式不断转换、更新行为模式，最终加快数字化转型进程。

基于以上分析，本书提出如下假设：

H4.11：数字基础设施正向调节试错式学习在数字导向与企业数字化转型绩效之间的中介效应（即企业数字基础设施的建设水平越高，试错式学习的中介作用越强，反之则越弱）。

4.5 组织敏捷性的调节作用

根据动态能力理论，数字经济时代是充满不确定性的时代，传统制造行业的转型升级过程中除了需要不断汲取新知识与拓展现有知识，更需要提升对数字化营商环境的适应能力，而这可能是企业实现蜕变和突围的“助推器”（Rossia 等，2020；钱雨等，2021）。组织敏捷性作为动态能力的一个特定子集，是企业顺应数字化发展环境进而赢得竞争优势的关键因素（Teece，2007；Nijssen 和 Paauwe，2012）。一方面，由于企业在组织文化、员工素养等方面的差异，通过模仿其他企业而调整的行为模式可能会在企业内部产生排斥反应，从第三方获取的数字化成功经验适用性和可行性较低（Niemad 等，2021）；另一方面，面对迅速发展的数字技术以及日益更新的市场需求，数字化转型过程中的盲目试错会给企业带来高昂的经济成本，最终陷入“高成本低效率”的怪圈。简言之，无论是获得式学习还是试错式学习，二者在本质上都是要突破路径依赖、改变企业旧有行为模式以应对数字化营商环境（Ruel 等，2021），而这之中企业对外需求感知以及对内运营调整则是优化组织学习效果、保障数字化转型绩效实质性提升的重要能力因素（Helfat 和 Raubitschek，2018；Garvin 等，2019）。因此，本书认为在探究数字导向对企业数字化转型绩效的影响时还应考虑组织敏捷性的边界作用。接下来将分别剖析组织敏捷性对获得式学习、试错式学习中介效应的调节作用，作用机理如图4.5所示。

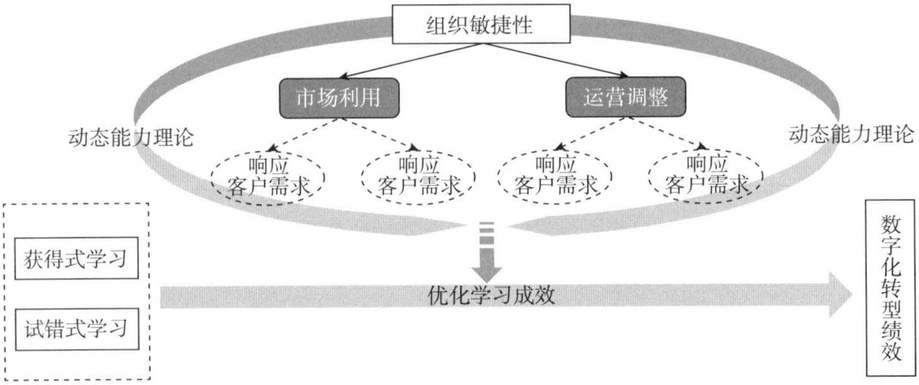

图 4.5　组织敏捷性的调节作用机理

资料来源：笔者绘制。

4.5.1　组织敏捷性对获得式学习中介效应的调节作用

在获得式学习对企业数字化转型绩效存在积极影响的基础上，组织敏捷性能够进一步增强获得式学习与企业数字化转型绩效的正向关系。

首先，在市场利用方面，组织敏捷性有助于企业捕捉市场信息，通过与市场需求对接进而最大化发挥外来技术或资源的应用价值，做到物尽其用（Lu 和 Ramamurthy，2011）。在数字时代的竞争格局中，标准化的数字技术或资源已无法为企业带来持续性竞争优势，因此一些通用资源如何激发出最大效用可能取决于其与市场需求的匹配性（钱雨等，2021）。当企业拥有较高的组织敏捷性时，可根据企业内外的实际情况，在洞察客户需求的基础上，有针对性地将企业以获得式学习方式获取的资源加以部署与利用，发挥出资源的独特价值（Hong 等，2019），确保资源的时效性与实用性，进而显著提升企业数字化转型绩效。相反地，组织敏捷性较低的企业对于市场的敏感度相对较差，缺乏主动监测环境中信号的能力导致这类企业很难把握日益多元的消费者偏好（Anna-Theresa，2021），此种情况下依靠机械模仿、简单拼凑而成的组织行为模式与市场实际需求匹配度不高，本质上企业仍然难以突破发展瓶颈，最终湮没在数字化洪流中。

其次，在运营调整方面，组织敏捷性能够促进外来技术或资源与既有业务流程的深度融合，推动组织惯例更新，优化获得式学习效果（Alnuaimi 等，2022）。当组织敏捷性处于较高水平时，意味着企业适应数字化体系的能力更强，在同标杆企业交流、学习先进数字化经验后能够果断地摒弃过时的知识资源，打破传统制造企业在工业时代形成的固化行为模式（肖静华，2020）。同时，在组织敏捷性的作用下，企业对待新兴数字资源或技术的态度也更加开放，有助于减少转型过程中出现的各种矛盾或利益冲突（Verhoef 等，2021），进而提升外来资源或技术的适用性。反之，当组织敏捷性处于较低水平时，企业无法平衡获得式学习开拓的新兴业务和原有业务之间的关系，可能会造成头重脚轻、顾此失彼等不良现象，对企业数字化转型形成阻碍。

基于以上分析，本书提出如下假设：

H4.12：组织敏捷性正向调节获得式学习与企业数字化转型绩效之间的关系（即组织敏捷性越强，获得式学习对企业数字化转型绩效的正向影响就越强，反之则越弱）。

综合 H4.4 和 H4.12，本书将进一步推理组织敏捷性对获得式学习中介效应的调节作用（Edwards 和 Lambert，2007）：传统制造企业的组织敏捷性越强，越能促进具有数字导向的企业通过获得式学习提升企业数字化转型绩效。以往研究中，Sousa-Zomer 等（2020）认为，灵活的组织结构是企业在快节奏的环境中保持转型能力的关键，企业的成功一部分取决于其适应数字环境的能力；王永贵和汪淋淋（2021）认为，组织适应性与企业惯性大小直接相关，对转型战略的制定与执行存在一定影响。基于这些论点不难看出，组织敏捷性能够助力传统制造企业在数字化时代脱颖而出，转型过程中企业不仅需要不断地学习新技术，更要满足高度不可预测的市场需求，保障新旧业务与技术的有机融合。简言之，具有高组织敏捷性的企业往往在数字导向的驱动下更能够通过获得式学习取得更高的转型绩效。

基于以上分析，本书提出如下假设：

H4.13：组织敏捷性正向调节获得式学习在数字导向与企业数字化转型绩效之间的中介效应（即组织敏捷性越强，获得式学习的中介作用也越强，反之则越弱）。

4.5.2 组织敏捷性对试错式学习中介效应的调节作用

在试错式学习对企业数字化转型绩效存在积极影响的基础上，组织敏捷性能够进一步增强试错式学习与企业数字化转型绩效的正向关系。

首先，在市场利用方面，组织敏捷性较高的企业能够追随客户需求的动态变化，有助于在试错学习过程中及时发现问题并明确整改方向。具体来说，当组织敏捷性处于较高水平时，企业对于数字化营商环境具有较强的适应能力，更加注重客户需求，鼓励客户参与价值共创（Cooper 和 Sommer，2016），如组织敏捷性能够在产品设计、测试、开发等环节加强与客户间的信息交互，通过充分发掘市场机会有效驱动企业快速进入下一次迭代循环，缩短产品研发周期（钱雨等，2021），同时也能避免一些无效试错，提高个性化产品交付前的试验与迭代效率。

相反地，当组织敏捷性处于较低水平时，企业不具备识别和预测市场机会的能力，此种情况下盲目的试错学习反而会增加企业转型成本，进而抑制企业数字化转型绩效的提高。

其次，在运营调整方面，高组织敏捷性意味着企业拥有更加扁平的组织结构和更强的风险承担能力（池仁勇等，2022），有助于企业摆脱传统管理思想的束缚，在不断的试验更迭下探索新行为惯例，推进数字化转型进程。一方面，扁平化的组织结构能够增强企业内部资源流动性，促进跨职能部门间的沟通与协作，通过触发现有资源重组进而提高资源的利用效率；另一方面，一定的风险承担能力能够有效抑制由试错式学习带来的心理、社会、经济负担（Zaharee 等，2021），企业凭借较高的应变能力可以从失败中快速复原，正确看待并认真积累每一次试错经验，通过不断地复盘与反思积极做出调整，从而提升企业数字化转型绩效。相反地，当组织敏捷性处于较低水平时，企业内部惰性阻力较大，在转换更新自身行为时需要花费更多时间成本，无形之中延长了迭代试验的周期，结果导致试错式学习效果不佳，同时也对企业数字化转型形成阻碍。

基于以上分析，本书提出如下假设：

H4.14：组织敏捷性正向调节试错式学习与企业数字化转型绩效之间的关系（即组织敏捷性越强，试错式学习对企业数字化转型绩效的正向影响就越强，反之则越弱）。

综合 H4.5 和 H4.14，本书将进一步推理组织敏捷性对试错式学习中介效应的调节作用（Edwards 和 Lambert，2007）：传统制造企业的组织敏捷性越强，越能促进具有数字导向的企业通过试错式学习提升数字化转型绩效。以往的部分研究可以间接印证本书的这一推理，陈冬梅等（2020）认为，数字化革命无疑给传统企业带来了不小的挑战，企业竞争已经从产品竞争、规模竞争转变为对市场需求的竞争，即“快鱼吃慢鱼”模式。因此对传统制造企业而言，培养与提升组织敏捷性或成为其在这场数字化竞赛中优胜的关键要素之一（Björkdahl，2020；田秀娟和李睿，2022），在企业主动跟随客户需求变化、积极调整运营模式的能力加持下，企业内部资源流速加快，试验迭代周期缩短，试错式学习的效率与效果被持续提升与优化。简言之，具有强组织敏捷性的企业在数字导向的驱动下往往更能通过试错式学习取得更高的转型绩效。

基于以上分析，本书提出如下假设：

H4.15：组织敏捷性正向调节试错式学习在数字导向与企业数字化转型绩效之间的中介效应（即随着组织敏捷性越强，试错式学习的中介作用也越强，反之则越弱）。

4.6 本章小结

本章在第3章案例研究与理论模型构建的基础上，旨在明晰数字导向如何提升传统制造企业数字化转型绩效，其中以获得式学习、试错式学习为中介路径，以数字基础设施和组织敏捷性作为调节变量，深入分析了数字导向对企业数字化转型绩效的作用路径，具体研究假设模型如图4.6所示。

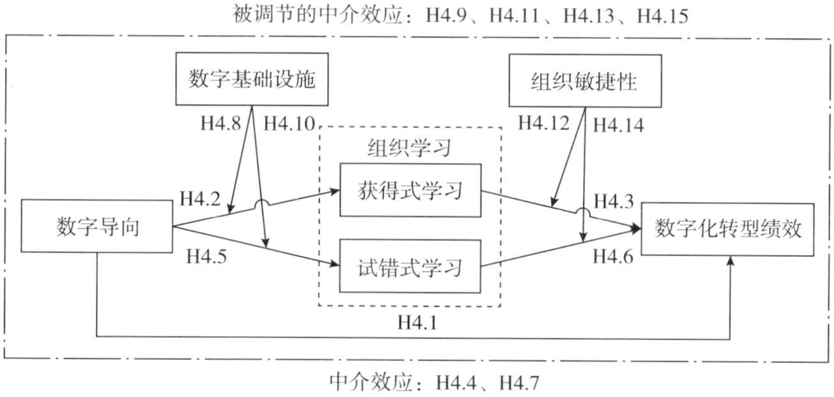

图4.6 研究假设模型

资料来源：笔者绘制。

总体而言，本章共提出15条研究假设：首先分析了数字导向对企业数字化转型绩效的影响；其次提出了获得式学习和试错式学习在数字导向与企业数字化转型绩效之间的中介作用；最后进一步探讨了数字基础设施在数字导向与组织学习，以及组织敏捷性在组织学习与企业数字化转型绩效之间的调节作用，同时关注了二者对获得式学习和试错式学习的中介效应的调节作用。本书将所有假设汇总于表4.1。

表4.1 研究假设汇总

假设	内容
H4.1	数字导向对企业数字化转型绩效存在正向影响

续表

假设	内容
H4. 2	数字导向对获得式学习存在正向影响
H4. 3	获得式学习对企业数字化转型绩效存在正向影响
H4. 4	获得式学习在数字导向与企业数字化转型绩效的关系中起中介作用
H4. 5	数字导向对试错式学习存在正向影响
H4. 6	试错式学习对企业数字化转型绩效存在正向影响
H4. 7	试错式学习在数字导向与企业数字化转型绩效的关系中起中介作用
H4. 8	数字基础设施正向调节数字导向与获得式学习之间的关系
H4. 9	数字基础设施正向调节获得式学习在数字导向与企业数字化转型绩效之间的中介效应
H4. 10	数字基础设施正向调节数字导向与试错式学习之间的关系
H4. 11	数字基础设施正向调节试错式学习在数字导向与企业数字化转型绩效之间的中介效应
H4. 12	组织敏捷性正向调节获得式学习与企业数字化转型绩效之间的关系
H4. 13	组织敏捷性正向调节获得式学习在数字导向与企业数字化转型绩效之间的中介效应
H4. 14	组织敏捷性正向调节试错式学习与企业数字化转型绩效之间的关系
H4. 15	组织敏捷性正向调节试错式学习在数字导向与企业数字化转型绩效之间的中介效应

资料来源：笔者整理。

第 5 章　研究设计

为检验理论模型与相关研究假设，本章拟开展实证研究设计，主要包括问卷设计、变量测量、预调研及问卷修正等。首先，严格遵循问卷设计原则和流程，借鉴国内外成熟测量量表设计本书的初始问卷；其次，通过问卷预调研进行初始问卷测试，在领域内相关专家的指导下根据反馈意见进行补充与优化；最后，形成最终版本的问卷。

5.1　问卷设计

根据陈晓萍和沈伟（2018）的观点，一个好的科学研究应包括提出研究问题、进行文献回顾、找到理论并形成假设、进行实证研究四个步骤，因此本书在研究设计时重点梳理了现有研究中关于数字导向、获得式学习、试错式学习、数字基础设施、组织敏捷性、数字化转型绩效的测量方法，最终结合研究问题与研究情境选择出最适宜的研究方法——问卷调查法。

5.1.1　问卷设计原则

作为管理学领域大样本实证研究中较为常用的一种数据收集方法，问卷调查法具有如下几点优势：首先，问卷设计流程相对固定，标准化程度较高，通过问卷回收的数据可以实现快速准确地编码，易操作且具有一定的科学有效性；其次，问卷的发放与回收不受地理和时间距离的限制，可综合使用现场填写、网络问卷、邮政邮寄等多种渠道获取数据，节省调研时间与成本的同时，也能增强样本数据的时效性；最后，对于被调查者而言，问卷填答的时间与地点相对自由，在保护受访者个人信息的前提下，对于这种研究方法更为认可与支持。

为保障问卷设计的科学有效，本书将严格遵循如下原则：一是科学性原则，问卷整体要始终围绕研究问题，变量内涵界定、测量量表筛选等步骤要符合科学可行的要求，从而保障问卷设计的严谨性；二是可操作性原则，即量表选择要借鉴和参考国内外研究的成熟量表，测量题项之间不交叉重复，问题表述客观中立，从而保证回收样本数据的信度与效度；三是适当性原则，问卷设计既要与研究情境相符，又要避免词汇、语句过于学术化，谨防被调查者因不理解其含义而胡乱作答或放弃作答的现象，且坚决杜绝一切诱导性和含糊性表述，如“一定”“多次”“经常”等，从而确保回收数据的真实性与可靠性。

5.1.2 问卷设计流程

本书在问卷设计时参考 Fowler（1995）的著作，按照变量内涵界定、测量量表筛选、初始问卷设计、整体问卷设计、预调研、正式调研六个步骤进行，如图 5.1 所示。

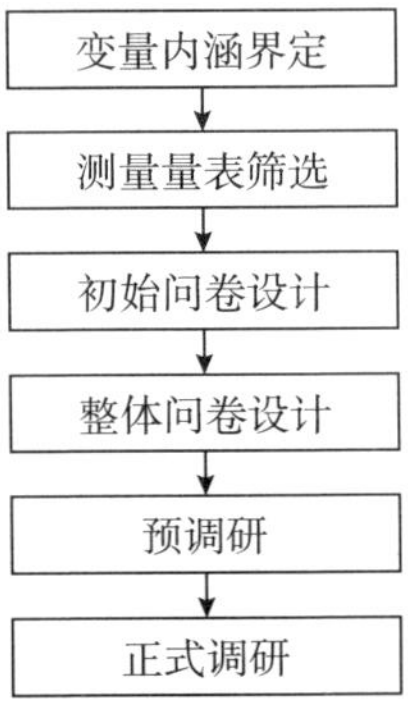

图 5.1 问卷设计流程

资料来源：笔者根据相关资料整理。

第一，变量内涵界定。通过对自变量（数字导向）、中介变量（获得式学习、试错式学习）、调节变量（数字基础设施、组织敏捷性）、因变量（数字化转型绩效）相关文献的系统回顾，结合本书的研究情境与研究内容明确核心变量内涵。

第二，测量量表筛选。作为问卷设计流程中的“重头戏”，本书首先通过文献回顾梳理以往学者对数字导向、获得式学习、试错式学习、数字基础设施、组织敏捷性、数字化转型绩效的测量方式；其次通过对比研究对象、研究背景等，以权威期刊、高引用为甄选标准，筛选出与本书相契合的测量量表，一方面是要保证测量的可操作性与适用性，另一方面发表在权威期刊的研究更为严谨，所开发或使用的量表信度和效度更佳；最后结合变量内涵与研究情境适当调整、优化原始量表。

第三，初始问卷设计。由于量表来源更多是英文文献，本书采用英文回译法（back-translation）翻译原始量表（Brislin，1980）。为减少中英互译过程中的理解偏差，邀请两名领域内精通英文的专家参与原始量表的回译过程，针对每个题项的表述方式、专有名词释义等内容反复斟酌并作出适当补充，将翻译结果分享给课题组内其他博士研究生和本专业其他专家教授，向他们征求意见后再次进行修改完善，从而确保初始问卷设计的规范性与合理性。

第四，整体问卷设计。在筛选与优化测量量表后，要从整体性视角对问卷结构进行设计，这一环节将直接关乎调查数据的质量。一份完整的调查问卷应包含指导语、基本信息、问卷主体和感谢语四个部分。具体而言，第一部分指导语主要是交代研究目的、主要研究内容、保密承诺以及问卷填写要求等；第二部分基本信息涉及个人及企业信息，包括性别、年龄、企业规模、企业性质等控制变量的数据收集；第三部分问卷主体包含所有核心变量（数字导向、获得式学习、试错式学习、数字基础设施、组织敏捷性、数字化转型绩效）的测量题项，并采用Likert7级量表，被调研者需要根据实际情况进行1~7打分，“1”表示“完全不符合”，“7”表示“完全符合”；第四部分感谢语，表达对被调研者积极参与配合问卷调查的感谢。

第五，预调研。在正式调研之前，有必要以预调研的方式对问卷质量予以检验，一方面通过小规模测试可以再次审查问卷中是否存在表述模糊、晦涩难懂、理解偏差等问题，另一方面也可以利用预调研收集的数据初步核验量表的信度与效度。同时在预调研过程中，也要围绕初始问卷与部分被调研者进行深度访谈，记录反馈意见并进行针对性修改与完善，从而形成最终版本的调查问卷。

第六，正式调研。正式调研的目标对象排除了参与预调研的企业后，在拟定的调研区域内，采用随机抽样的方式进行终版问卷的发放与收集，过程中严格执行规范的问卷调研流程，将研究人员的干扰降到最低。

5.2 变量测量

本书的研究假设总共涉及六个核心变量，分别为自变量（数字导向）、中介变量（获得式学习、试错式学习）、调节变量（数字基础设施、组织敏捷性）、因变量（数字化转型绩效）。为确保所选量表的有效性，本书广泛查阅并梳理国内外公开发表的学术论文中对于六个变量的测度方式，通过对比研究对象、研究背景等内容筛选出与本书情境相契合的测量量表。

5.2.1 数字导向

数字导向表征了企业对应用数字技术提供创新产品、服务和解决方案的一种战略定位，是战略导向在数字化情境下衍生的新概念（Kindermann 等，2021）。Khin 和 Ho（2019）从企业对使用数字基础的承诺，以及利用数字机会的倾向两方面衡量数字导向，共包含 4 个题项，如“我们致力于使用数字技术开发我们新的解决方案”等。Shen 等（2021）从有效性、新颖性、收敛性三个方面测量数字创新导向，共包含 9 个题项，如“我们利用数字技术提高企业效率（包括生产效率、研发效率、沟通效率）”等。Ardito 等（2021）通过计算已经采用数字技术的功能领域（即广告、销售、采购、制造、分销、信息系统、人力资源管理、财务、战略策划、管理信息和其他领域）的数量来衡量数字导向。胡媛媛等（2021）利用上市公司的面板数据，采用文本分析方法来统计企业年报中与数字化相关的关键词词频，进而表征数字化战略导向。Arias-Pérez 和 Vélez-Jaramillo（2022）结合战略导向的相关研究从战略视角出发对数字导向加以衡量，量表共包含 7 个题项，如“企业对新的数字技术（社交媒体、移动、分析、云计算）如果带来商业价值有着清晰的愿景”等。

从以上国内外学者对数字导向的测量方式可以看出，数字导向目前仍然是一个亟待探索与丰富的新兴概念。本书结合相关理论研究和探索性案例研究，认为数字导向是企业在数字经济时代为更好地使用数字技术而制定的一种自上而下的战略布局，表现为数字技术认知与数字技术应用两方面。因此，本书将主要参考 Arias-Pérez 和 Vélez-Jaramillo（2022）的研究，结合传统制造企业数字化转型的情境特征对原始量表适当调整与完善，最终选用 4 个题项来衡量数字导向，具体如表 5.1 所示。

表 5.1 数字导向的测量量表

变量	题项
数字导向	DO1 本企业对新兴数字技术如何提升商业价值有清晰的愿景
	DO2 本企业的管理层与各职能部门理解数字技术的投资价值
	DO3 本企业有能力并会在必要时尝试新的数字技术
	DO4 本企业能够与前沿的数字技术保持同步

资料来源：Arias-Pérez 和 Vélez-Jaramillo（2022）。

5.2.2 获得式学习

获得式学习是指企业通过模仿其他组织或以较低成本从外部直接获取所需数字资源，从而调整甚至替换自身行为的过程，本质上是传统制造企业在数字化转型过程中表现出的一种组织学习模式（谢康等，2020）。获得式学习概念起源于 Zahra（1999）提出的获得式和实践式的组织学习维度划分方式，截至目前国内外学者设计的获得式学习测量量表也较为丰富。Zhao 等（2011）以中国的企业为研究对象，根据所获取的知识类别和属性设计了测量获得式学习的 6 个题项，如“积极从商业伙伴处获取新技术”，该量表而后被广泛使用在中国管理情境中。李雪灵等（2013）基于新创企业创业情境，在 Zhao 等（2011）的研究基础上增加了“获得市场环境信息”形成 7 个题项。毛蕴诗和刘富先（2019）聚焦网络嵌入情境下的制造企业升级过程，使用 4 个题项来衡量获得式学习，如“获得关于技术发展的知识”等。谢康等（2020）的研究结合数字化情境，重点剖析大数据资源对企业产品创新作用机制，其中获得式学习的测度采用了 4 个题项，如“我们企业会关注业内标杆企业的新产品研发活动”等。

基于以上不难看出，尽管获得式学习起源于西方管理情境，但近年来也不乏基于中国本土情境的研究，在创新创业领域是一个比较成熟的概念。本书结合相关理论研究和探索性案例研究，认为获得式学习描述的是传统制造企业在数字化转型过程中，通过模仿或以较低成本从外部获取资源的行为。本书根据研究情境的相似性，将参考谢康等（2020）设计的测量量表，结合传统制造企业在数字化转型过程中所呈现的学习特征，适当删减优化获得式学习量表，具体如表 5.2 所示。

表 5.2 获得式学习的测量量表

变量	题项
获得式学习	AL1 本企业关注和模仿行业内数字化领先企业的转型模式或路径
	AL2 本企业与同行交流并获得数字化知识和经验
	AL3 本企业组织员工参加数字相关的专业训练（课程、讲座、书籍等）

资料来源：谢康等（2020）。

5.2.3 试错式学习

试错式学习是指企业基于内部现有的数字资源，以迭代试验的方式不断转换、更新自身行为模式的过程，也是传统制造企业在数字化转型过程中表现出的一种组织学习模式（谢康等，2020）。通过梳理相关文献发现，关于试错式学习的基础性研究大致可分为四类：一是 Zahra（1999）最早提出的实践式学习（experimental learning），描述了通过实验将个人或团队的经验转化为组织内部知识的过程，而后在 Zhao 等（2011）的高频次引用文章中从内部沟通、知识资源开发、干中学的经验积累三个维度设计了实践式学习的量表，共包含 11 个题项，如"在企业内部部门之间分享服务客户的经验"等；二是差错管理与组织学习的交叉性研究，Cigularov 等（2010）从差错管理氛围视角开发了差错学习（learning from errors）测量量表，共包含 4 个题项，如"我们认为差错对改善工作流程非常有用"等；三是基于失败情境下的失败学习（learning from faulire），于晓宇和蔡莉（2013）从个体和组织两个层次设计了失败学习行为量表，其中组织失败学习包含 4 个题项，如"公司会提醒员工停下手中的工作，反省当前工作流程"等；四是大数据时代下的试错式学习（trial-and-error learning），谢康等（2020）首次提出试错式学习与获得式学习的维度划分方式，并在 Rerup 和 Feldman（2011）研究基础上设计了包含 4 个题项的试错式学习量表，如"我们企业鼓励员工在新产品研发过程中尝试新的工作方法"等。

综上，现有学者基于不同的研究情境与研究内容开发设计了与试错式学习相关的多个量表。本书结合相关理论研究和探索性案例研究，认为试错式学习描述的是传统制造企业在数字化转型过程中，通过迭代试验的方式扩展现有资源的行为。根据研究情境的相似性，本书主要参考谢康等（2020）设计的测量量表，结合传统制造企业在数字化转型过程中所呈现的学习特征适当修改，具体如表 5.3 所示。

表 5.3 试错式学习的测量量表

变量	题项
试错式学习	TL1 本企业鼓励在数字化转型过程中尝试新的工作方法
	TL2 本企业会复盘和反思数字化现状并提出改进办法
	TL3 数字化经验可以在相关部门之间迅速分享
	TL4 本企业员工可以根据自身经验参与数字化决策制定

资料来源：谢康等（2020）。

5.2.4 数字基础设施

截至目前，现有研究对于数字基础设施的测量方式尚未统一。周青等（2020）采用浙江省的面板数据，选择移动电话普及率作为衡量数字化装备水平的指标，进而反映区域数字基础设施的建设水平。陈畴镛和许敬涵（2020）以制造企业为研究对象，采用主干网与互联网接口宽带、主干网网络覆盖率、数据安全措施应用率3个二级指标衡量数字化基础设施。Yu 和 Moon（2021）从企业拥有并利用数字基础设施的角度对该变量加以衡量，并将其看作数字能力的一个子维度，量表共5个题项，如“数字基础设施可以满足业务需求”等。Tsou 和 Chen（2021）将基础设施作为数字技术使用的子维度，提出了衡量基础设施的3个题项，如“我们企业的基础设施安全且完善”等。陈楠等（2022）将企业数据资产管理水平分为6个等级，问卷填答者进行1~6赋值，再取自然对数用以衡量企业的数据基础，如最低等级的题项“尚未开展数据采集和管理”。李晶和曹钰华（2022）从功能视角出发设计了2个题项来测量制造企业的数字基础设施，如“数字硬件设施支持各个数字平台的对接”等。李忠顺（2022）以智能制造企业为研究对象，选用面板数据中的“数字化投资强度”来衡量数字化基础设施，具体包括电子和通信设备等固定资产，以及软件、信息系统等无形资产。

结合相关理论研究和探索性案例研究，本书认为数字基础设施描述的是企业所拥有的与数字化相关的硬件设施以及数字技术的掌握情况，可以从硬件设施和软件基础两方面进行度量。基于此，本书参考李忠顺（2022）的研究，对于硬件设施的衡量主要借鉴刘祎和王玮（2019）对于物质主体的界定，对于软件基础的衡量主要借鉴杨震宁等（2021）开发的数字化技术水平量表，通过适当修改与整合形成数字基础设施的测量量表，如表5.4所示。

表5.4　数字基础设施的测量量表

变量	题项
数字基础设施	DI1 拥有嵌入式终端硬件（如各类传感器、RFID标签、识读器、摄像头等）
	DI2 拥有数据采集和监控系统（如DCS、SCADA等）
	DI3 掌握大数据技术（如大数据库、数据分析技术等）
	DI4 掌握智能化技术（如人工智能、机器学习等）
	DI5 掌握移动技术（如移动互联、无线通信等）
	DI6 掌握物联网技术（如物联网、网络分布等）
	DI7 掌握社会交互技术（如在线商务、即时通信等）
	DI8 掌握平台生态技术（如生态系统、网络平台等）

资料来源：刘祎和王玮（2019）；杨震宁等（2021）；李忠顺（2022）。

5.2.5 组织敏捷性

历经30多年的发展，基于组织敏捷性的不同维度衍生出多种测量量表。其中，最具代表性的是Lu和Ramamurthy（2011）的研究，在Web of Science数据库中的被引频次高达500余次，其开发的组织敏捷性量表被国内外学者广泛使用，共包含6个题项，如“当客户有特殊需求时，我们可以满足客户快速响应的要求，同时客户对我们的能力有信息”等。Chakravarty等（2013）从创业敏捷性和适应敏捷性两维度设计了包含8个题项的量表，如“我们能够预测变化”等。易锐和夏清华（2018）从顾客、运营、伙伴三个视角衡量组织敏捷性，其中运营敏捷性题项设计参考Lu和Ramamurthy（2011）的研究，顾客和伙伴敏捷性参考Agarwal和Selen（2009）的研究，总计12个题项。

综合以上研究不难发现，组织敏捷性的测量量表较为成熟。本书结合相关理论研究和探索性案例研究，认为组织敏捷性反映了企业快速感知并识别市场机会，同时及时调整内部运营模式的一种动态能力，具体表现为市场利用敏捷和运营调整敏捷两方面。基于这种维度划分方式，本书借鉴Lu和Ramamurthy（2011）开发的量表，经适当调整和完善后形成组织敏捷性的量表，具体如表5.5所示。

表5.5 组织敏捷性的测量量表

变量	题项
组织敏捷性	OA1 针对市场和客户变化，本企业可以迅速做出决策并加以执行
	OA2 本企业不断调整组织规划来更好地服务于市场和客户
	OA3 本企业可以从市场动荡和变化中发现并利用机会
	OA4 对客户的任何需求，本企业都能快速响应
	OA5 为应对市场需求波动，本企业可以快速提高或降低生产或服务水平
	OA6 面对供应商中断等问题时，本企业可以快速采用应急方案并进行内部调整

资料来源：Lu和Ramamurthy（2011）。

5.2.6 数字化转型绩效

数字化转型作为近年来理论界的热点议题被广泛关注，然而现有研究大多是以案例研究、概念研究等定性研究为主，缺少相关实证研究，对于数字化转型的测量方式也尚未统一（Vial，2019；Ardito等，2021）。从已有的量化研究看，池毛毛等（2020）以中小制造企业为研究对象，根据企业数字技术使用或在运营、整合和转变等方面设置了 3 个题项，如“企业正在运营基于数字化技术的商务流程”等。胡青（2020）设计了包含 5 个题项的数字化转型测量量表，如“采用数字技术对现有产品、服务和流程进行改造”等。卢艳秋等（2021）围绕商务运作、业务流程、价值创造设计了 3 个题项来量化数字化转型绩效，如“利用数字化技术实现了价值创造”等。Proksch 等（2021）基于数字产品或服务、数字流程两方面衡量企业的数字化程度，分别包含 5 个题项，如“为了开发产品或服务，我们充分利用市场上所有的数字机会”“我们以数字技术为支撑完善核心流程”等。杨震宁等（2021）基于开放式创新网络背景强调了数字化转型即数字化技术从赋能到使能的过程，并从技术水平和应用范围两方面设计了量表，共包含 14 个题项，如“我们应用了大量数字产品或服务”等。成琼文和丁红乙（2022）主张采用本书词频分析和关键词提取的方法，统计企业与数字化相关的无形资产再通过对数化处理来表征数字化转型情况衡量。AlNuaimi 等（2022）从企业未来发展入手设计了 5 个指标来衡量数字化转型，如“我们企业旨在实现数字化的信息交换”等。

从以上国内外学者对数字化转型的测量可以看出，数字化转型目前仍然是一个亟待探索与丰富的新兴主题。本书结合探索性案例研究和行业特征，认为传统制造企业利用数字技术实现的重大业务改变主要体现在产品/服务开发、制造流程改进、运营管理升级三个方面（Björkdahl，2020）。因此，本书将从这三个方面对企业数字化转型绩效加以衡量，根据研究情境与研究内容的匹配度，选取池毛毛等（2020）和 Proksch 等（2021）的研究作为量化产品/服务开发和运营管理升级的参考，Nwankpa 等（2022）的研究作为量化制造流程改进的参考，经适当删减与调整后形成数字化转型绩效的测量量表，如表 5.6 所示。

表 5.6　数字化转型绩效的测量量表

变量	题项
数字化转型绩效	DTP1 本企业通过利用市场上的数字机会改进或开发数字产品或服务
	DTP2 与竞争对手相比，本企业的产品或服务数字化程度更高
	DTP3 本企业将努力提高生产过程的质量放在首位
	DTP4 本企业在产品的生产过程中采用了最先进的数字化程序和流程
	DTP5 本企业正在运营基于数字化技术的业务流程
	DTP6 本企业应用数据分析来支持决策

资料来源：池毛毛等（2020）；Proksch 等（2021）；Nwankpa 等（2022）。

5.2.7 控制变量

本书聚焦传统制造企业，旨在探究数字导向通过获得式学习和试错式学习的中介路径对数字化转型绩效的影响机制，以及数字基础设施和组织敏捷性的调节作用。根据相关研究，企业的基本特征可能会对研究结果产生直接干扰，因此本书需要将企业年龄、企业规模、企业性质以及企业所属行业作为控制变量，以保障结论的可靠性和稳定性。

（1）企业年龄。企业的成立年限与其多年积累的行业经验、市场预测能力等变革优势直接相关，可能直接决定了企业数字化的难易程度，但数字经济时代对传统制造企业的旧有发展模式发起挑战，当企业存续时间越长，随着组织惯例的形成企业运营机制可能愈发僵化，安于现状的管理思维等都将成为实现数字化转型的巨大阻碍（Lin 等，2021）。鉴于此，有必要将企业年龄作为控制变量以避免其对企业数字化转型的直接影响（卢艳秋等，2021）。本书针对企业的成立年限共设计了 4 个选项并进行赋值，“5 年及以下”编码为“1”，“6~10 年”编码为“2”，“11~15 年”编码为“3”，“16 年及以上”编码为“4”。

（2）企业规模。根据王永贵和汪淋淋（2021）、陈楠等（2022）的研究，企业规模是影响数字化战略制定与执行的要素之一。一方面，当企业规模较大时，其拥有的资源也越丰富，优渥的知识、资金、技术、人才等资源将成为企业自主探索数字化路径的强大后盾；另一方面，在灵活性上，中小企业相比大企业更具优势，可能会选择更简单的方式如借助外界力量、依附第三方平台实现数字化。因此，本书认为企业规模可能会影响数字导向驱动下组织学习模式的选择，从而对企业数字化转型绩效产生影响。本书按照制造行业企业规模划分标准，设计了 5 个选项并进行赋值，“100 人及以下”编码为“1”，“101~300 人”编码为“2”，“301~1000 人”编码为“3”，“1001~5000 人”编码为“4”，“5001 人及以上”编码为“5”。

（3）企业性质。数字经济时代，政策红利支撑是激发传统制造企业争相布局数字化转型的重要外部因素之一，在企业性质的影响下不同企业对政策的感知与响应程度可能存在着差异。以国有企业为例，这类企业肩负的不仅是经济责任，更是政治责任和社会责任，应在行业数字化转型中起表率和带动作用（戚聿东等，2021）。因此，有必要将企业性质作为控制变量引入研究模型。本书针对企业性质共设计了 4 个选项并进行赋值，“国有企业”编码为“1”，“民营企业”编码为“2”，“合资企业”编码为“3”，“外资企业”编码为“4”。

（4）企业所属行业。受行业细分领域影响，企业在所拥有数字技术的种类以及如何应用数字技术上略有不同。池毛毛等（2022）提到，行业类型可能会直接影响制造企业在流程或产品上的创新绩效。因此，本书将企业的所属行业作为控制变量，根据我国制造业轻纺工业、资源类加工工业、机械电子制造的分类方式设计了7个选项，具体包括“纺织服装业”赋值为“1”，“食品制造业”赋值为“2”，“机械制造业”赋值为“3”，“汽车制造业”赋值为“4”，“医疗制造业”赋值为“5”，“石油化工业”赋值为“6”，“其他”赋值为“7”。

5.3　预调研及问卷修正

在一个完整科学的问卷设计流程中，预调研是正式调研开始前的准备工作，其目的在于通过小规模测试检验设计量表的信度与效度，从被调查者视角再度检查问卷设计中尚存的不足甚至是缺陷，及时完善与优化调查问卷，有效避免不必要的成本损耗，同时确保正式调研时所获数据的真实可靠。

5.3.1　预调研数据收集

（1）预调研时间测算。预调研之初，研究团队邀请10名MBA学生参与问卷初测，经简单的问题说明后现场填写问卷并回收，同时过程中观察并统计学生的填答时长，其中耗时最短的学生大约6分钟填答完毕，耗时最长的学生大约用时18分钟，平均耗时约15分钟，初步认证问卷设计的题项数量与篇幅长短可以为被调查者所接受。

（2）预调研对象确定。根据赛迪顾问关于2022年先进制造业百强市的研究报告，本书秉承数据可获取性原则将预调研区域选定在深圳、南京、青岛、宁波、长春五座城市。考虑到首席数字官、信息官等高层管理者在企业数字化转型过程中举足轻重的作用（Lichtenthaler，2020；钱晶晶和何筠，2021），为确保预调研数据的真实性以及反馈意见的实效性，研究选择能够直接参与数字化的中高层管理人员作为预调研对象，如董事长、总经理、总工程师、数字化等相关部门经理等。

（3）预调研问卷发放。2022年5~7月预调研工作正式开展，历经3个月，通过网络问卷、现场发放两种形式总计发放问卷300份，回收168份，剔除作答不完整的无效问卷后剩余有效问卷125份，有效回收率是41.67%。

5.3.2　预调研数据分析

5.3.2.1　量表信度检验

本书利用SPSS软件进行了逐个变量的信度检验，并以此来验证测量量表的稳定性与可靠性。一般来说，Cronbach's α 系数在 0.65~0.70 说明量表信度可以接受，0.7~0.8 说明量表信度较好，高于 0.8 说明量表信度非常好。此外，根据 Churichill（1979）的建议，当校正项总计相关性（CITC）低于 0.4，且删除该题项后的 Cronbach's α 系数明显超过整体 α 值时，说明该题项与其他题项间相关性较低，量表内部一致性不达标，应该考虑删除该题项。所有变量的信度检验结果如表 5.7 所示，结果显示，数字导向、获得式学习、试错式学习、数字基础设施、组织敏捷性、数字化转型绩效量表的 Cronbach's α 值分别为 0.820、0.882、0.901、0.894、0.896、0.879，高于 0.8 标准，且所有 CITC 值均超过 0.4，说明研究所选量表具有较好的信度。

表 5.7 预调研信度检验结果（N=125）

变量	题项	CTIC	删除该题项后的 Cronbach's α	Cronbach's α
数字导向	DO1	0.713	0.745	0.820
	DO2	0.635	0.777	
	DO3	0.633	0.778	
	DO4	0.603	0.796	
获得式学习	AL1	0.808	0.800	0.882
	AL2	0.751	0.850	
	AL3	0.756	0.847	
试错式学习	TL1	0.799	0.866	0.901
	TL2	0.769	0.876	
	TL3	0.793	0.867	
	TL4	0.758	0.880	
数字基础设施	DI1	0.741	0.874	0.894
	DI2	0.663	0.882	
	DI3	0.690	0.880	
	DI4	0.621	0.886	
	DI5	0.605	0.888	
	DI6	0.749	0.874	
	DI7	0.772	0.871	
	DI8	0.544	0.892	
组织敏捷性	OA1	0.702	0.880	0.896
	OA2	0.734	0.875	
	OA3	0.693	0.881	

续表

变量	题项	CTIC	删除该题项后的 Cronbach's α	Cronbach's α
组织敏捷性	OA4	0.727	0.876	0.896
	OA5	0.696	0.881	
	OA6	0.760	0.871	
数字化转型绩效	DTP1	0.691	0.857	0.879
	DTP2	0.750	0.847	
	DTP3	0.774	0.842	
	DTP4	0.618	0.869	
	DTP5	0.686	0.858	
	DTP6	0.592	0.873	

资料来源：笔者整理。

5.3.2.2　量表效度检验

为确保问卷所设计的题项可以全面地反映潜变量特征，本书采用 SPSS 软件对预调研所获数据进行探索性因子分析。首先，通过 KMO 和 Bartlett 球形检验是因子分析的前提条件，样本数据的 KMO 值为 0.811，高于 0.7 的临界值，且 Bartlett 球形检验显著性小于 0.05，说明样本数据可以进行探索性因子分析。接下来，将问卷所涉及的 31 个题项以最大方差法旋转后析出 6 个主成分因子，分别对应本书的 6 个核心变量。如表 5.8 所示，所有因子总累积解释方差为 67.446%，远超过 50%的阈值，且旋转后各题项因子载荷值均大于 0.5，说明单个变量的所有题项具有收敛性，且亦能区别于其他变量，测量量表效度良好。

表 5.8　探索性因子分析检验结果（N=125）

量表	题项	成分						累积解释方差（%）
		1	2	3	4	5	6	
数字基础设施	DI1	0.817						15.246
	DI2	0.756						
	DI3	0.772						
	DI4	0.711						
	DI5	0.691						
	DI6	0.806						
	DI7	0.832						
	DI8	0.615						

续表

量表	题项	成分						累积解释方差（%）
		1	2	3	4	5	6	
组织敏捷性	OA1		0.803					28.119
	OA2		0.816					
	OA3		0.776					
	OA4		0.819					
	OA5		0.784					
	OA6		0.848					
数字化转型绩效	DTP1			0.710				40.883
	DTP2			0.750				
	DTP3			0.819				
	DTP4			0.699				
	DTP5			0.748				
	DTP6			0.733				
试错式学习	TL1				0.777			50.690
	TL2				0.819			
	TL3				0.786			
	TL4				0.846			
数字导向	DO1					0.815		59.357
	DO2					0.777		
	DO3					0.705		
	DO4					0.783		
获得式学习	AL1						0.880	67.446
	AL2						0.834	
	AL3						0.855	

资料来源：笔者整理。

5.3.3 问卷修正与定稿

综合预调研数据分析结果，数字导向、获得式学习、试错式学习、数字基础设施、组织敏捷性、数字化转型绩效的测量量表均表现出较好的信度与效度。在此基础上，本书结合被调研者提出的反馈意见进一步优化，如填答指南、问题描述、排版布局等非核心内容上的微调与完善，而后形成最终版本的调研问卷（详见附录）。

5.4　本章小结

为验证第 4 章提出的研究假设，本章选择问卷调查法开展定量研究。首先，详细阐述了问卷设计的原则与流程；其次，在广泛查阅并梳理国内外研究的基础上，筛选出与本书情境相符的测量量表，经英文回译、专家指导、组内研讨后进行适当删减与完善，形成了包含 6 个变量、31 个题项的量表，同时结合研究内容选取 4 个控制变量来确保研究结论的可靠性和稳定性；最后，通过开展小规模预调研、收集被调研者的反馈意见进一步优化问卷，为后续正式调研和数据收集奠定基础。

第 6 章　实证分析与结果讨论

在第 5 章研究设计的基础上，本章利用正式调研所获得的样本数据，通过一系列实证分析方法验证本书的 15 条研究假设。具体来说，首先着重对正式调研过程中调研对象的选取、问卷的方法以及样本的特征进行描述；其次运用 SPSS、AMOS 等软件进行样本数据的有效性检验，包括共同方法偏差、信度与效度等；最后利用 SPSS、PROCESS 等工具进行样本数据的相关分析与回归分析，并根据实证检验结果通过与现有文献对话进一步讨论数字导向、获得式学习、试错式学习、数字基础设施、组织敏捷性、数字化转型绩效之间的关系假设。

6.1　数据收集与样本特征

6.1.1　数据收集

数据收集作为问卷调查的核心步骤，所得样本数据为下一步进行实证分析提供依据，数据质量则是与实证检验结果的准确性与普适性息息相关。因此，在正式调研的过程中，科学合理的数据收集方法尤为重要。

（1）调研区域。本书致力于回答“数字导向对传统制造企业数字化转型绩效的影响机制”，显然传统制造企业是本书的研究对象。本书将调研区域选定在我国的五个制造业大省，即浙江、山东、江苏、广东、吉林。一方面，从“量”的发展来看，这五个省份在我国制造业格局中占据重要地位，其中浙江、山东、江苏、广东四省是我国制造业先锋省份，吉林省承继老工业基地的传统优势，近年来制造业数字化发展势头强劲。另一方面，从“质”的发展来看，根据工信部最新公布的三批先进制造业集群决赛优胜名单，除浙江、山东、江苏、广东这四个制造业传统优势区域外，长春市汽车集群入选“国家队”，成功助力东北地区实现了零的突破。因此，良好的政策支持与行业环境为传统制造企业迎接数字化鼓足了动力，在此区域内选取的样本将更贴合研究情境。此外，由于传统制造业所涉及的细分行业较多，为确保实证研究结果的普适性，研究在划定调研区域时尽量覆盖纺织服装、食品制造、机械制造、医疗制造、石油化工等多个行业。

（2）抽样方法。随机抽样是定量研究从目标群体中挑选样本的一种常用方法，其目的是在排除调查者主观因素和其他系统性因素影响的前提下，以部分样本推断总体特征，包含简单随机抽样、系统抽样、分群抽样和分层抽样等多种形式。本书采用分层随机抽样方法，按照企业的地理分布将调查对象分层，即在浙江、山东、江苏、广东、吉林的范围内随机抽取样本，保证来自这五个省份的传统制造企业能够等概率入选样本。

（3）调研对象。考虑到传统制造企业的数字化转型作为一项“一把手”工程，数字化进程需要由企业董事长、首席数字官、信息官等中高层管理者直接负责并推进（Lichtenthaler，2020）。因此，为保证所收集样本数据的真实可靠性，本书将参与企业数字化相关活动的中层和高层管理人员作为问卷调研对象，如企业董事长、总经理、总工程师、部门经理等。在当地产业园区负责人和企业管理者的协调及帮助下，通过面对面或电话访谈的方式初步了解企业数字化现状，征得本人同意后邀请其参与本次问卷填写。

（4）调研方式。一般来说，采用问卷调研法收集数据的便捷性与灵活度较高，可以通过现场填答、邮件邮寄、委托第三方等多种形式展开调研。在新冠疫情等不可抗力因素影响下，为保障问卷发放与回收的数量与质量，本书充分利用学院MBA、研究团队项目课题等资源渠道与调研目标群体保持联系，并采用线上、线下相结合的方式开展调研。具体来讲，一是利用问卷星编辑网络问卷并通过电子邮箱、企业微信等渠道发送问卷，对于超过三周仍未给予回复的企业将以电话或邮件的形式再次诚挚邀请参与调研；二是在课题组成员实地调研与访谈过程中，完成问卷的现场发放与填答，并在回收问卷后密封处理以保护被调查者隐私。

（5）问卷发放。按照分层随机抽样方法，本书总共选取来自浙江、山东、江苏、广东、吉林五个省份的800家传统制造企业，将问卷与企业一一对应并编号，采用时滞调查法在2022年8~11月开展两个阶段的问卷发放，每个阶段耗时2个月，总计4个月的正式调研。第一阶段主要是对被调研者的人口统计学信息和企业基本信息，以及数字导向、获得式学习、试错式学习、数字基础设施、组织敏捷性等变量进行评价，总计发放问卷800份，回收546份问卷，第一阶段回收率为68.3%。第二阶段主要是对企业数字化转型绩效进行评价，对于第一阶段中回复的546家企业按照编号再次发放问卷，总计回收431份问卷，第二阶段回收率为78.9%。在剔除作答不完整、存在明显错误的问卷后，剩余有效问卷393

份，最终的有效问卷回收率为 49.1%。

6.1.2 样本特征

根据最终回收的 393 份有效问卷，初步统计样本特征并绘制表 6.1。

首先，根据被调研者提供的个体信息，在性别方面男性多于女性，其中男性 255 人次，占样本总数的 64.9%；在样本的年龄方面，36~45 周岁的人数最多，共计 173 人次，占总样本量的 44.0%，46 周岁及以上的共计 167 人次，占总样本量的 42.5%，而 35 周岁及以下的为 53 人次，占总样本量的 13.5%；在样本的学历方面，本科学历人数占比最多，高达 51.7%，研究生及以上学历人数为 128 人次，占比 32.6%，最少的是高中及以下学历，仅占比 4.1%；在样本的职位方面，高层管理者 220 人，中层管理者 173 人，分别占总样本量的 56.0%和 44.0%。

其次，根据被调研者提供的企业信息，在企业成立年限方面，5 年及以下的有 38 家，6~10 年的有 103 家，11~15 年的有 151 家，16 年及以上的有 101 家；在企业规模方面，100 人及以下有 40 家，101~300 人有 95 家，301~1000 人有 126 家，1001~5000 人有 99 家，5001 人及以上有 33 家；在企业性质方面，有效样本中 94 家属于国有企业，152 家属于民营企业，87 家属于合资企业，60 家属于外资企业；在所属行业方面，48 家来自纺织服装业，58 家来自食品制造业，92 家来自机械制造业，93 家来自汽车制造业，67 家来自医疗制造业，23 家来自石油化工业，12 家来自其他行业。总体来看，样本分布较为均匀，具有一定的代表性。

表 6.1 样本特征（N=393）

名称	题项	类别	频数（%）	频率（%）	累积百分比（%）
个体信息	性别	男	255	64.9	64.9
		女	138	35.1	100
	年龄	35 周岁及以下	53	13.5	13.5
		36~45 周岁	173	44.0	57.5
		46 周岁及以上	167	42.5	100
	学历	高中及以下	16	4.1	4.1
		大专	46	11.7	15.8
		本科	203	51.7	67.4
		研究生及以上	128	32.6	100
	职位	高层管理者	220	56.0	56.0
		中层管理者	173	44.0	100

续表

名称	题项	类别	频数（%）	频率（%）	累积百分比（%）
企业信息	成立年限	5 年及以下	38	9.7	9.7
		6~10 年	103	26.2	35.9
		11~15 年	151	38.4	74.3
		16 年及以上	101	25.7	100
	企业规模	100 人及以下	40	10.2	10.2
		101~300 人	95	24.2	34.4
		301~1000 人	126	32.1	66.4
		1001~5000 人	99	25.2	91.6
		5001 人及以上	33	8.4	100
	企业性质	国有企业	94	23.9	23.9
		民营企业	152	38.7	62.6
		合资企业	87	22.1	84.7
		外资企业	60	15.3	100
	所属行业	纺织服装业	48	12.2	12.2
		食品制造业	58	14.8	27.0
		机械制造业	92	23.4	50.4
		汽车制造业	93	23.7	74.0
		医疗制造业	67	17.0	91.1
		石油化工业	23	5.9	96.9
		其他	12	3.1	100

资料来源：笔者整理。

6.2 共同方法偏差检验

共同方法偏差（common method variance）是利用问卷调查法收集数据过程中较为常见的一种系统误差，而这种偏差存在的原因大多是问卷填答来源于同一受访者、受访者所处的测量情境相同、受访者隐藏真实感受等（Podsakoff 等，2003）。为最大限度降低共同方法偏差对实证研究结果产生的影响，本书在问卷设计与发放的阶段采取如下措施。首先，为避免受访者回溯时产生记忆偏差，提高所获数据的准确性，本书采用时滞调查法开展了两个阶段的问卷发放，第一阶段主要针对个体和企业信息、数字导向、获得式学习、试错式学习、数字基础设施、组织敏捷性等变量的测量，第二阶段主要针对企业数字化转型绩效的测量，这种数据收集方法在一定程度上可以有效减少共同方法偏差的产生（Bryman 和 Bell，2007）。其次，在问卷开篇的指导语部分，交代清楚研究目的、主要研究内容的同时，更要向受访者作出保密承诺并明确问卷预估耗时与填答要求，一方面保护受访者的个人隐私信息有助于其真情实感的表达，进而增强所获数据的真实性；另一方面告知受访者问卷测试的时长有助于其预留出足够的时间作答，尽量避免时间紧张导致胡乱填写的现象。

除以上之外，本书运用 SPSS、AMOS 等软件对样本的共同方法偏差情况进行评估，以保证实证结果的真实有效。首先，本书采用 Harman 单因子检验法，在不旋转因子的情况下进行主成分分析，通过观察第一个因子的方差贡献率来判断样本是否存在严重的共同方法偏差。根据表 6.2 不难看出，问卷总共提取出 6 个因子，其中第一个因子的方差贡献率为 24.150%，小于 40%的临界值，可初步判断本书所收集的样本数据不存在严重的共同方法偏差。其次，根据 Podsakoff 等（2003）提出的建议，利用验证性因子分析方法，通过比较六因子基准模型与加入共同方法因子（cmv）后的七因子模型拟合度，进一步检验样本的共同方法偏差。结果如表 6.3 所示，与基准模型相比，七因子模型拟合指标的变化幅度较小，拟合优度未明显改变（$\Delta\chi^2/df=0.003$，$\Delta SRMR=0.001$），说明样本数据中存在的共同方法偏差不会对研究结果造成影响。

表 6.2　未旋转的主成分分析结果（N=393）

因子	初始特征值			提取载荷平方和		
	总计	方差的%	累积%	总计	方差的%	累积%
1	7.486	24.150	24.150	7.486	24.150	24.150
2	5.210	16.778	40.928	5.210	16.778	40.928
3	4.039	13.028	53.956	4.039	13.028	53.956
4	1.657	5.344	59.300	1.657	5.344	59.300
5	1.506	4.858	64.158	1.506	4.858	64.158
6	1.021	3.294	67.452	1.021	3.294	67.452

资料来源：笔者整理。

表 6.3　共同方法偏差潜因子检验结果（N=393）

对比模型	χ^2（df）	χ^2/df	GFI	TLI	CFL	RMSEA	SRMR
基准模型	622.277（419）	1.488	0.911	0.967	0.970	0.035	0.036
潜因子模型	623.198（418）	1.491	0.911	0.967	0.970	0.035	0.037

资料来源：笔者整理。

6.3　信度和效度检验

6.3.1　信度检验

信度，通常指问卷的可靠性，表征的是测量量表反映实际情况的程度。本书采用α信度系数法，通过计算 Cronbach's α 系数和组合信度 CR 值对各个关键变量的信度进行评价。结果如表 6.4 所示，数字导向的 Cronbach's α 系数为 0.823，CR 值为 0.8237；获得式学习的 Cronbach's α 系数为 0.880，CR 值为 0.8809；试错式学习的 Cronbach's α 系数为 0.857，CR 值为 0.8581；数字基础设施的 Cronbach's α 系数为 0.903，CR 值为 0.9044；组织敏捷性的 Cronbach's α 系数为 0.937，CR 值为 0.9379；数字化转型绩效的 Cronbach's α 系数为 0.860，CR 值为 0.8612。显然，所有指标数值均大于 0.8，说明样本数据的信度良好。

表 6.4　信度检验结果（N=393）

变量	题项数量	Cronbach's α	CR
数字导向	4	0.823	0.8237
获得式学习	3	0.880	0.8809
试错式学习	4	0.857	0.8581
数字基础设施	8	0.903	0.9044
组织敏捷性	6	0.937	0.9379
数字化转型绩效	6	0.860	0.8612

资料来源：笔者整理。

6.3.2 效度检验

效度检验是指对测量量表的有效性进行检验，主要包括内容效度、准则效度和建构效度等。具体来说，内容效度也可称作逻辑效度，一般是指测量内容与测量目标的适配度，可通过研究设计者主观判断的方式进行检验；所谓准则效度，是指研究选用测量方式（效标）与其他种测量方式相比之下的有效性，又称效标效度、标准关联效度等；建构效度，简单来说指的是实际测量与理论分析之间的一致程度，通常可利用因子分析方法进行检验。

首先，本书测量量表中的所有题项均选自国内外相关研究及成熟量表，据此可判断内容效度良好。其次，本书分别采用探索性因子分析和验证性因子分析进行结构效度检验。在聚合效度上，利用 SPSS 软件中的因子分析，按照特征根大于 1 的因子提取标准共提取出 6 个主因子，累积解释总方差的 67.452%，经最大方差法旋转后，观察旋转矩阵中关键变量的测量题项与 6 个主因子形成一一对应关系，且因子载荷均高于临界值 0.5。同时，利用 AMOS 软件得出的因子载荷分别计算核心变量的平均方差提取值（AVE），根据表 6.5，所有变量的 AVE 值在 0.509~0.716，大于 0.5 的标准阈值，此时可以推断本书量表的聚合效度良好。

表 6.5 聚合效度检验结果（N=393）

变量	题项	因子载荷	AVE
数字导向	DO1	0.726	0.539
	DO2	0.725	
	DO3	0.793	
	DO4	0.690	
获得式学习	AL1	0.867	0.712
	AL2	0.830	
	AL3	0.833	
试错式学习	TL1	0.790	0.602
	TL2	0.759	
	TL3	0.759	
	TL4	0.795	
数字基础设施	DI1	0.759	0.543
	DI2	0.752	
	DI3	0.756	
	DI4	0.681	

续表

变量	题项	因子载荷	AVE
数字基础设施	DI5	0.709	0.543
	DI6	0.779	
	DI7	0.782	
	DI8	0.665	
组织敏捷性	AO1	0.889	0.716
	AO2	0.824	
	AO3	0.845	
	AO4	0.817	
	AO5	0.809	
	AO6	0.889	
数字化转型绩效	DTP1	0.698	0.509
	DTP2	0.693	
	DTP3	0.706	
	DTP4	0.759	
	DTP5	0.679	
	DTP6	0.741	

资料来源：笔者整理。

在区分效度方面，运用 AMOS 软件进行验证性因子分析，通过结构方程建模并对比拟合效果评估变量间的区分效度，即在六因子模型的基础上，按照相关性最大的原则两两聚合潜变量，分别得到表 6.6 中的 6 个因子模型。显然，六因子模型的所有拟合指标均达到可接受水平，且明显优于其他模型。此外，将所有变量的 AVE 值进行平方根处理，发现数值大于该变量所在行列的相关系数值（见表 6.7），由此进一步说明变量间的区分效度良好。

表 6.6 区分效度检验结果（N=393）

对比检验模型	χ^2（df）	χ^2/df	GFI	TLI	CFL	RMSEA	SRMR
六因子（DO；AL；TL；DI；AO；DTP）	622.277（419）	1.488	0.911	0.967	0.970	0.035	0.036
五因子（DO；AL+AO；TL；DI；DTP）	1254.334（424）	2.958	0.815	0.867	0.879	0.071	0.078

续表

对比检验模型	χ^2（df）	χ^2/df	GFI	TLI	CFL	RMSEA	SRMR
四因子（DO；AL+AO；DI；TL+DTP）	1711.793（428）	4.000	0.742	0.797	0.813	0.087	0.100
三因子（DO+AL+AO；DI；TL+DTP）	2300.969（431）	5.339	0.646	0.706	0.727	0.105	0.120
二因子（DO+AL+AO+DI；TL+DTP）	3780.066（433）	8.730	0.486	0.476	0.512	0.140	0.169
单因子（DO+AL+AO+DI+TL+DTP）	4941.045（434）	11.385	0.363	0.296	0.343	0.163	0.185

注：DO 代表数字导向；AL 代表获得式学习；TL 代表试错式学习；DI 代表数字基础设施；AO 代表组织敏捷性；DTP 代表数字化转型绩效；+代表变量组合。

资料来源：笔者整理。

6.4 描述性统计与相关分析

实证研究中，描述性统计一般是指对样本数据特征与分布情况的概括性描述，可从数据的频数、集中趋势、离散程度等方面进行评估。本书以核心变量的均值与标准差来反映样本数据的分布规律，并且在正式的回归分析之前，还通过变量间的相关性分析来初步验证假设。研究将变量的均值、标准差和相关系数绘制于表 6.7。结果显示，所有数值均在合理范围内，不存在相关系数过高的情况。数字导向与获得式学习（r=0.454，p<0.01）、试错式学习（r=0.395，p<0.01）、数字化转型绩效（r=0.425，p<0.01）均存在显著正相关关系；获得式学习与数字化转型绩效（r=0.403，p<0.01）、试错式学习与数字化转型绩效（r=0.456，p<0.01）亦显著正相关，直接效应假设和中介效应假设得到初步验证。

表 6.7 描述性统计和相关性分析结果（N=393）

	均值	标准差	1	2	3	4	5	6	7	8	9	10
1 企业年龄	2.802	0.932	—									
2 企业规模	2.975	1.113	0.042	—								

续表

	均值	标准差	1	2	3	4	5	6	7	8	9	10
3 企业性质	2.288	0.996	-0.087	0.046	—							
4 所属行业	3.483	1.530	0.112*	0.127*	0.153**	—						
5 DO	4.789	0.697	0.035	-0.110*	0.071	-0.043	**0.734**					
6 AL	4.805	0.775	0.018	-0.025	0.120*	0.059	0.454**	**0.844**				
7 TL	3.912	0.814	0.021	-0.020	0.141**	0.020	0.395**	0.446**	**0.776**			
8 DI	3.409	0.769	0.116*	0.002	-0.002	0.108*	0.052	0.210**	0.090	**0.737**		
9 AO	4.312	1.326	-0.002	-0.008	-0.070	-0.072	-0.216**	-0.468**	-0.197**	-0.161**	**0.846**	
10 DTP	5.207	0.637	0.042	-0.150**	0.140**	0.028	0.425**	0.403**	0.456**	-0.031	0.083	**0.713**

注：* 表示 $p<0.05$（双尾检验）；** 表示 $p<0.01$（双尾检验）；DO 代表数字导向；AL 代表获得式学习；TL 代表试错式学习；DI 代表数字基础设施；AO 代表组织敏捷性；DTP 代表数字化转型绩效；对角线上的加粗数值代表该变量的 AVE 平方根。

资料来源：笔者整理。

由于获得式学习与试错式学习属于组织学习在数字化情境下呈现的两种学习模式，而数字导向、数字基础设施、组织敏捷性又是传统制造企业成功实现数字化转型的关键要素，因此为避免解释变量之间存在精确相关或高度相关关系而导致回归模型失真的情况，本书在相关分析后又进行了多重共线性检验。结果显示，包括调节效应交互项在内的所有观察值的方差膨胀系数（Variance Inflation Factor，VIF）均小于临界值 10，表明研究模型中的多重共线性问题可以接受，且不会对回归结果造成影响。

6.5　假设检验

本书将企业年龄、企业规模、企业性质和所属行业作为控制变量，以传统制造企业为研究对象，利用 SPSS 和 PROCESS 等工具，采用逐步回归分析的方法对数字导向、获得式学习、试错式学习、数字基础设施、组织敏捷性、数字化转型绩效之间的 15 条关系假设进行检验，并根据回归结果绘制数字基础设施和组织敏捷性的调节效应图。

6.5.1 主效应检验

对于数字导向与企业数字化转型绩效的直接影响，本书运用 SPSS 软件通过构建多个回归模型予以检验。首先将企业年龄、企业规模、企业性质和所属行业等控制变量作为输入得到 Model 1，其次在 Model 1 的基础上添加数字导向作为输入，观察 Model 2 中的回归系数与模型拟合度变化，并以此判断主效应的检验结果（见表 6.8）。从表 6.8 中可以清晰地看出，数字导向与企业数字化转型绩效之间存在显著的正向影响（$\beta=0.405$，$p<0.001$，Model 2），即随着传统制造企业数字导向的增强，数字化转型绩效也会增强，H4.1 得到验证。

表 6.8 主效应检验结果（N=393）

	数字化转型绩效	
	Model 1	Model 2
控制变量		
企业年龄	0.059	0.038
企业规模	-0.161**	-0.117*
企业性质	0.149**	0.114*
所属行业	0.019	0.038
自变量		
数字导向		0.405***
调整后的 R^2	0.038	0.198
ΔR^2	0.048	0.160
F	4.889**	20.361***

注：* 表示 $p<0.05$；** 表示 $p<0.01$；*** 表示 $p<0.001$。

资料来源：笔者整理。

6.5.2 中介效应检验

6.5.2.1 获得式学习的中介效应

对于获得式学习的中介效应，本书依次对数字导向对获得式学习的影响、获得式学习对企业数字化转型绩效的影响，以及获得式学习在数字导向与企业数字化转型绩效关系间的中介作用影响这三条研究假设即 H4.2、H4.3、H4.4 进行检验。具体而言，以获得式学习为输出变量，在控制企业年龄、企业规模、企业性质和所属行业以后，得到仅包含控制变量的基础模型 Model 3，再在该模型基础上引入数字导向得到 Model 4，并以此检验数字导向与获得式学习的关系；同理，以数字化转型绩效为输出变量，在仅包含控制变量的 Model 1 基础上，引入获得式学习得到 Model 5 以检验其对企业数字化转型绩效的影响，同时再引入数字导向和获得式学习得到 Model 6 以检验获得式学习的中介效应，具体结果展示于表 6.9 中。显然，数字导向对获得式学习的影响正向且显著（β=0.453，p<0.001，Model 4），获得式学习对企业数字化转型绩效的影响正向且显著（β=0.386，p<0.001，Model 5），H4.2、H4.3 均得到验证。

表 6.9 获得式学习的中介效应检验结果（N=393）

	获得式学习		数字化转型绩效	
	Model 3	Model 4	Model 5	Model 6
控制变量				
企业年龄	0.025	0.001	0.050	0.038
企业规模	−0.036	0.013	−0.147**	−0.120**
企业性质	0.118*	0.078	0.104*	0.094*
所属行业	0.043	0.065	0.002	0.022
自变量				
数字导向		0.453***		0.289***
中介变量				
获得式学习			0.386***	0.255***
调整后的 R^2	0.008	0.208	0.184	0.284
ΔR^2	0.018	0.200	0.146	0.065
F	1.780	21.638***	18.649***	22.516***

注：* 表示 p<0.05；** 表示 p<0.01；*** 表示 p<0.001。
资料来源：笔者整理。

与 Model 2 相比，加入中介变量后数字导向的回归系数明显减小（β=0.289，p<0.001，Model 6），且获得式学习的回归系数仍然显著（β=0.255，p<0.001，Model 6），模型拟合度 R^2 增大，说明获得式学习在数字导向与企业数字化转型绩效之间起中介作用。参考 Hayes（2013），为进一步说明获得式学习的中介效应，本书利用 PROCESS 宏程序再次进行 Boostrapping 检验。结果如表 6.10 所示，获得式学习在数字导向与企业数字化转型绩效关系间的间接效应值为 0.106，置信区间不包括 0，具体为［0.062，0.158］，H4.4 得到进一步验证。

表 6.10 关于获得式学习中介效应的 Boostrapping 检验结果（N=393）

作用路径	间接效应估计值	标准误差	95%的置信区间	
			上限	下限
中介效应：DO→AL→DTP	0.106	0.025	0.062	0.158
直接效应：DO→DTP	0.264	0.045	0.175	0.354
总效应	0.370	0.042	0.288	0.452

注：DO 代表数字导向；AL 代表获得式学习；DTP 代表数字化转型绩效。

资料来源：笔者整理。

6.5.2.2 试错式学习的中介效应

对于试错式学习的中介效应，本书依次对数字导向对试错式学习的影响、试错式学习对企业数字化转型绩效的影响，以及试错式学习在数字导向与企业数字化转型绩效关系间的中介作用影响这三条研究假设即 H4.5、H4.6、H4.7 进行检验。具体而言，以试错式学习为输出变量，在控制企业年龄、企业规模、企业性质和所属行业以后，得到仅包含控制变量的基础模型 Model 7，再在该模型基础上引入数字导向得到 Model 8，并以此检验数字导向与试错式学习的关系；同理，以数字化转型绩效为输出变量，在仅包含控制变量的 Model 1 基础上，引入试错式学习得到 Model 9 以检验其对企业数字化转型绩效的影响，再同时引入数字导向和试错式学习得到 Model 10 以检验试错式学习的中介效应，具体结果展示于表 6.11 中。显然，数字导向对试错式学习的影响正向且显著（$\beta=0.389$，$p<0.001$，Model 8），试错式学习对企业数字化转型绩效的影响正向且显著（$\beta=0.439$，$p<0.001$，Model 9），H4.5、H4.6 均得以验证。

表 6.11 试错式学习的中介效应检验结果（N=393）

	试错式学习		数字化转型绩效	
	Model 7	Model 8	Model 9	Model 10
控制变量				
企业年龄	0.035	0.014	0.044	0.033
企业规模	−0.028	0.015	−0.149**	−0.122**
企业性质	0.145**	0.111*	0.086	0.077
所属行业	−0.003	0.016	0.020	0.033
自变量				
数字导向		0.389***		0.276***

续表

	试错式学习		数字化转型绩效	
	Model 7	Model 8	Model 9	Model 10
中介变量				
试错式学习			0.439***	0.332***
调整后的 R^2	0.012	0.159	0.227	0.289
ΔR^2	0.022	0.148	0.189	0.063
F	2.149	15.849***	24.005***	27.536***

注：* 表示 p<0.05；** 表示 p<0.01；*** 表示 p<0.001。

资料来源：笔者整理。

与 Model 2 相比，在加入中介变量后数字导向的回归系数明显减小（β=0.276，p<0.001，Model 10），且试错式学习的回归系数仍然显著（β=0.332，p<0.001，Model 10），模型拟合度 R^2 增大，说明试错式学习在数字导向与企业数字化转型绩效之间起着中介作用。参考 Hayes（2013），为进一步说明试错式学习的中介效应，本书利用 PROCESS 宏程序再次进行 Boostrapping 检验。结果如表 6.12 所示，试错式学习在数字导向与企业数字化转型绩效关系间的间接效应值为 0.118，置信区间不包括 0，具体为［0.079，0.168］，H4.7 得到进一步验证。

表 6.12　关于试错式学习中介效应的 Boostrapping 检验结果（N=393）

作用路径	间接效应估计值	标准误差	95%的置信区间	
			上限	下限
中介效应：DO→TL→DTP	0.118	0.023	0.079	0.168
直接效应：DO→DTP	0.252	0.043	0.168	0.336
总效应	0.370	0.042	0.288	0.452

注：DO 代表数字导向；TL 代表试错式学习；DTP 代表数字化转型绩效。

资料来源：笔者整理。

6.5.2.3　获得式学习与试错式学习的中介效应对比

本书利用结构方程模型进行整体模型拟合检验，在控制企业年龄、企业规模、企业性质以及企业所属行业等变量的基础上，利用 AMOS 软件构建了包含自变量（数字导向）、中介变量（获得式学习和试错式学习）、因变量（数字化转型绩效）的整体模型。结果显示，整合模型具有较高的拟合指数（χ^2/df=

1.486，GFI=0.938，TLI=0.967，CFI=0.971，RMSEA=0.035，SRMR=0.05），并且所有直接效应假设均得以验证（具体见图 6.1）。

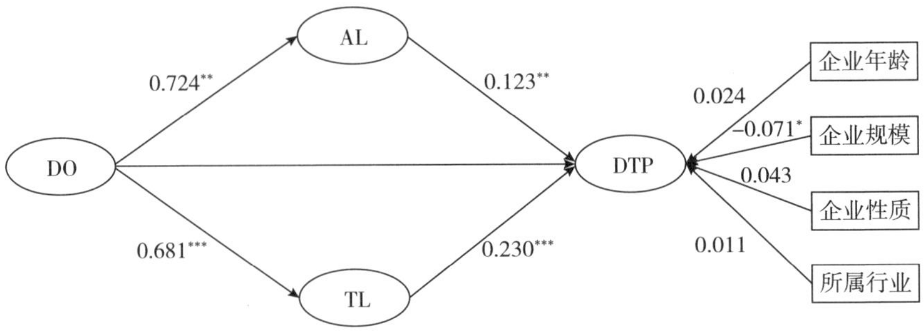

图 6.1　获得式学习和试错式学习的中介效应结构模型（N=393）

资料来源：笔者绘制。

在 H4.4 和 H4.7 均得到验证的基础上，本书利用 PROCESS 宏程序中的模型 4 进一步对比两种学习模式形成的两条中介路径。如表 6.13 所示，试错式学习在数字导向与企业数字化转型绩效间的中介作用要明显优于获得式学习的中介作用（$\gamma_{TL}=0.100$，$\gamma_{AL}=0.068$），且置信区间均不包含 0。如表 6.7 所示，从样本数据中获得式学习和试错式学习的均值来看，在数字化转型过程中传统制造企业会更倾向于选择获得式学习（$M_{AL}=4.805$，$M_{TL}=3.912$）。

表 6.13　获得式学习和试错式学习中介效应的对比结果（N=393）

作用路径	间接效应估计值	标准误差	95%的置信区间	
			上限	下限
总效应	0.168	0.029	0.117	0.229
DO→AL→DTP	0.068	0.024	0.027	0.119
DO→TL→DTP	0.100	0.022	0.063	0.146

注：DO 代表数字导向；AL 代表获得式学习；TL 代表试错式学习；DTP 代表数字化转型绩效。

资料来源：笔者整理。

6.5.3　调节效应检验

6.5.3.1　数字基础设施的调节效应

在进行数字基础设施的调节效应检验时，需要在回归模型中加入数字导向与数字基础设施的交互项。为避免多重共线性对研究结果的干扰，先将数字导向、数字基础设施进行中心化处理，再计算中心化后数值的乘积为交互项赋值。结果如表 6.14 所示，在控制数字导向和数字基础设施对获得式学习、试错式学习的直接效应后，二者的交互项依然对获得式学习（β=0.130，p<0.01，Model 11）、试错式学习（β=0.110，p<0.05，Model 12）存在显著正向影响，H4.8、H4.10 得到验证。

表 6.14　数字基础设施的调节效应检验结果（N=393）

	获得式学习	试错式学习
	Model 11	Model 12
控制变量		
企业年龄	−0.010	0.014
企业规模	0.006	0.008
企业性质	0.067	0.101*
所属行业	0.045	0.008
自变量		
数字导向	0.442***	0.385***
调节变量		
数字基础设施	0.189***	0.073
交互项		
数字导向×数字基础设施	0.130**	0.110*
调整后的 R^2	0.255	0.171
ΔR^2	0.250	0.165
F	20.135***	12.590***

注：* 表示 p<0.05；** 表示 p<0.01；*** 表示 p<0.001。

资料来源：笔者整理。

为了更直观地展现数字基础设施的调节效应，本书按照均值加减标准差的方式将数字基础设施建设水平分为高、低两组，并进行简单斜率检验，绘制调节效应图。如图 6.2、图 6.3 所示，在高水平的数字基础设施下，数字导向与获得式学习、试错式学习的正向关系明显加强，H4.8、H4.10 得到数据支持。从斜率改变上看，低、高水平的数字基础设施下，数字导向与获得式学习的斜率变化幅度为0.325，数字导向与试错式学习的斜率变化幅度为0.288，说明数字基础设施在数字导向与获得式学习关系间的正向调节作用更明显。为更清晰、精准地展示数字基础设施调节效应临界点的变化，本书采用Johnson-Neyman法进行简单斜率检验。如图6.4、图6.5所示，随着数字基础设施的增大，数字导向对获得式学习、试错式学习的影响斜率从不显著变为显著，即斜率的置信区间从包含0变为不包含0。J-N调节图与假设检验结果相符，说明H4.8、H4.10再次得到验证。

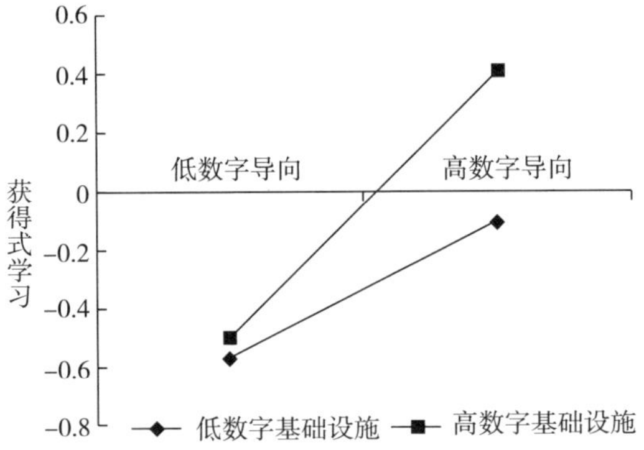

图6.2　数字基础设施在数字导向与获得式学习关系间的调节效应

资料来源：笔者绘制。

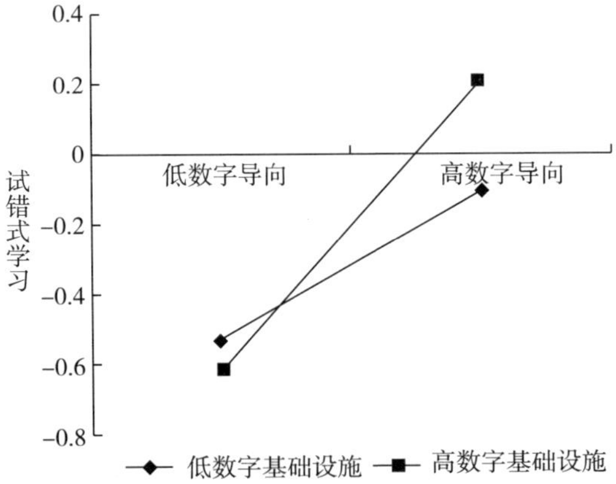

图6.3　数字基础设施在数字导向与试错式学习关系间的调节效应

资料来源：笔者绘制。

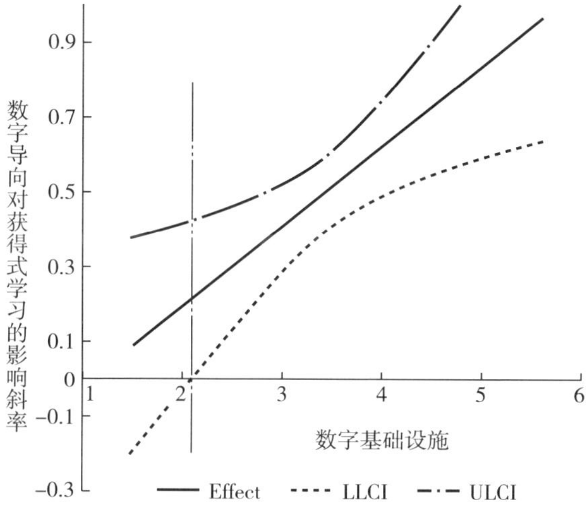

图 6.4　数字基础设施对数字导向与获得式学习之间关系的 J-N 调节

资料来源：笔者绘制。

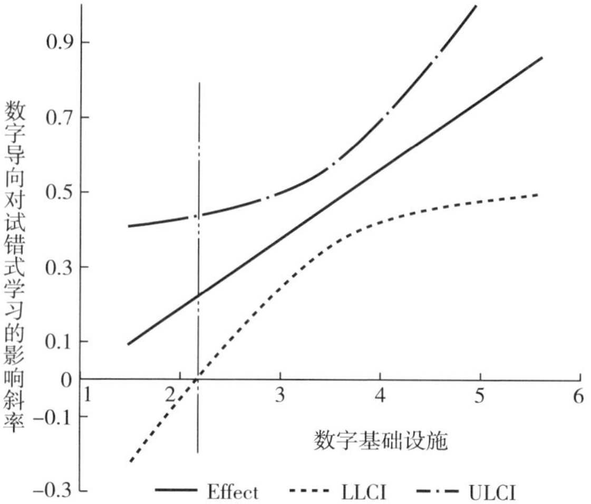

图 6.5　数字基础设施对数字导向与试错式学习之间关系的 J-N 调节

资料来源：笔者绘制。

6.5.3.2　组织敏捷性的调节效应

同样地，在进行组织敏捷性的调节效应检验时，需要在回归模型中加入获得式学习与组织敏捷性、试错式学习与组织敏捷性的交互项。为避免多重共线性对研究结果的干扰，本书先将获得式学习、试错式学习、组织敏捷性进行中心化处理，再计算中心化后数值的乘积为交互项赋值。结果如表 6.15 所示，在控制获得式学习、试错式学习、组织敏捷性对企业数字化转型绩效的直接影响后，获得式学习与组织敏捷性（β=0.102，p<0.05，Model 15）、试错式学习与组织敏捷性（β=0.104，p<0.05，Model 15）的交互项依然对企业数字化转型绩效存在显著正向影响，H4.12、H4.14 得到验证。

表 6.15　组织敏捷性的调节效应检验结果（N=393）

	数字化转型绩效		
	Model 13	Model 14	Model 15
控制变量			
企业年龄	0.037	0.042	0.032
企业规模	-0.138**	-0.144**	-0.134**
企业性质	0.108*	0.086	0.074
所属行业	0.008	0.013	0.008
中介变量			
获得式学习	0.508***		0.362***
试错式学习		0.470***	0.328***
调节变量			
组织敏捷性	0.370***	0.204***	0.361***
交互项			
获得式学习×组织敏捷性	0.162***		0.102*
试错式学习×组织敏捷性		0.188***	0.104*
调整后的 R^2	0.298	0.291	0.388
ΔR^2	0.263	0.255	0.354
F	24.810***	23.942***	28.582***

注：* 表示 p<0.05；** 表示 p<0.01；*** 表示 p<0.001。

资料来源：笔者整理。

为了更直观地展现组织敏捷性的调节效应，本书按照均值加减标准差的方式将组织敏捷性水平分为高、低两组，并进行简单斜率检验，绘制调节效应图。从图 6.6、图 6.7 可以清晰地看出，与低水平的组织敏捷性相比，当组织敏捷性处于较高水平时，获得式学习与企业数字化转型绩效、试错式学习与企业数字化转型绩效的正向关系均明显加强，H4.12、H4.14 得到数据支持。从斜率改变上看，低、高水平的组织敏捷性下，获得式学习与企业数字化转型的斜率变化幅度为

0.244，试错式学习与企业数字化转型绩效的斜率变化幅度为0.276，说明组织敏捷性对于试错式学习与企业数字化转型绩效间关系的正向调节作用更明显。为更清晰、精准地展示组织敏捷性调节效应临界点的变化，本书采用Johnson-Neyman法进行简单斜率检验。如图6.8、图6.9所示，随着组织敏捷性的增大，获得式学习、试错式学习对数字化转型绩效的影响斜率会从不显著变为显著，即斜率的置信区间从包含0变为不包含0。J-N调节图与假设检验结果相符，说明H4.12、H4.14再次得到验证。

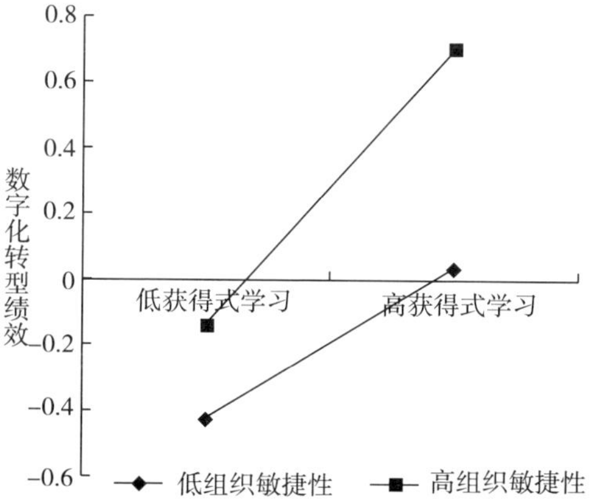

图6.6　组织敏捷性在获得式学习与数字化转型绩效间的调节效应

资料来源：笔者绘制。

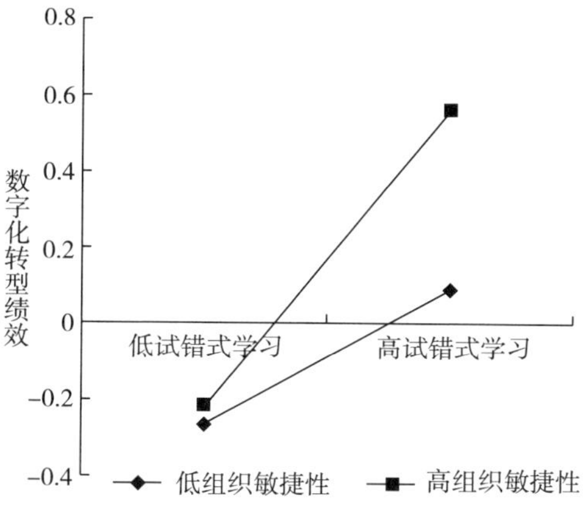

图6.7　组织敏捷性在试错式学习与数字化转型绩效间的调节效应

资料来源：笔者绘制。

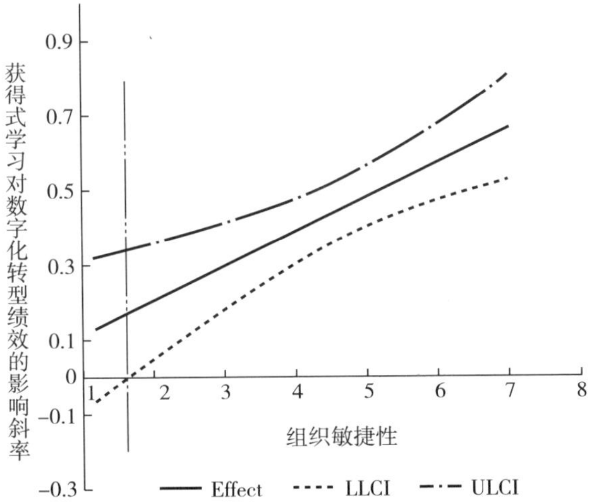

图 6.8　组织敏捷性对获得式学习与数字化转型绩效之间关系的 J-N 调节

资料来源：笔者绘制。

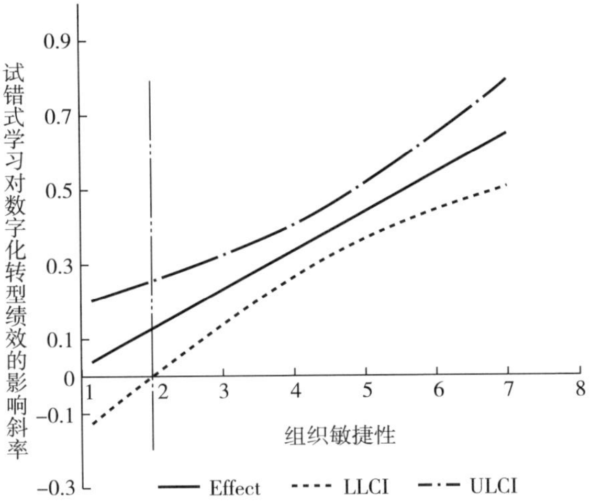

图 6.9　组织敏捷性对试错式学习与数字化转型绩效之间关系的 J-N 调节

资料来源：笔者绘制。

6.5.4　有调节的中介效应检验

从整体模型来看，在数字基础设施和组织敏捷性两个调节变量的影响下，获得式学习、试错式学习是否发挥着有调节的中介效应亟须检验。因此，本书参考

Hayes（2013），利用 PROCESS 宏程序中的模型 21 对 H4.9、H4.11、H4.13、H4.15 进行检验，并将结果展示于表 6.16 中。对获得式学习的中介效应而言，当数字基础设施和组织敏捷性均处于低水平时，间接效应估计值为 0.053，置信区间为［0.007，0.121］；当数字基础设施和组织敏捷性均处于高水平时，间接效应估计值为 0.287，置信区间为［0.192，0.386］；两组极端情况对比之下可发现，数字导向通过获得式学习影响企业数字化转型绩效的间接效应值存在明显差异（95%置信区间［0.114，0.340］，不包含 0），获得式学习的中介效应估计值为 0.022，置信区间为［0.001，0.045］，即获得式学习在整体模型中发挥着有调节的中介效应，可支持 H4.9、H4.13 成立。

表 6.16 有调节的中介效应检验（N=393）

作用路径	调节变量水平		间接效应估计值	标准误差	95%的置信区间	
	DI	AO			上限	下限
DO→AL→DTP	低（-1SD）	低（-1SD）	0.053	0.029	0.007	0.121
	低（-1SD）	中（Mean）	0.099	0.032	0.044	0.171
	低（-1SD）	高（+1SD）	0.145	0.046	0.066	0.244
	中（Mean）	低（-1SD）	0.079	0.037	0.010	0.157
	中（Mean）	中（Mean）	0.147	0.028	0.097	0.208
	中（Mean）	高（+1SD）	0.216	0.035	0.151	0.288
	高（+1SD）	低（-1SD）	0.105	0.050	0.013	0.212
	高（+1SD）	中（Mean）	0.196	0.041	0.120	0.279
	高（+1SD）	高（+1SD）	0.287	0.050	0.192	0.386
高低水平下间接效应差异			0.235	0.057	0.114	0.340
AL：有调节的中介效应指数			0.022	0.011	0.001	0.045
DO→TL→DTP	低（-1SD）	低（-1SD）	0.042	0.019	0.011	0.085
	低（-1SD）	中（Mean）	0.085	0.028	0.037	0.145
	低（-1SD）	高（+1SD）	0.128	0.042	0.054	0.220
	中（Mean）	低（-1SD）	0.061	0.023	0.022	0.110
	中（Mean）	中（Mean）	0.125	0.023	0.086	0.174
	中（Mean）	高（+1SD）	0.189	0.033	0.130	0.261
	高（+1SD）	低（-1SD）	0.080	0.031	0.028	0.150
	高（+1SD）	中（Mean）	0.165	0.032	0.111	0.237
	高（+1SD）	高（+1SD）	0.249	0.047	0.168	0.353

续表

作用路径	调节变量水平		间接效应估计值	标准误差	95%的置信区间	
	DI	AO			上限	下限
高低水平下间接效应差异			0.207	0.052	0.117	0.319
TL：有调节的中介效应指数			0.020	0.011	0.002	0.044

注：DO 代表数字导向；AL 代表获得式学习；TL 代表试错式学习；DI 代表数字基础设施；AO 代表组织敏捷性；DTP 代表数字化转型绩效；SD 代表标准差；Mean 代表均值。

资料来源：笔者整理。

同理，对于试错式学习的中介效应而言，当数字基础设施和组织敏捷性均处于低水平时，间接效应估计值为 0.042，置信区间为［0.011，0.085］；当数字基础设施和组织敏捷性均处于高水平时，间接效应估计值为 0.249，置信区间为［0.168，0.353］；两组极端情况对比之下可发现，数字导向通过试错式学习影响企业数字化转型绩效的间接效应值存在明显差异（95%置信区间［0.117，0.319］，不包含 0），试错式学习的中介效应估计值为 0.020，置信区间为［0.002，0.044］，即试错式学习在整体模型中发挥着有调节的中介效应，H4.11、H4.15 成立。

6.6 结果分析与讨论

本书以传统制造企业为研究对象，探讨了数字导向影响企业数字化转型绩效的中介机制，以及数字基础设施和组织敏捷性的边界作用。为验证研究构建的理论模型及所对应的 15 条研究假设，利用 SPSS 和 PROCESS 等工具对 393 份样本数据进行回归分析，结果如表 6.17 所示。针对实证结果，本书通过与现有文献对话进一步讨论并分析假设成立的原因。

表 6.17 假设检验结果

假设	内容	检验结果
H4.1	数字导向对企业数字化转型绩效存在正向影响	支持
H4.2	数字导向对获得式学习存在正向影响	支持
H4.3	获得式学习对企业数字化转型绩效存在正向影响	支持

续表

假设	内容	检验结果
H4.4	获得式学习在数字导向与企业数字化转型绩效的关系中起中介作用	支持
H4.5	数字导向对试错式学习存在正向影响	支持
H4.6	试错式学习对企业数字化转型绩效存在正向影响	支持
H4.7	试错式学习在数字导向与企业数字化转型绩效的关系中起中介作用	支持
H4.8	数字基础设施正向调节数字导向与获得式学习之间的关系	支持
H4.9	数字基础设施正向调节获得式学习在数字导向与企业数字化转型绩效之间的中介效应	支持
H4.10	数字基础设施正向调节数字导向与试错式学习之间的关系	支持
H4.11	数字基础设施正向调节试错式学习在数字导向与企业数字化转型绩效之间的中介效应	支持
H4.12	组织敏捷性正向调节获得式学习与企业数字化转型绩效之间的关系	支持
H4.13	组织敏捷性正向调节获得式学习在数字导向与企业数字化转型绩效之间的中介效应	支持
H4.14	组织敏捷性正向调节试错式学习与企业数字化转型绩效之间的关系	支持
H4.15	组织敏捷性正向调节试错式学习在数字导向与企业数字化转型绩效之间的中介效应	支持

资料来源：笔者整理。

6.6.1 数字导向与企业数字化转型绩效关系讨论

综观现有文献，数字导向作为战略导向在数字化情境下的衍生概念，其对于数字创新、数字化转型的重要作用引起了学术界较高的关注度（Kindermann 等，2021），越来越多的学者开始聚焦数字导向所带来的经济效益，如数字导向对企业绩效的直接影响（Ardito 等，2021；Arias-Pérez 等，2021）。但总体来看，数字导向相关研究尚处于起步阶段，文献数量还未形成规模，关于数字导向影响数字化转型绩效的定量研究仍存在理论空白。因此本书聚焦数字化情境，以传统制造这一极具转型特色的行业为研究对象，从“战略引领性”特征切入，结合战略管理理论深入挖掘了数字导向与企业数字化转型绩效的逻辑关系并进行实证检验。数据分析结果显示，明确的数字导向有助于促进企业数字化转型绩效的提高，二者之间存在显著的正向关系，H4.1 得到验证。

具体而言，数字化时代悄然而至，将传统制造业的数字化转型推向一个新风口，而这似乎也已经成为行业生死存亡的关键转折点（Matarazzo 等，2021）。然而对于那些成长在工业时代的传统制造企业来说，数字化转型将彻底颠覆传统认知和陈旧惯例，是一项前期投资巨大而又充满未知的复杂工程（El Sawy 等，2016）。面对庞大的资金需求，只有从战略层面明确数字化目标、推进数字技术应用，才能帮助企业事半功倍。本书的实证结果也印证了这一观点，即数字导向对企业数字化转型绩效存在积极影响。从理论层面上讲，数字导向反映了企业利用数字技术创造价值的意愿和行动倾向（Ciampi 等，2021），这类企业往往更容易接受新兴数字技术，通过构建上下一致的数字化愿景和目标潜移默化地感染员工、带动员工，积极主动地将数字技术融入日常工作中，更新组织惯例，从而推动企业数字化转型进程（Gurbaxani 和 Dunkle，2019）。

从实践层面来讲，海尔创始人张瑞敏曾在接受参访时表示“组织转型中最大阻力来自于一把手，最大动力也来自于一把手，企业战略方向的引领作用关系到未来要成为怎样的组织，这些都需要领导设计与推动”。同样地，一项来自科锐国际针对中国企业数字化转型的调研报告明确指出，CEO 的参与程度很大程度上影响了数字化转型成效，成功的数字化转型必须由“一把手”亲自引领。因此，数字导向强调了企业为高效应用数字技术而制定的一种自上而下的战略定位，对于协调和解决数字化转型过程中的新旧惯例冲突、资源重新配置等起着强有力的支撑作用（Reuschl 等，2022），同时也能够促进企业更好地适应数字经济时代营商环境的改变，让数字化转型有效落地。显然，无论是基于理论还是实践层面，“数字导向正向影响企业数字化转型绩效”的逻辑关系均成立，并且与本书的数据分析结果相符。

6.6.2 获得式学习的中介作用讨论

通过梳理数字化领域相关研究，不难发现学者们开始关注到学习的重要作用，其中开展以模仿和复制为核心的学习模式似乎已经成为多数企业数字化变革的首选（Schmitt 等，2018；崔淼和周晓雪，2021）。一方面是因为数字技术的加速应用使得企业边界愈发模糊，同时数字生态的崛起改变了企业间竞合模式，“孤军奋战”难以建立长久竞争优势。Siachou 等（2021）通过聚焦知识联盟和数字化转型关系，从理论层面印证了这一观点，面对资源短缺的数字化劣势，传统企业迫切地需要联合利益相关者，通过借鉴与学习相关经验加快企业自身的数字化建设步伐。另一方面是因为企业的数字化过程充满未知与不确定，而来自行业内外的先进数字化经验在一定程度上能够减少不必要的资源损耗，降低失败成本。Mancha 和 Shankaranarayanan（2021）提出数字背景的经验学习至关重要，个体需要通过经验学习不断形成、改造与转换思维方式，进而促进数字创新。基于此，本书根据组织学习理论，认为获得式学习是传统制造企业在数字化转型过程中普遍存在的一种学习模式，并结合传统制造行业的“动态跨越性”特征，按照“战略—行为—绩效”的“S-SCP”逻辑框架将其作为数字导向影响企业数字化转型绩效的中介机制。经实证检验，数字导向与获得式学习间存在显著的正向关系，获得式学习与企业数字化转型绩效间存在显著的正向关系，获得式学习在数字导向与企业数字化转型绩效之间起中介作用，H4.2、H4.3、H4.4得到验证。

具体而言，在理论层面，在传统制造企业的数字化转型过程中，数字导向发挥着战略引领作用，是获得式学习产生的重要前因（Strobl等，2022），通过灵活运用“拿来主义”不断丰富企业资源库，从而在短时间内迅速补齐自身资源条件与战略发展需求不匹配的短板（陈威如和王节祥，2021）。此外，随着数字技术的更迭，数字导向能够有效激活组织学习需求，通过不断学习、更新新技术和新知识提高企业接受新兴事物的能力，坚定数字化转型的决心（Tortorella等，2020），同时能够打破多年来传统制造企业在经营和管理上形成的思维定势，为数字化转型消除阻碍（Brynjolfsson和Mcelheran，2016；李宇和王竣鹤，2022）。

在实践层面，以仁和药业为例，前董事长杨文龙早在企业转型之初便认识到，数字经济时代意味着企业过去的管理经验、资源能力、组织惯例逐渐失效，积极调整与转换传统发展观念是数字化转型能否成功的关键。由于缺乏数字化相关知识，杨文龙非常注重跨界合作，经常去北京等地出差，同腾讯、阿里巴巴等互联网企业学习交流全新的运营模式。也正因为如此，在“一把手”“以变应变”的强力推动下，仁和药业不断学习先进知识，克服因循守旧的旧思维，接受数字化新模式，现如今已然从最早的传统制药企业发展成现代化高科技医药集团。

综上所述，无论是基于理论还是实践层面，“数字导向通过获得式学习影响企业数字化转型绩效”的逻辑关系均成立，并且与本书的数据分析结果相符。

6.6.3 试错式学习的中介作用讨论

近年来，越来越多的学者和实业家关注到差错和容错的积极作用，聚焦组织变革、创新创业等多个研究情境，从学习视角广泛探讨了差错学习、失败学习等相关概念的前因后果（Frese和Keith，2015；胡琼晶等，2021）。正所谓“创业难，守业更难”，在纷繁复杂的商业环境下企业运营发展并不总是一帆风顺的，唯有正视差错并从中汲取经验教训，持续学习与改进，方能战胜挫折，在激烈的竞争中占据一席之地。尤其在充满未知与不确定的数字经济时代，试错学习的作用愈发凸显（谢康等，2020；罗兴武等，2021）。Volberda等（2021）认为，对于那些在工业时代成长起来的老牌企业来说，接受并采用新兴数字技术本身便是一个不断实验与试错的过程。因此，本书根据组织学习理论，认为试错式学习是传统制造企业在数字化转型过程中普遍存在的一种学习模式，并结合传统制造行业“动态跨越性”的特征，按照“战略—行为—绩效”的“S-SCP”逻辑框架将其作为数字导向影响企业数字化转型绩效的中介机制。经实证检验，数字导向与试错式学习间存在显著的正向关系，试错式学习与企业数字化转型绩效间存在显著的正向关系，试错式学习在数字导向与企业数字化转型绩效之间起中介作用，H4.5、H4.6、H4.7得到验证。通过对比两条中介路径的间接效应系数值发现，相比获得式学习，试错式学习在数字导向与数字化转型绩效间的中介作用更显著。换言之，数字导向下传统制造企业更多的是通过试错式学习影响数字化转型绩效。

具体而言：在理论层面，虽然传统制造企业很难凭借一己之力实现数字化，过程中需要借鉴、模仿行业内外数字化标杆企业的成功经验，但从数字化转型绩效的提升来看，企业更需要依靠不断试错与改进（Volberda等，2021）。“鞋子合不合脚，只有穿的人才知道”，同样地，数字化转型究竟怎么转、如何转还需要企业在实践中积累经验、摸索总结。传统制造业的数字化转型是一次全方位的系统性改变，但同时更要明确这种变革绝非为了转而转，提升效率、深耕业务才是企业数字化转型的终极目标（王永贵和汪淋淋，2021）。受行业特征影响，传统制造企业在生产经营过程中会形成大量数据，但缺乏统一的治理与调配，导致数据资源冗杂，无法得到有效利用，最终阻碍企业数字化进程（武常岐等，2022）。此时，数字导向是企业迈向数字化体系的先决条件，为企业实施数字化转型提供战略支撑，而试错式学习又是企业通过不断配置自有资源更新组织惯例的重要途径，二者对于企业数字化转型绩效的关键作用得以显现。一方面，在数字导向的驱动下企业内部形成了上下一致的数字愿景，有助于缓解企业对数字化转型中未知风险的恐惧，从而激活试错式学习的主动性（Vial，2019；Niemand等，2021）。另一方面，试错式学习可以通过反复试验迭代深度挖掘数据价值，从而发挥数据作为生产要素的重要价值（Rittera和Pedersenab，2020），同时理性试错更能贴合企业的现实发展情况，通过反思数字化实践中出现的问题并提出针对性的解决办法，从而降低成本损耗，提高企业数字化行动的有效性（Schiuma等，2022）。

在实践层面，试错式学习亦是数字导向影响企业数字化转型绩效的重要桥梁。以三一重工集团为例，作为装备制造行业的数字化先锋，企业始终坚信科技力量，实施技术主导型的数字化战略，即重视数字技术的研发与应用，依靠所投入的大量时间、精力与资源自主探索数字化路径，最终成功打破我国传统制造企业的“技术恐惧症”。例如，通过搭建工业互联网平台实现了企业内外工业知识的互联互通，凭借“AI+传统制造”的模式成功建造了灯塔工厂等成果，为传统制造业的数字化勾勒出一份广阔的未来图景。综上，无论是理论还是实践层面，“数字导向通过试错式学习影响企业数字化转型绩效”的逻辑关系均成立，并且与本书的数据分析结果相符。

6.6.4 数字基础设施的调节作用讨论

我国数字经济取得辉煌成就的背后，离不开数字基础设施的建设。根据 Tilson 等（2010）的观点，尽管数字基础设施可以定义为全球、国家、区域、行业或企业等不同层次的相关服务和设施，但理论研究中更多的是从宏观视角出发将其界定为一种社会技术系统，并强调其对推动社会数字经济发展、产业数字化转型、企业数字创新等方面的直接影响（Constantinides 等，2018；刘洋等，2020；张辉等，2022）。与宏观层面的研究不同，微观视角下企业的数字基础设施反映了当下数字化相关资源的存量情况（李忠顺，2022），而传统制造企业之间也正是由于存在资源禀赋与资源投入的差异，进而导致企业在数字化转型过程中选择的资源开发方式略有不同（王永贵和汪淋淋，2021）。因此，本书以传统制造企业所表现出的“路径差异性”特征为切入点，结合资源基础理论，深入挖掘了数字基础设施在数字导向与两种组织学习模式（获得式学习和试错式学习）之间的调节作用，以及对两种学习模式中介效应的调节作用。经实证检验发现，企业数字基础设施建设能够加强数字导向与获得式学习、试错式学习间的正向关系，以及获得式学习、试错式学习的中介作用，H4.8、H4.9、H4.10、H4.11 得到验证。

具体而言，在理论层面上，作为传统制造企业实施数字化转型的底层技术支撑，高水平的数字基础设施意味着企业拥有更多与数字化相关的硬件设施，以及掌握更多种类的数字技术。一方面，对于数字导向与获得式学习的关系，数字基础设施能够助力企业跨越数字技术鸿沟，通过消除企业之间的沟通壁垒开拓外部资源获取渠道（Yoo 等，2010；肖静华等，2021），进而加强二者之间的积极影响；另一方面，对于数字导向与试错式学习的关系，数字基础设施能够促进跨部门间的信息、技术协同联动（Rialti 等，2018），同时雄厚的数字基础也为企业开展迭代试验提供有利的资源环境条件，从而强化二者之间的积极影响。相反地，当企业的数字基础设施建设水平较低时，数字导向对于获得式学习或试错式学习的积极影响会受到抑制，这是因为这类企业在数字化起跑时便远远落后，对于新兴事物的抗拒与排斥更会导致其在转型的每一个环节都举步维艰（Morgan 等，2019）。例如，企业间在数字基础设施建设上的差距无形之中会增加从外部获取信息资源的成本，企业内部的数据缺失与堵塞会降低对现有资源的利用效率。显然在传统企业的数字化转型过程中，缺乏数字基础设施作为底层的技术保障会大幅度削弱数字导向的积极作用效果。

在实践层面上，以探索性案例中的 A 企业为例，打通企业内部的信息系统，建设统一、安全、可靠、高效的数字化底座，为进一步深入数字化转型奠定了坚实的基础。正如受访者谈到的："在 CEO 亲自带领下我们企业克服了转型路上的重重阻碍，实现了一个又一个突破，对我们而言，'632'战略计划的实施，数据基础设施和数据中台的建设可以说是质的飞跃，通过 IT 的一致性变革我们提高了整个业务系统的灵活度，能够更好地整合内外部资源，捕捉并深度挖掘来自顾客、供应商等渠道的数据信息，最终摸索出一条通往胜利的转型之路。"综合来看，无论是理论还是实践层面，关于数字基础设施调节效应的逻辑关系均成立，并且与本书的数据分析结果相符。

6.6.5 组织敏捷性的调节作用讨论

敏捷概念的提出由来已久，相关文献与研究成果也颇为丰富。研究大多依托于西方管理情境下提出的敏捷制造，将研究重心放在"如何打造敏捷组织或敏捷团队"等上，探讨组织敏捷性的直接前因与后果（Anna-Theresa，2021；钱雨等，2021）。从常态情境到危机情境再到数字情境，组织敏捷性作为企业在动荡复杂环境下生存与发展的关键，尽管其对数字创新、数字化转型的直接积极影响已得到验证（Ghezzi 和 Cavallo，2020；AlNuaimi 等，2022），但这些研究对于行业属性和企业特征等要素的关注度略显不足。以传统制造企业为例，传统意义上的组织敏捷性并非推动数字化进程的直接动力因素，而是助力数字化转型成功的一种能力保障。究其根本，对这类企业而言，数字化转型既要做到"破旧立新"，即摆脱传统路径依赖，建立新的组织惯例（Ghezzi 和 Cavallo，2020；Volberda 等，2021），但也绝不是完全抛弃过往，数字化转型是在既有基础上的一次变革，过程中更要注重"新旧融合"（Hanelt 等，2021）。而组织敏捷性作为企业对外需求感知、对内运营调整的一种动态能力，更多的是助力企业响应数字化营商环境的变化，从而保障组织学习的积极作用效果（Helfat 和 Raubitschek，2018）。因此，本书以传统制造企业在数字化转型过程中所表现出的"融合创新性"特征为切入点，结合动态能力理论，深入挖掘组织敏捷性在两种组织学习模式（获得式学习和试错式学习）与企业数字化转型绩效之间的调节作用，以及对两种学习模式中介效应的调节作用。经实证检验发现，组织敏捷性能够加强获得式学习、试错式学习与数字化转型绩效间的正向关系，以及获得式学习、试错式学习的中介作用，H4.12、H4.13、H4.14、H4.15 均得到验证。

具体而言：在理论层面上，具有高敏捷性的企业对外部市场中客户需求的变化更加敏锐，这种能力一是有助于企业捕捉数字机会，为快速且高质地将来自其他企业的先进经验落地实施提供支持，保证动态多变的环境下所获取的解决方案实时有效（Hong 等，2019），从而起到放大获得式学习积极影响的作用；二是通过感知客户需求优化试错式学习过程中的反馈机制，既能缩短试错周期，也能减少不必要的资源投入与损耗（单宇等，2021），从而放大试错式学习的积极影响。此外，具有高敏捷性的企业对内部流程、运营、结构等方面的改变更灵活，这种能力一方面能够加速外来先进经验、新知识、新技术等资源的内化与融合（Al-nuaimi 等，2022），优化获得式学习效果；另一方面能够减少企业对于“差错”的刻板印象（Zaharee 等，2021），支撑企业在一次次试验迭代过程中发现不足并积极调整，通过理性试错的方式自主探索数字化路径，从而放大试错式学习的积极影响。相反地，企业不具备敏捷性或组织敏捷性处于较低水平将成为数字化转型过程中的一大阻碍。对于获得式学习而言，忽视多变的客户需求而套用其他企业的数字化经验，既无法从根本上更新组织惯例，也难以解决新旧业务冲突，甚至会导致企业数字化转型绩效出现负增长的可能（Sousa 和 Rocha，2019）。同样地，对于试错式学习而言，在未知的市场中摸索数字化路径无疑是对企业耐心与决心的挑战，而缺乏敏捷性的企业内部惰性阻力较大且不具备发现机会的能力，试错成本高昂、转型时间紧迫等不利条件会削弱试错式学习的积极影响（杨震宁等，2021）。

在实践层面上，华菱湘钢总经理曾在一次采访中表示企业想要摆脱传统路径依赖，在掌握学习尖端技术的同时，还要保持灵敏的市场反应。而柯达作为被时代吞没的典型案例，虽然一直以来潜心研究传统摄像方式和冲印技术并取得重大突破与成就，但却忽视了时代变化下客户需求的改变，错失发展数字成像技术的良机。由此可见，组织敏捷性在企业转型升级过程中的重要作用不容忽视。综上，无论是理论还是实践层面，关于组织敏捷性调节效应的逻辑关系均成立，并且与本书的数据分析结果相符。

6.7 本章小结

本章主要围绕正式调研过程中调研对象和调研区域的选择、问卷的发放与收集，以及实证研究中的数据分析、实证结果讨论等内容展开。首先，本书划定浙江、山东、江苏、广东、吉林五大省份区域内的传统制造企业为研究对象，采用分层随机抽样方法进行了为期 4 个月的正式调研。经历两个阶段的问卷调查，研究团队最终共计回收了 393 份有效问卷。其次，对于这些样本数据，利用 SPSS、AMOS 等软件工具通过共同方法偏差检验、信度和效度检验、多重共线性检验等，保证研究结果的可靠性。为更好地验证研究假设，本书通过描述性统计与相关分析初步表征样本数据的分布情况，以及变量间相关关系等数据特征。随后，采用逐步回归分析方法、Bootstrapping 检验方法对数字导向、获得式学习、试错式学习、数字基础设施、组织敏捷性与企业数字化转型绩效的关系假设进行检验，数据分析结果表明 15 条假设均得到验证。最后，通过与现有文献对话，结合现有研究和实践经验再次讨论实证分析结果，进一步深挖变量间的逻辑关系和支撑研究假设的内在原因，为得出最终的研究结论、梳理研究创新点并提出可落地实施的实践启示提供支撑。

第7章　结论与展望

本书以传统制造企业的数字化转型过程为研究情境，从战略视角出发分析了数字导向对企业数字化转型绩效的影响机制，采用获得式学习与试错式学习的维度划分方式解读数字化情境下的组织学习，并着重探究了这两种学习模式的中介作用，以及数字基础设施和组织敏捷性的调节作用。在研究述评、案例分析、假设推理、实证检验等的基础上，本章归纳总结研究结论和研究创新点，把理论落地到实践当中，为我国传统制造企业的数字化转型提供实践指导与管理启示。最后针对本书存在的局限，提出后续研究的改进方案和未来展望。

7.1　研究结论

在数字经济时代，无论是对于新兴产业还是传统行业来说，数字化发展已然成为企业立足的根本、发展的先机（Vial，2019；朱秀梅等，2020；钱晶晶和何筠，2021）。传统制造企业作为我国的工业主体，承载了我国从制造大国进阶为制造强国的战略目标（吕文晶等，2019），如何加快传统制造业的数字化转型是学者与企业家共同关注的问题（张媛等，2022）。尽管不少传统制造企业已经认识到数字化转型的重要价值，但实践过程中仍旧面临着数字化意愿不足、数字化路径不清、数字化基础薄弱、组织应变能力差等艰难挑战。基于此，本书以传统制造企业为研究对象，综合战略管理理论、组织学习理论、资源基础理论和动态能力理论，通过探索性案例研究构建了数字导向、获得式学习、试错式学习、数字基础设施、组织敏捷性影响企业数字化转型绩效的理论模型，并在此基础上推演核心变量间的逻辑关系，最终提出15条研究假设以揭示其中作用机制。采用问卷调查的方法，在浙江、山东、江苏、广东、吉林五个省份以分层抽样的方式随机抽取800家传统制造企业作为正式调研对象，并邀请参与企业数字化相关活动的中高层管理人员参与本次问卷填写。利用最终收集的393份有效问卷进行数据分析，根据实证检验结果，15条假设均得到支持，现将主要结论概括如下：

第一，数字导向对企业数字化转型绩效存在正向影响。本书从战略视角出发提出数字导向作为传统制造企业应用数字技术的一种战略定位，是其向数字化转型发展不断迈进的原动力。明确的数字导向能够帮助传统制造企业打消对新兴数字技术的疑虑，尝试使用数字技术创造价值，同时也有助于加强组织变革力度，减少企业畏难情绪，在充满未知和不确定的环境中仍能坚定数字化步伐，促进企业数字化转型绩效的提升。本书的实证结果亦表明，数字导向正向影响企业数字化转型绩效。

第二，获得式学习和试错式学习分别在数字导向和企业数字化转型绩效之间起中介作用，并且相比之下，试错式学习的中介效应更加显著。清晰的数字导向为传统制造企业借助先进的数字技术全面推进数字化转型指明了方向，但作用效果更多的在战略引领层面体现。组织学习理论指出，只有通过持续不断地学习，改变长期经营发展过程中形成的惯性思维、摆脱对原有工业化体系的依赖，才是真正地实现了数字化转型。数字化情境下，海量性、可流动性、高速增长性的资源特征使得组织学习模式愈发复杂。为贴合时代背景和研究情境，本书结合传统制造企业在转型过程中呈现的模仿、开发、试错与泛化的学习特征，认为获得式学习和试错式学习是该情境下所表现出的两种学习模式，并基于战略管理理论和组织学习理论，分析了数字导向、获得式学习、试错式学习、企业数字化转型绩效之间的逻辑关系。经实证检验发现，数字导向正向影响获得式学习、试错式学习；获得式学习、试错式学习正向影响企业数字化转型绩效；获得式学习、试错式学习分别在数字导向与企业数字化转型绩效的关系间发挥着中介作用，并且相比之下，试错式学习的中介效应更加显著。

第三，数字基础设施正向调节数字导向与获得式学习以及数字导向与试错式学习间的关系，并且获得式学习、试错式学习在数字导向与企业数字化转型绩效的中介效应也会受到数字基础设施的调节。数字化情境下的组织学习从本质上讲是一种更新发展企业能力的资源获取过程，既需要管理层自上而下的战略引领激活学习需求，也需要企业自身具备一定的数字基础从而打通内外部资源流动。良好的数字基础设施一方面能够为企业开拓更多资源渠道，促进跨领域、跨组织的合作互动；另一方面也有助于加强企业跨部门、跨职能的沟通协作，为经验总结、反思改进提供资源与技术上的支持，最终强化数字导向对获得式学习、试错式学习的直接影响。经实证检验发现，数字基础设施分别在数字导向与获得式学习、试错式学习的关系中起正向调节作用，同时获得式学习、试错式学习在数字导向与企业数字化转型绩效间的中介效应也会受到数字基础设施的调节。

第四，组织敏捷性正向调节获得式学习与企业数字化转型绩效，以及试错式学习与企业数字化转型绩效间的关系，并且获得式学习、试错式学习在数字导向与企业数字化转型绩效的中介效应也会受到组织敏捷性的调节。对传统制造企业而言，数字化转型是其在数字经济时代赢取竞争新优势的重要手段，但同时也是对未知领域的一次探索。一方面，工业时代下"批量标准化"的市场需求不复存在，取而代之的则是"多元个性化"需求；另一方面，与技术变革不同，数字化转型要求企业从认知到惯例再到结构全方位地进行重塑与调整。显然，传统制造企业的数字化转型绝不是单纯依靠模仿复制、迭代试验的学习模式便能成功，其中对外迎合客户需求和对内调整运营模式的能力将发挥关键支撑作用。组织敏捷性作为一种感知并响应环境变化的动态能力，在市场利用方面有助于传统制造企业捕捉数字机会，使得学习过程更具针对性，在运营调整方面有利于促进新旧技术、知识等资源的融合与应用，最终优化获得式学习、试错式学习的积极作用效果。经实证检验发现，组织敏捷性分别在获得式学习、试错式学习与企业数字化转型绩效的关系中起正向调节作用，同时获得式学习、试错式学习在数字导向与企业数字化转型绩效间的中介效应也会受到组织敏捷性的调节。

7.2　研究创新点

物联网、云计算、大数据等新一代信息技术的日益普及，标志着数字经济时代全面开启（Bharadwaj 等，2013；Nambisan 等，2017）。在这种背景下，制造业的产品结构和生产流程发生急剧变化，企业很难再凭借传统工艺在激烈的市场竞争中占得优势，加快数字化发展成为制造企业应变局、破困局、开新局的必要之举（Vial，2019；池仁勇等，2022）。本书以传统制造企业为研究对象，以解决其面临的"不愿转""不会转""不敢转"等数字化困境为核心，以其在数字化转型过程中所表现出的战略引领性、动态跨越性、路径差异性和融合创新性等特征为切入点，综合战略管理理论、组织学习理论、资源基础理论和动态能力理论，构建了数字导向、组织学习、数字基础设施、组织敏捷性与企业数字化转型绩效间关系的理论模型。基于数字化情境特征，采用获得式学习和试错式学习的维度划分方式，重点探讨两种学习模式在数字导向与企业数字化转型绩效关系间的中介效应，以及数字基础设施和组织敏捷性的调节效应。本书的创新点与理论贡献如下：

第一，本书揭示了传统制造企业数字化转型的内在机理，结合该行业数字化转型特征深化了数字导向、组织学习、数字基础设施、组织敏捷性与数字化转型绩效间的理论联系。数字经济时代，数字化转型已成为企业提升自身竞争力的必然选择。尽管现有文献对于数字化转型的驱动因素做出了有益的探讨（Matarazzo等，2021；Verhoef 等，2021；朱秀梅和林晓玥，2022），但大多是以中小企业、新创企业等宽泛群体为研究对象，忽略了行业类型对数字化实现路径的差异性影响，导致现有研究无法为特定行业的数字化转型实践提供理论支持（何永清等，2021；王永贵和汪淋淋，2021）。基于此，为解决我国传统制造企业面临的“不愿转”“不会转”“不敢转”等数字化困境，本书重点聚焦传统制造行业，通过探索性案例总结了我国传统制造企业数字化转型的典型特征，并在此基础上将数字导向、组织学习、数字基础设施、组织敏捷性与数字化转型绩效纳入统一的研究框架，结合战略管理理论、组织学习理论、资源基础理论和动态能力理论，明确数字导向对企业数字化转型绩效的作用机理，是对制造企业数字化转型相关研究的补充与推进。

第二，本书基于数字化情境深化了组织学习的概念内涵与维度划分，揭示了获得式学习、试错式学习在数字导向与企业数字化转型绩效关系间的中介作用。组织学习作为管理学领域长盛不衰的经典议题，研究成果在组织变革、创新创业等多个情境中不断丰富与充实（Obeso 等，2020；Soomro 等，2020；卢艳秋等，2021）。尽管组织学习被认同是企业克服路径依赖、实现组织变革的重要途径，同时与数字导向存在一定的理论联系（Strobl 等，2022），但数字化情境下的组织学习却未得到足够的重视，也未引入相关研究。并且不同于一般组织情境，数字经济时代行业边界、组织边界变得模糊，组织学习模式也愈发复杂。一些通用技术或标准化知识可以被直接获取并复制到企业中，但却不能为企业带来长期竞争优势，还需要通过迭代试验进行资源转化从而释放潜在价值。显然，在数字化实践中企业将会呈现模仿、开发、试错与泛化的学习特征（谢康等，2020），而这一现象正是本书给予理论解释与回应的重点。研究结合战略管理理论中的“S-SCP”框架和组织学习理论，明确指出获得式学习和试错式学习是数字化情境下组织学习的两种模式，更是连接数字导向与企业数字化转型绩效的关键枢纽，这既是对 Hanelt 等（2021）、魏江等（2021）研究呼吁的响应，丰富了组织学习的研究情境，也是组织学习理论在数字化情境下的拓展与延伸。

第三，本书将数字基础设施和组织敏捷性作为重要调节因素，拓展了数字导向影响企业数字化转型绩效的边界。数字经济背景下，理论界对数字基础设施和组织敏捷性的重要价值已形成了较为统一的认知，但研究思维相对固定。提及数字基础设施，大多数学者都将其理解为宏观层面的概念，并作为输入变量强调数字基础设施建设对社会经济发展、区域数字创新的直接正向影响（张辉等，

2022）；对于组织敏捷性，研究大多是将其作为中介或结果变量（Anna-Theresa，2021；钱雨等，2021），强调企业数字化发展过程中敏捷组织、敏捷团队的培育与建设。随着研究情境与研究问题的具体化，这种定势思维受到挑战。以传统制造企业的数字化转型过程为例，受数字基础薄弱、灵活应变能力差等短板制约，企业转型效果往往差强人意，但这并非影响数字化转型绩效的最直接因素。已有研究表明，数字化转型本质上是对传统认知、惯例和结构的持续性重塑与再造，过程中如何有效且高效地开展组织学习才是传统制造企业实现转型升级的关键（Ghezzi 和 Cavallo，2020；肖静华等，2021）。而数字基础设施表征了企业数字化转型的资源基础，组织敏捷性反映了企业克服组织惰性的动态能力，更多的是作为资源或能力保障，通过影响组织学习的产生与作用效果进而影响数字化转型（Alnuaimi 等，2022）。基于此，本书根据资源基础理论和动态能力理论，结合行业特征将数字基础设施和组织敏捷性作为影响数字化转型绩效的边界条件引入理论模型。研究结果证实了数字基础设施对数字导向与获得式学习、试错式学习关系，以及组织敏捷性对获得式学习、试错式学习与企业数字化转型绩效关系的调节作用。研究既从资源视角解释了普通企业与领军企业间组织学习模式存在差异的深层原因，也从能力视角回应了部分学者对于组织学习作用效果提出的争议（Tortorella 等，2020），同时也进一步拓展了数字基础设施和组织敏捷性相关研究。

7.3 管理实践启示

在我国数字经济迅猛发展的态势下，走数字化发展道路毫无疑问成为每个企业实现良性发展的必然选择（Matarazzo 等，2021）。不同于天生数字化企业，传统制造企业缺少数字化基因，在生产经营上依赖传统的制造工艺和管理模式（陈威如和王节祥，2021），“不愿转”“不会转”“不敢转”成为企业数字化转型过程中的三大阻碍。面对前所未有的新问题与新挑战，传统制造企业应如何克服对数字技术等新兴事物的认知偏见？如何培养并加强企业学习意识以加速数字化转型的落地与实现？这既是数字化转型领域的热点议题，更是数字化情境下传统制造企业所面临的实践难题。本书聚焦传统制造企业，围绕“数字导向—组织学习—数字化转型绩效”这一主线逻辑展开讨论。一是重点分析了数字导向对企业数字化转型绩效的影响，为企业管理者在数字化转型初期把握战略主动、做好战略布局提供理论参考；二是发现了获得式学习和试错式学习的中介作用，为企业选择合理有效的资源获取方式提出科学指导；三是验证了数字基础设施的调节作用，为鼓励企业引进数字化硬件设备、提高数字化软件水平从而解决数字鸿沟和数字孤岛问题提供了理论支撑；四是证实了组织敏捷性的调节作用，为企业通过加强对市场的敏锐性和运营的灵活性从而顺应数字时代发展提出合理化建议。显然，本书对于助力我国传统制造企业数字化转型具有实践指导意义，具体如下：

第一，传统制造企业应当重视数字导向的战略引领作用，积极提升员工对于数字技术应用价值的认识。

现如今，企业营商环境表现出强 VUCA 特性，易变性、不确定性、复杂性和模糊性始终贯穿企业经营活动。此种情况下，为了更快地适应技术更迭发展和新的商业环境，把数字技术应用提升至战略管理高度显得尤为重要（Khin 和 Ho，2019；AlNuaimi 等，2022）。首先，明确数字技术的应用前景是企业把握变革方向的风向标，既要站在未来看现在，接受数字化时代人类生产方式、生活方式和治理方式的转变，通过主动摆脱传统思维束缚打消企业对新兴事物的抗拒与排斥；也要立足现在看未来，结合企业实际通过情景规划制定有关数字技术应用的阶段性目标和长远目标。“上下同欲，上下同心”将有效降低数字化过程中的不确定性（Lavikka 等，2018），从而保障数字化转型不断提速。其次，推动数字技术的应用与融合是企业实现数字化变革的内驱力，在数字导向的支撑和引领下，企业全员接受并尝试使用数字技术解决生产经营中的各类问题，利用数字技术改造落后产线或过时业务，从而起到降本提质增效的作用。但同时也要重视技术伦理问题，避免数字技术对安全和隐私造成负面影响（Vial，2019）。

在传统制造企业数字化转型成功的实例中，绝大多数企业坚持“一把手”统筹，自上而下的战略布局为企业更高效地开展数字化系列活动奠定基础，通过保持战略定力和变革力度助力数字化转型顺利落地（Lichtenthaler，2020）。例如，2015 年全棉时代在将数字化上升为战略之时，总经理李建全亲自参与数字化项目，并将核心业务骨干调入各个项目组，深耕几年后，企业数字化营销的实现让一朵棉花持续绽放。

第二，传统制造企业应当培养和加强自主学习意识，鼓励开展获得式学习和试错式学习，充分发挥二者在数字导向与企业数字化转型绩效之间的传导作用。

数字化情境下企业的转型与发展需要克服组织惯性力量（Mikalef 等，2021），恰如哥伦布所言“沿着旧地图，一定找不到新大陆”。因此突破旧有的行为模式，以积极的心态接受新兴事物并保持不断学习和自我迭代是传统制造企业数字化转型的不竭动力（肖静华，2020；Ruel 等，2021）。一方面，企业要积极搜寻行业内外先进的数字经验，通过建立合作伙伴关系、参与数字生态圈建设等多种渠道获取到其他企业参观学习的机会，在自身资源和能力受限的情况下鼓励采取“拿来主义”的学习模式，通过直接模仿、依附第三方数字平台、购买成熟的解决方案等方式将外部的数字资源复制或转移到企业内部。另一方面，受制造业细分行业差异大、产业链上中下游企业个性化、特色化发展态势等因素影响，制造企业的数字化转型不存在可以直接照搬照抄的模板。因此，相比获得式学习，企业更应重视并鼓励开展试错式学习。具体地，企业应当主动变更求稳保稳的发展理念，培育组织容错文化，保持理性试错的学习态度，鼓励全员正视并积极面对转型过程中出现的差错，在经验复盘与反思当中不断调整行为模式，摸索出有自身特色的数字化发展道路。此外，为减少试错过程中的资源损耗，企业应当建立内部的反馈循环机制，这种机制有益于企业快速地试错经验中筛选出有效知识并反复迭代，从而将资源最大化利用。

在传统制造企业数字化转型成功的实例中，绝大多数企业认同经验学习、模仿学习是企业从无到有开展数字化变革的关键一步（Mancha 和 Shankaranarayanan，2021），但也绝非一劳永逸，学习过程中更要强调因时制宜，在数字化实践工作中还应结合发展需要探寻出独一无二的数字化道路（张媛等，2022）。例如，酷特智能在数字化转型初期先后走访日本丰田、意大利阿玛尼等多家全球领先的制造企业，参观并学习大规模流水线的生产方式，为节约成本，酷特智能通过引进自动化悬挂牵引设备等直接获取的方式整合外部资源。但由于行业内缺少成熟可借鉴的数字化转型经验，酷特智能选择了小规模试点的方式，将一个工厂打造成专门的实验室，凭借多年来行业累积与多次试验迭代，实现了以定制为核心的大规模个性化生产模式，同时也成功打造了 C2M 商业生态，成为引领传统服装行业数字化转型的样本企业。

第三，传统制造企业应当加大内部数字化软件、硬件设施的投入，夯实数字化基础，为顺利开展组织学习进而实现数字化转型打造坚实底座。

随着数字技术在全球掀起科技浪潮，“新基建”也被推向一个全新的高度，已然成为促进国家数字经济发展的基础性建设（吴绪亮，2020）。同样地，在微观企业层面，数字基础设施也为加快数字化转型步伐提供资源和技术支撑（李晶和曹钰华，2022；张媛等，2022）。首先，企业应注重传统 IT 基础设施的升级改造工作，如通过打造数据中台来解决传统制造企业各部门、各系统之间相对独立且未曾建立有效数据联系的堵点问题，在统一的数据架构与数据标准下，满足企业数据获取、整合、分析、挖掘等需求，提升企业实施数字化转型的软硬件条件。其次，企业应重视数字技术的积累与掌握，如通过运用数字技术实现人机一体化、数据统一化、设备可视化，通过数字平台建设与治理提升平台吸引力和资源聚集力，提高组织间或组织内的沟通协作效率，从而降低互联互通成本，促进利益相关者之间的信息交换与资源共享，强大的资源基础是数字化转型顺利落地的有力保障。

在传统制造企业数字化转型成功的实例中，不少企业均表示数字基础设施建设能有效缩短企业间数字化水平差距，为企业间资源共享与合作创造良好的交流环境，降低转型过程中的隐性成本（陈楠等，2022）。以陕汽集团为例，企业一直以来都十分注重基础建设，近年来更是将建设“信息高速公路”打造成企业高质量发展的“金牌工程”。纵观整个数字化转型历程，其中最为首要也最为关键的便是基础建设阶段。同大多数传统制造企业一样，早期陕汽集团采用的多个信息化系统导致企业内部数据较为分散，引发的数据孤岛问题严重阻碍了企业数字化进程。此种情况下，企业清醒地认识到：只有改造信息基础设施的建设与应用模式，才能充分释放数据价值。这也是企业打赢数字化转型这场攻坚战、生存战的法宝。正是依托数据中台的建设，陕汽集团数字化转型战略顺利落地，实现了从传统制造到服务型制造的数字化全面升级。

第四，传统制造企业应当关注组织敏捷性的重要作用，打造敏捷型组织，为优化组织学习效果进而实现数字化转型提供有力保障。

数字经济时代，数字化技术和产品层出不穷，跨行业竞争者异军突起，搅动着市场格局。这些市场变化不断冲击着传统制造行业（杜勇等，2022），此时敏捷组织的优势得以彰显。敏捷性作为企业感知并响应外部环境变化的一种动态能力，也是数字化转型成功的基本保障（Teece 等，2016；AlNuaimi 等，2022）。首先，对外企业应培养和提升对市场竞争、客户需求等外部环境变化的洞察力，“看得准，看得透”将助力企业在不确定环境中寻找发展的确定性。一方面可以通过直接的市场调研、小范围试点等方式关注和预判行业发展与市场局势变动；另一方面可以借助数字化技术，通过搭建信息交流平台、客户互动平台等实现制造工厂与客户群体的直接对接，在带给客户优质体验的同时，也能及时收集客户反馈信息以进一步优化产品或服务。其次，对内企业应当积极调整组织结构，优化组织层级，加强跨部门之间的资源流动速率，从而提高上传下达的效率，实现高频次的精准沟通与实时调整。正所谓“知易行难”，对传统制造企业而言，接受新的价值创造方式、运营管理模式极具挑战（Rossi 等，2020）。因此，企业在响应数字营商环境变化时应刚柔并济，强化应时而动的业务调整能力，弱化对新知识、新技术、新业务的抵制行为，从而加速新旧业务融合发展，优化组织学习成效，保障企业数字化转型顺利实施落地。

在传统制造企业数字化转型成功的实例中，不少企业认同组织敏捷性是企业能够跟随 VUCA 环境变化不断调整革新但依旧能保持自我的关键，也为企业的数字化发展注入了成功基因（张娜等，2021）。例如，海尔在数智化新产品方面的创新灵感不只来自企业中高层管理人员，更多的则是根据一线员工所收集的客户信息反馈和与客户需求直接对接的数据平台。海尔智家副总裁、中国区总经理徐萌曾公开表示，“谁接近用户，谁就是用户首选”。以海尔水晶系列洗衣机的开发过程为例，维修和销售人员利用实际工作中的便利条件同客户进行深度交流，观察客户需求与偏好，再将信息及时反馈到产品开发人员，历经三年的调研、开发、试验，这一系列新产品一经上市便得到无数好评，为客户带来极致洗衣体验。

7.4 研究局限与未来展望

本书基于战略管理理论、组织学习理论、资源基础理论和动态能力理论，探索了数字导向对传统制造企业数字化转型绩效的影响，揭示了获得式学习和试错式学习在二者关系间的中介效应，以及数字基础设施和组织敏捷性的调节效应。研究结果在推动传统制造企业转型升级等方面具有一定的理论与实践意义。然而，研究中也存在一些局限，将在后续研究中予以改善，同时也引发对未来研究的思考。

第一，本书从战略视角出发，强调了传统制造企业数字化转型过程中战略引领的重要作用，明晰了数字导向对于提升企业数字化转型绩效的积极影响。但事实上，企业的数字化战略规划所包含的内容更加广泛，除了对于应用数字技术的战略布局，还包含了如数字人才培养、业务发展计划、数字文化建设等方面的内容（Eller 等，2020；Proksch 等，2021），仅从数字导向这个单一视角很难清楚地诠释战略对企业数字化转型的驱动作用。因此，未来研究可以尝试基于“TOE 框架”，即从技术（Technology）、组织（Organization）、环境（Environment）三个视角深入解析企业数字化转型过程中战略的引领作用。

第二，本书结合数字技术属性和数字化情境下企业呈现的学习特征，采用获得式学习和试错式学习的维度划分方式，重点探讨了两种学习模式在数字导向与企业数字化转型绩效之间的中介作用。但获得式学习与试错式学习两种学习模式既可能更替式发生，也可能同时存在，并且该观点在现有研究中也稍有体现（肖静华等，2021）。二者之间究竟存在怎样的关联关系？是相互促进还是相互抑制？这两种学习模式的相互作用又会如何影响企业数字化转型绩效？针对这些问题本书缺少深层次探索，对于数字化情境下组织学习的认知还不够全面。未来研究可围绕组织学习模式的选择、演化等问题，通过单案例或多案例研究的方法进行详尽的分析。

第三，本书基于资源基础理论和动态能力理论，分析了数字基础设施和组织敏捷性的调节作用，将数字化实践中传统制造企业表现出的数字基础薄弱、组织应变能力差的短板问题融入理论框架，是对理论结合实践的有益探索。然而，这两个调节因素均反映了企业自身的资源或能力。除此之外，如行业竞争压力、合作伙伴关系、数字生态嵌入等外部情境因素亦会影响企业的数字化转型效果（胡青，2020；李晶和曹钰华，2022）。未来可考虑将内、外的情境因素同时作为调节变量引入模型，从而更全面地揭示数字导向影响传统制造企业数字化转型绩效的边界条件。

第四，本书以传统制造企业为研究对象，在选取样本时参考赛迪顾问发布的《先进制造业百强市（2022）》研究报告和工信部最新公布的三批先进制造业集群决赛优胜名单，从“量”与“质”两方面划定浙江、山东、江苏、广东、吉林五个省份为调研区域，随后采用分层随机抽样的方法抽取样本。但仍旧存有一些缺憾：一方面，研究样本所处的大环境良好，在区域内数字化发展空间更广阔、数字化标杆企业起模范带头作用等有利因素的加持下，传统制造企业的数字化转型更容易取得积极成效（周青等，2020）。但实际上，我国不同地区数字经济发展存在较大差异，未来研究可以对企业所在地区的数字化发展水平进行高、中、低的等级划分，对比不同等级下制造企业数字化转型特征，以及数字导向对数字化转型绩效作用路径的差异来探寻新发现。另一方面，样本总量偏小，未来应尝试扩大样本量以增强研究结论的可靠性与准确性。

参考文献

[1] Aasi P, Grahns E, Geijer R, et al. Organizational aspects in achieving a successful digital transformation: Case of an ERP system change [J]. Information Systems, 2022, 437: 653-666.

[2] Aboobaker N, Zakkariya K A. Digital learning orientation and innovative behavior in the higher education sector: Effects of organizational learning culture and readiness for change [J]. International Journal of Educational Management, 2021, 35 (5): 1030-1047.

[3] Abrell T, Pihlajamaa M, Kanto L. The role of users and customers in digital innovation: Insights from B2B manufacturing firms [J]. Information & Management, 2016, 53 (3): 324-335.

[4] Agarwal R, Selen W. Dynamic capability building in service value networks for achieving service innovation [J]. Decision Sciences, 2009, 40 (3): 431-475.

[5] Alnuaimi B K, Singh S K, Ren S, et al. Mastering digital transformation: The nexus between leadership, agility, and digital strategy [J]. Journal of Business Research, 2022, 145: 636-648.

[6] Ambrosini V, Bowman C, Collier N. Dynamic capabilities: An exploration of how firms renew their resource base [J]. British Journal of Management, 2009, 20 (Suppl): S9-S24.

[7] Amit R, Han X. Value creation through novel resource configurations in a digitally enabled world [J]. Strategic Entrepreneurship Journal, 2017, 11 (3): 228-242.

[8] Amit R, Schoemaker P. Strategic assets and organizational rent [J]. Strategic Management Journal, 1993, 14 (1): 33-46.

[9] Andriole S J. Five myths about digital transformation [J]. MIT Sloan Management Review, 2019, 60 (2): 30-32.

[10] Anna-Theresa W. Organizational agility: Ill-defined and somewhat confusing? A systematic literature review and conceptualization [J]. Management Review Quarterly, 2021, 71 (2): 343-391.

[11] Annarelli A, Battistella C, Nonino F, et al. Literature review on digitalization capabilities: Co-citation analysis of antecedents, conceptualization and consequences [J]. Technological Forecasting and Social Change, 2021, 166 (C).

[12] Ardichvili A, Cardozo R, Ray S. A theory of entrepreneurial opportunity identification and development [J]. Journal of Business Venturing, 2003, 18 (1): 105-123.

[13] Ardito L, Raby S, Albino V, et al. The duality of digital and environmental orientations in the context of SMEs: Implications for innovation performance [J]. Journal of Business Research, 2021, 123: 44-56.

[14] Arend R J, Bromiley P. Assessing the dynamic capabilities view: Spare change, everyone? [J]. Strategic Organization, 2009, 7 (1): 75-90.

[15] Argyris C, Schön D A. Organizational learning: A theory of action perspective [M]. New York: Addison-Wesley, 1978: 344.

[16] Argyris C, Schön D A. Organizational learning: A theory of action perspective [J]. Revista Espanola de Investigaciones Sociológicas, 1997, 1 (77-78): 345-348.

[17] Arias-Pérez J, Vélez-Jaramillo J. Ignoring the three-way interaction of digital orientation, not-invented-here syndrome and employee's artificial intelligence awareness in digital innovation performance: A recipe for failure [J]. Technological Forecasting and Social Change, 2022, 174: 1-11.

[18] Arias-Pérez J, Velez-Ocampo J, Cepeda-Cardona J. Strategic orientation toward digitalization to improve innovation capability: Why knowledge acquisition and exploitation through external embeddedness matter [J]. Journal of Knowledge Management, 2021, 25 (5): 1319-1335.

[19] Autio E, Nambisan S, Thomas L D W, et al. Digital affordances, spatial affordances, and the genesis of entrepreneurial ecosystems [J]. Strategic Entrepreneurship Journal, 2018, 12 (1): 72-95.

[20] Badawy A M. Fast strategy: How strategic agility will help you stay ahead of the game [J]. Journal of Engineering and Technology Management, 2009, 26 (4): 342-344.

[21] Bahrami M A, Kiani M M, Montazeralfaraj R, et al. The mediating role of

organizational learning in the relationship of organizational intelligence and organizational agility [J]. Osong Public Health and Research Perspectives, 2016, 7 (3): 190-196.

[22] Baia E, Ferreira J J, Rodrigues R. Value and rareness of resources and capabilities as sources of competitive advantage and superior performance [J]. Knowledge Management Research & Practice, 2020, 18 (3): 249-262.

[23] Baker T, Nelson R E. Creating something from nothing: Resource construction through entrepreneurial bricolage [J]. Administrative Science Quarterly, 2005, 50 (3): 329-366.

[24] Banasiewicz A D. Organizational learning in the age of data [J]. Data and Information in Online Environments, 2020, 319: 64-78.

[25] Barney J. Firm resources and sustained competitive advantage [J]. Journal of Management, 1991, 17 (1): 99-120.

[26] Barney J B. Resource-based theories of competitive advantage: A ten-year retrospective on the resource-based view [J]. Journal of Management, 2001, 27 (6): 643-650.

[27] Barney J B, Arikan A M. The resource-based view: Origins and implications [C]//Hitt, M A., Freeman R E and Harrison J S. Blackwell Handbook of Strategic Management. New Jersey: Wiley-Blackwell, Hoboken, 2001: 124-188.

[28] Barney J B, Ketchen D J, Wright M. The future of resource-based theory: Revitalization or decline? [J]. Journal of Management, 2011, 37 (5): 1299-1315.

[29] Bendig D, Strese S, Flatten T C, et al. On micro-foundations of dynamic capabilities: A multi-level perspective based on CEO personality and knowledge-based capital [J]. Long Range Planning, 2018, 51 (6): 797-814.

[30] Bharadwaj A, El Sawy O A, Pavlou P A, et al. Digital business strategy: Toward a next generation of insights [J]. MIS Quarterly, 2013, 37 (2): 471-482.

[31] Björkdahl J. Strategies for digitalization in manufacturing firms [J]. California Management Review, 2020, 62 (4): 17-36.

[32] Blichfeldt H, Faullant R. Performance effects of digital technology adoption and product & service innovation-A process-industry perspective [J]. Technovation, 2021, 105: 102275.

[33] Bogers M, Chesbrough H, Heaton S, et al. Strategic management of open innovation: A dynamic capabilities perspective [J]. California Management Review, 2019, 62 (1): 77-94.

[34] Bresciani S, Huarng K-H, Malhotra A, et al. Digital transformation as a springboard for product, process and business model innovation [J]. Journal of Business Research, 2021, 128: 204-210.

[35] Brislin R W. Translation and content analysis of oral and written material [J]. Handbook of Cross-cultural Psychology, 1980, 2: 389-444.

[36] Bryman A, Bell E. Business research methods [M]. New York Oxford University Press, 2007: 786.

[37] Brynjolfsson E, Mcelheran K. The rapid adoption of data-driven decision-making [J]. American Economic Review, 2016, 106 (5): 133-139.

[38] Burchardt C, Maisch B. Digitalization needs a cultural change-examples of applying agility and open innovation to drive the digital transformation [C] . 29th Cirp Design Conference 2019, 2019: 112-117.

[39] Cangelosi V E, Dill W R. Organizational learning: Observations toward a theory [J]. Administrative Science Quarterly, 1965, 10 (2): 175-203.

[40] Cenamor J, Parida V, Wincent J. How entrepreneurial SMEs compete through digital platforms: The roles of digital platform capability, network capability and ambidexterity [J]. Journal of Business Research, 2019, 100: 196-206.

[41] Cepeda G, Vera D. Dynamic capabilities and operational capabilities: A knowledge management perspective [J]. Journal of Business Research, 2007, 60 (5): 426-437.

[42] Chakravarty A, Grewal R, Sambamurthy V. Information technology competencies, organizational agility, and firm performance: Enabling and facilitating roles [J]. Information Systems Research, 2013, 24 (4): 976-997.

[43] Chanias S, Myers M D, Hess T. Digital transformation strategy making in pre-digital organizations: The case of a financial services provider [J]. Journal of Strategic Information Systems, 2019, 28 (1): 17-33.

[44] Chung H, Yang Z, Huang P. How does organizational learning matter in strategic business performance? The contingency role of guanxi networking [J]. Journal of Business Research, 2015, 68 (6): 1216-1224.

[45] Ciampi F, Demi S, Magrini A, et al. Exploring the impact of big data analytics capabilities on business model innovation: The mediating role of entrepreneurial orientation [J]. Journal of Business Research, 2021, 123: 1-13.

[46] Cigularov K P, Chen P Y, Rosecrance J. The effects of error management climate and safety communication on safety: A multi-level study [J]. Accident Analy-

sis and Prevention, 2010, 42 (5): 1498-1506.

[47] Collis D J. Research note: How valuable are organizational capabilities? [J]. Strategic Management Journal, 1986, 15 (Suppl 1): 143-152.

[48] Constantinides P, Henfridsson O, Parker G G. Platforms and infrastructures in the digital age [J]. Information Systems Research, 2018, 29 (2): 381-400.

[49] Cooper R G, Sommer A F. From experience: The agile-stage-gate hybrid model: A promising new approach and a new research opportunity [J]. Journal of Product Innovation Management, 2016, 33 (5): 513-526.

[50] Cooper R N. Digital transformation: Survive and thrive in an era of mass extinction [J]. Foreign Affairs, 2019, 98 (6): 201.

[51] Correani A, De Massis A, Frattini F, et al. Implementing a digital strategy: Learning from the experience of three digital transformation projects [J]. California Management Review, 2020, 62 (4): 37-56.

[52] Corte-Real N, Oliveira T, Ruivo P. Assessing business value of Big Data Analytics in European firms [J]. Journal of Business Research, 2017, 70: 379-390.

[53] Crossan M M, Berdrow I. Organizational learning and strategic renewal [J]. Strategic Management Journal, 2003, 24 (11): 1087-1105.

[54] Crossan M M, Lane H W, White R E, et al. Organizational learning: Dimensions for a theory [J]. International Journal of Organizational Analysis, 1995, 3 (4): 337.

[55] Das T K, Teng B. A resource-based theory of strategic alliances [J]. Journal of Management, 2000, 26 (1): 31-61.

[56] Day G S. Closing the marketing capabilities gap [J]. Journal of Marketing, 2011, 75 (4): 183-195.

[57] Do T T, Mai N K. Review of empirical research on leadership and organizational learning [J]. Journal of Knowledge Management, 2020, 24 (5): 1201-1220.

[58] Dodgson M. Organizational learning: A review of some literatures [J]. Organization Studies, 1993, 14 (3): 375-394.

[59] Dong J, Yang C. Information technology and organizational learning in knowledge alliances and networks: Evidence from U. S. pharmaceutical industry [J]. Information & Management, 2015, 52 (1): 111-122.

[60] Dyer J H, Singh H. The relational view: Cooperative strategy and sources of interorganizational competitive advantage [J]. The Academy of Management Review,

1998, 23 (4): 660-679.

[61] Edwards J R, Lambert L S. Methods for integrating moderation and mediation: A general analytical framework using moderated path analysis [J]. Psychological Methods, 2007, 12 (1): 1-22.

[62] Eisenhardt K M. Building theories from case-study research [J]. The Academy of Management Review, 1989, 14 (4): 532-550.

[63] Eisenhardt K M, Graebner M E. Theory building from cases: Opportunities and challenges [J]. Academy of Management Journal, 2007, 50 (1): 25-32.

[64] Eisenhardt K M, Martin J A. Dynamic capabilities: What are they? [J]. Strategic Management Journal, 2000, 21 (10-11): 1105-1121.

[65] El Sawy O A, Kraemmergaard P, Amsinck H, et al. How LEGO built the foundations and enterprise capabilities for digital leadership [J]. MIS Quarterly Executive, 2016, 15 (2): 141-166.

[66] Elkjaer B. Taking stock of "Organizational Learning": Looking back and moving forward [J]. Management Learning, 2022, 53 (3): 582-604.

[67] Eller R, Alford P, Kallmünzer A, et al. Antecedents, consequences, and challenges of small and medium-sized enterprise digitalization [J]. Journal of Business Research, 2020, 112 (C): 119-127.

[68] Ellis S, Shpielberg N. Organizational learning mechanisms and managers' perceived uncertainty [J]. Human Relations, 2003, 56 (10): 1233-1254.

[69] Ethiraj S K, Gambardella A, Helfat C E. Theory in strategic management [J]. Strategic Management Journal, 2018, 39 (6): 1529.

[70] Ferreira J J M, Fernandes C I, Ferreira F a F. To be or not to be digital, that is the question: Firm innovation and performance [J]. Journal of Business Research, 2019, 101 (C): 583-590.

[71] Fitzgerald M, Kruschwitz N, Bonnet D, et al. Embracing digital technology: A new strategic imperative [J]. MIT Sloan Management Review, 2014, 55 (2): 1-12.

[72] Forman C, Van Zeebroeck N. Digital technology adoption and knowledge flows within firms: Can the Internet overcome geographic and technological distance? [J]. Research Policy, 2019, 48 (8): 1-16.

[73] Foss N J, Schmidt J, Teece D J. Ecosystem leadership as a dynamic capability [J]. Long Range Planning, 2022: 102270.

[74] Fowler F J. Improving survey questions : Design and evaluation [M]. Cali-

fornia: Sage Publications, 1995: 191.

[75] Frese M, Keith N. Action errors, error management, and learning in organizations [J]. Annual Review of Psychology, 2015, 66 (1): 661-687.

[76] Frishammar J, Soderholm P, Backstrom K, et al. The role of pilot and demonstration plants in technological development: Synthesis and directions for future research [J]. Technology Analysis & Strategic Management, 2015, 27 (1): 1-18.

[77] Galindo-Martín, Miguel-ngel, Castaño-Martínez, et al. Digital transformation, digital dividends and entrepreneurship: A quantitative analysis [J]. Journal of Business Research, 2019, 101 (C): 522-527.

[78] Garcia D L G, Strese S, Brinckmann J. Adjusting to the digital age: The effects of TMT characteristics on the digital orientation of firms [J]. Academy of Management Annual Meeting Proceedings, 2019, 2019 (1): 1.

[79] Garvin D A, Edmondson A C, Gino F. Is yours a learning organization? [J]. Harvard Business Review, 2019 (Special): 86-93.

[80] Gatignon H. Strategic orientation of the firm and new product performance [J]. Journal of Marketing Research, 1997, 34 (1): 77-90.

[81] George G, Haas M R, Pentland A. Big data and management: From the editors [J]. Academy of Management Journal, 2014, 57 (2): 321-326.

[82] Ghasemaghaei M, Calic G. Does big data enhance firm innovation competency? The mediating role of data-driven insights [J]. Journal of Business Research, 2019, 104: 69-84.

[83] Ghasemaghaei M, Hassanein K, Turel O. Increasing firm agility through the use of data analytics: The role of fit [J]. Decision Support Systems, 2017, 101: 95-105.

[84] Ghezzi A, Cavallo A. Agile business model innovation in digital entrepreneurship: Lean startup approaches [J]. Journal of Business Research, 2020, 110 (C): 519-537.

[85] Ghobakhloo M, Iranmanesh M. Digital transformation success under Industry 4.0: A strategic guideline for manufacturing SMEs [J]. Journal of Manufacturing Technology Management, 2021, 32 (8): 1533-1556.

[86] Girod S J G, Whittington R. Reconfiguration, restructuring and firm performance: Dynamic capabilities and environmental dynamism [J]. Strategic Management Journal, 2017, 38 (5): 1121-1133.

[87] Glaser B, Strauss A L. The discovery of grounded theory: Strategies for

qualitative research [J]. Nursing Research, 1968, 17 (4): 377-380.

[88] Golden P M, Donna A, A T L, et al. Strategic implementation as a core competency: The 5P's model [J]. Journal of Management Research, 2007, 7 (1): 3-17.

[89] Grant K, Edgar D, Sukumar A, et al. Risky business: Perceptions of e-business risk by UK small and medium sized enterprises (SMEs) [J]. International Journal of Information Management, 2014, 34 (2): 99-122.

[90] Grant R M. The resource-based theory of competitive advantage: Implications for strategy formulation [J]. California Management Review, 1991, 33 (3): 114.

[91] Guo H, Wang C, Su Z, et al. Technology push or market pull? Strategic orientation in business model design and digital start-up performance [J]. Journal of Product Innovation Management, 2020, 37 (4): 352-372.

[92] Gurbaxani V, Dunkle D. Gearing up for successful digital transformation [J]. MIS Quarterly Executive, 2019, 18 (3): 209-220.

[93] Hübel C, Weissbrod I, Schaltegger S C. Strategic alliances for corporate sustainability innovation: The "how" and "when" of learning processes [J]. Long Range Planning, 2022.

[94] Hamel G. Competition for competence and inter-partner learning within international strategic alliances [J]. Strategic Management Journal, 1991, 12: 83-103.

[95] Hanelt A, Bohnsack R, Marz D, et al. A systematic review of the literature on digital transformation: Insights and implications for strategy and organizational change [J]. The Journal of Management Studies, 2021, 58 (5): 1159-1197.

[96] Hayes A F. Introduction to mediation, moderation, and conditional process analysis: A regression-based approach (Methodology in the social sciences) [M]. New York: The Guilford Press, 2013: 508.

[97] He Z-L, Wong P-K. Exploration vs. exploitation: An empirical test of the ambidexterity hypothesis [J]. Organization Science, 2004, 15 (4): 481-494.

[98] Helfat C E, Peteraf M A. Understanding dynamic capabilities: Progress along a developmental path [J]. Strategic Organization, 2009, 7 (1): 91-102.

[99] Helfat C E, Peteraf M A. Managerial cognitive capabilities and the microfoundations of dynamic capabilities [J]. Strategic Management Journal, 2015, 36 (6): 831-850.

[100] Helfat C E, Peteraf M A. The dynamic resource-based view: Capability lifecycles [J]. Strategic Management Journal, 2003, 24 (10Special): 997-1010.

[101] Helfat C E, Raubitschek R S. Dynamic and integrative capabilities for profiting from innovation in digital platform-based ecosystems [J]. Research Policy, 2018, 47 (8): 1391-1399.

[102] Helfat C E, Raubitschek R S. Product sequencing: Co-evolution of knowledge, capabilities and products [J]. Strategic Management Journal, 2000, 21 (10-11): 961-979.

[103] Henfridsson O, Bygstad B. The generative mechanisms of digital infrastructure evolution [J]. MIS Quarterly, 2013, 37 (3): 907-A5.

[104] Hess T, Matt C, Benlian A, et al. Options for formulating a digital transformation strategy [J]. MIS Quarterly Executive, 2016, 15 (2): 1-2.

[105] Hitt M A, Xu K, Carnes C M. Resource based theory in operations management research [J]. Journal of Operations Management, 2016, 41: 77-94.

[106] Hoe S L. Information technology and organizational learning-managing behavioral change in the digital age [J]. The Learning Organization, 2021, 28 (6): 569-571.

[107] Hong J, Liao Y, Zhang Y, et al. The effect of supply chain quality management practices and capabilities on operational and innovation performance: Evidence from Chinese manufacturers [J]. International Journal of Production Economics, 2019, 212: 227-235.

[108] Hooi L W, Ngui K S. Enhancing organizational performance of Malaysian SMEs: The role of HRM and organizational learning capability [J]. International Journal of Manpower, 2014, 35 (7): 973-995.

[109] Huang J, Henfridsson O, Liu M, et al. Growing on steroids: Rapidly scaling the user base of digital ventures through digital innovation [J]. MIS Quarterly, 2017, 41 (1): 301-314.

[110] Huber G P. Organizational learning: The contributing processes and the literatures [J]. Organization Science, 1991, 2 (1Special): 88-115.

[111] Hult G T M, Ferrell O C. Global organizational learning capacity in purchasing: Construct and measurement [J]. Journal of Business Research, 1997, 40 (2): 97-111.

[112] Jenkins A S, Wiklund J, Brundin E. Individual responses to firm failure: Appraisals, grief, and the influence of prior failure experience [J]. Journal of Busi-

ness Venturing, 2014, 29 (1): 17-33.

[113] Jeong I, Shin S. High-performance work practices and organizational creativity during organizational change: A collective learning perspective [J]. Journal of Management, 2019, 45 (3): 909-925.

[114] Jerez-Gómez P, Céspedes-Lorente J, Valle-Cabrera R. Organizational learning capability: A proposal of measurement [J]. Journal of Business Research, 2005, 58 (6): 715-725.

[115] Jiao H, Alon I, Koo C, et al. When should organizational change be implemented? The moderating effect of environmental dynamism between dynamic capabilities and new venture performance [J]. Journal of Engineering and Technology Management 2013, 30 (2): 188-205.

[116] Jimenez-Jimenez D, Sanz-Valle R. Innovation, organizational learning, and performance [J]. Journal of Business Research, 2011, 64 (4): 408-417.

[117] Jones P, Simmons G, Packham G, et al. An exploration of the attitudes and strategic responses of sole-proprietor micro-enterprises in adopting information and communication technology [J]. International Small Business Journal, 2014, 32 (3): 285-306.

[118] Kallinikos J, Aaltonen A, Marton A. The ambivalent ontology of digital artifacts [J]. MIS Quarterly, 2013, 37 (2): 357-370.

[119] Karimi J, Walter Z. The role of dynamic capabilities in responding to digital disruption: A factor-based study of the newspaper industry [J]. Journal of Management Information Systems, 2015, 32 (1): 39-81.

[120] Katayama H, Bennett D. Agility, adaptability and leanness: A comparison of concepts and a study of practice [J]. International Journal of Production Economics, 1999, 60-61: 43-51.

[121] Khin S, Ho T C. Digital technology, digital capability and organizational performance: A mediating role of digital innovation [J]. International Journal of Innovation Science, 2019, 11 (2): 177-195.

[122] Killen C P, Jugdev K, Drouin N, et al. Advancing project and portfolio management research: Applying strategic management theories [J]. International Journal of Project Management, 2012, 30 (5): 525-538.

[123] Kim D. The link between individual and organizational learning [J]. Sloan Management Review, 1993, 35 (1): 37-50.

[124] Kindermann B, Beutel S, Lomana G G D, et al. Digital orientation:

Conceptualization and operationalization of a new strategic orientation [J]. European Management Journal, 2021, 39 (5): 645-657.

[125] Klammer A, Gueldenberg S, Kraus S, et al. To change or not to change-antecedents and outcomes of strategic renewal in SMEs [J]. International Entrepreneurship and Management Journal, 2017, 13 (3): 739-756.

[126] Kogan K, El Ouardighi F, Herbon A. Production with learning and forgetting in a competitive environment [J]. International Journal of Production Economics, 2017, 189: 52-62.

[127] Kohli R, Melville N P. Digital innovation: A review and synthesis [J]. Information Systems Journal, 2019, 29 (1): 200-223.

[128] Kozanoglu D C, Abedin B. Understanding the role of employees in digital transformation: Conceptualization of digital literacy of employees as a multi-dimensional organizational affordance [J]. Journal of Enterprise Information Management, 2021, 34 (6): 1649-1672.

[129] Kraaijenbrink J, Groen A J. The resource-based view: A review and assessment of its critiques [J]. Journal of Management, 2010, 36 (1): 349-372.

[130] Lavie D, Rosenkopf L. Balancing exploration and exploitation in alliance formation [J]. Academy of Management Journal, 2006, 49 (4): 797-818.

[131] Lavikka R, Kallio J, Casey T, et al. Digital disruption of the AEC industry: Technology-oriented scenarios for possible future development paths [J]. Construction Management and Economics, 2018, 36 (11): 635-650.

[132] Ledesma-Chaves P, Arenas-Gaitán J, Garcia-Cruz R. International expansion: Mediation of dynamic capabilities [J]. Marketing Intelligence & Planning, 2020, 38 (5): 637-652.

[133] Lee E, Puranam P. The implementation imperative: Why one should implement even imperfect strategies perfectly [J]. Strategic Management Journal, 2016, 37 (8): 1529-1546.

[134] Lee O, Sambamurthy V, Lim K, et al. How does IT ambidexterity impact organizational agility? [J]. Information Systems Research, 2015, 26 (2): 398-417.

[135] Lei S, Zhang X, Liu H. Digital technology adoption, digital dynamic capability, and digital transformation performance of textile industry: Moderating role of digital innovation orientation [J]. Managerial and Decision Economics, 2022, 43 (6): 2038-2054.

[136] Li L, Su F, Zhang W, et al. Digital transformation by SME entrepre-

neurs: A capability perspective [J]. Information Systems Journal, 2018, 28 (6): 1129-1157.

[137] Li Y, Huang J. Exploitative and exploratory learning in transactive memory systems and project performance [J]. Information & Management, 2013, 50 (6): 304-313.

[138] Lichtenthaler U. Building blocks of successful digital transformation: Complementing technology and market issues [J]. International Journal of Innovation & Technology Management, 2020, 17 (1): 2050004.

[139] Lin C-T, Chiu H, Tseng Y-H. Agility evaluation using fuzzy logic [J]. International Journal of Production Economics, 2006, 101 (2): 353-368.

[140] Lin H, Qu T, Hu Y. How do organizational routines paradoxically affect organizational innovation? [J]. European Journal of Innovation Management, 2021, 24 (4): 1400-1429.

[141] Lindgren S. Digital media and society [M]. London: Sage Publication, 2017: 320.

[142] Liu D, Chen S, Chou T. Resource fit in digital transformation: Lessons learned from the CBC bank global e-banking project [J]. Management Decision, 2011, 49 (10): 1728-1742.

[143] Liu H, Wei S, Ke W, et al. The configuration between supply chain integration and information technology competency: A resource orchestration perspective [J]. Journal of Operations Management, 2016, 44 (1): 13-29.

[144] Liu J, Chang H, Forrest J Y-L, et al. Influence of artificial intelligence on technological innovation: Evidence from the panel data of china's manufacturing sectors [J]. Technological Forecasting and Social Change, 2020, 158: 120142.

[145] Llopis-Albert C, Rubio F, Valero F. Impact of digital transformation on the automotive industry [J]. Technological Forecasting and Social Change, 2021, 162:120343.

[146] Lowry P, Wilson D. Creating agile organizations through IT: The influence of internal IT service perceptions on IT service quality and IT agility [J]. Journal of Strategic Information Systems, 2016, 25 (3): 211-226.

[147] Lu Y, Ramamurthy K. Understanding the link between information technology capability and organizational agility: An empirical examination [J]. MIS Quarterly, 2011, 35 (4): 931-954.

[148] Luo Y. Dynamic capabilities in international expansion [J]. Journal of

World Business, 2000, 35 (4): 355-378.

[149] Mahoney J T, Pandian J R. The resource-based view within the conversation of strategic management [J]. Strategic Management Journal, 1992, 13 (5): 363-380.

[150] Majchrzak A, Markus M L, Wareham J. Designing for digital transformation: Lessons for information systems research from the study of ICT and societal challenges [J]. MIS Quarterly, 2016, 40 (2): 267-278.

[151] Makadok R, Burton R, Barney J. A practical guide for making theory contributions in strategic management [J]. Strategic Management Journal, 2018, 39 (6): 1530-1545.

[152] Malhotra A, Gosain S, El Sawy O A. Absorptive capacity configurations in supply chains: Gearing for partner-enabled market knowledge creation [J]. MIS Quarterly, 2005, 29 (1): 145-187.

[153] Mancha R, Shankaranarayanan G. Making a digital innovator: Antecedents of innovativeness with digital technologies [J]. Information Technology & People, 2021, 34 (1): 318-335.

[154] Mao H, Liu S, Zhang J. How the effects of IT and knowledge capability on organizational agility are contingent on environmental uncertainty and information intensity [J]. Information Development, 2015, 31 (4): 358-382.

[155] Maravilhas S, Martins J. Strategic knowledge management a digital environment: Tacit and explicit knowledge in Fab Labs [J]. Journal of Business Research, 2019, 94: 353-359.

[156] Matarazzo M, Penco L, Profumo G, et al. Digital transformation and customer value creation in Made in Italy SMEs: A dynamic capabilities perspective [J]. Journal of Business Research, 2021, 123: 642-656.

[157] Matt C, Hess T, Benlian A. Digital transformation strategies [J]. Business & Information Systems Engineering, 2015, 57 (5): 339-343.

[158] Migdadi M M. Organizational learning capability, innovation and organizational performance [J]. European Journal of Innovation Management, 2020, 24 (1): 151-172.

[159] Mikalef P, Van De Wetering R, Krogstie J. Building dynamic capabilities by leveraging big data analytics: The role of organizational inertia [J]. Information & Management, 2021, 58 (6): 103412.

[160] Morawiec P, Sotysik-Piorunkiewicz A. Knowledge management signifi-

cance in agile organization in lights of COVID-19 pandemic changes [J]. Information Systems, 2022, 437: 705-722.

[161] Morgan T, Anokhin S A, Wincent J. New service development by manufacturing firms: Effects of customer participation under environmental contingencies [J]. Journal of Business Research, 2019, 104: 497-505.

[162] Murawski M, Bick M. Digital competences of the workforce - a research topic? [J]. Business Process Management Journal, 2017, 23 (3): 721-734.

[163] Murray P, Moses M. The centrality of teams in the organisational learning process [J]. Management Decision, 2005, 43 (9): 1186-1202.

[164] Nadeem A, Abedin B, Cerpa N, et al. Editorial: Digital transformation & digital business strategy in electronic commerce - The role of organizational capabilities [J]. Journal of Theoretical & Applied Electronic Commerce Research, 2018, 13 (2): Ⅰ-Ⅷ.

[165] Nair A, Judge W. Review of "The theory of the growth of the firm" [J]. Academy of Management Review, 2008, 33 (4): 1026-1028.

[166] Nambisan S. Digital entrepreneurship: Toward a digital technology perspective of entrepreneurship [J]. Entrepreneurship: Theory & Practice, 2017, 41 (6): 1029-1055.

[167] Nambisan S, Lyytinen K, Majchrzak A, et al. Digital innovation management: Reinventing innovation management research in a digital world [J]. MIS Quarterly, 2017, 41 (1): 223-238.

[168] Nasiri M, Saunila M, Ukko J. Digital orientation, digital maturity, and digital intensity: Determinants of financial success in digital transformation settings [J]. International Journal of Operations & Production Management, 2022, 42 (13): 274-298.

[169] Nevis E C, Dibella A J, Gould J M. Understanding organizations as learning systems [J]. Sloan Management Review, 1995, 36 (2): 73-85.

[170] Newbert S L. New firm formation: A dynamic capability perspective [J]. Journal of Small Business Management, 2005, 43 (1): 55-77.

[171] Niemand T, Rigtering J P C, Kallmünzer A, et al. Digitalization in the financial industry: A contingency approach of entrepreneurial orientation and strategic vision on digitalization [J]. European Management Journal, 2021, 39 (3): 317-326.

[172] Nijssen M, Paauwe J. HRM in turbulent times: How to achieve organizational agility? [J]. International Journal of Human Resource Management, 2012, 23

(16): 3315-3335.

[173] Noble C H, Sinha R K, Kumar A. Market orientation and alternative strategic orientations: A longitudinal assessment of performance implications [J]. Journal of Marketing, 2002, 66 (4): 25-39.

[174] Nwankpa J K, Roumani Y, Datta P. Process innovation in the digital age of business: The role of digital business intensity and knowledge management [J]. Journal of Knowledge Management, 2022, 26 (5): 1319-1341.

[175] O'cass A, Weerawardena J. The effects of perceived industry competitive intensity and marketing-related capabilities: Drivers of superior brand performance [J]. Industrial Marketing Management, 2010, 39 (4): 571-581.

[176] Obeso M, Hernández-Linares R, López-Fernández M C, et al. Knowledge management processes and organizational performance: The mediating role of organizational learning [J]. Journal of Knowledge Management, 2020, 24 (8): 1859-1880.

[177] Oosterhout M V, Waarts E, Hillegersberg J V. Change factors requiring agility and implications for IT [J]. European Journal of Information Systems, 2006, 15 (2): 132-145.

[178] Overby E, Bharadwaj A, Sambamurthy V. Enterprise agility and the enabling role of information technology [J]. European Journal of Information Systems, 2006, 15 (2): 120-131.

[179] Patky J. The influence of organizational learning on performance and innovation: A literature review [J]. Journal of Workplace Learning, 2020, 32 (3): 229-242.

[180] Pavlou P A, El Sawy O A. Understanding the elusive black box of dynamic capabilities [J]. Decision Sciences, 2011, 42 (1): 239-273.

[181] Pedler M, Burgoyne J G. Is the learning organisation still alive? [J]. Learning Organization, 2017, 24 (2): 119-126.

[182] Pergelova A, Manolova T, Simeonova-Ganeva R, et al. Democratizing entrepreneurship? Digital technologies and the internationalization of female-led SMEs [J]. Journal of Small Business Management, 2019, 57 (1): 14-39.

[183] Peteraf M A. The cornerstones of competitive advantage: A resource-based view [J]. Strategic Management Journal, 1993, 14 (3): 179-191.

[184] Podsakoff P M, Mackenzie S B, Lee J-Y, et al. Common method biases in behavioral research: A critical review of the literature and recommended remedies

[J]. Journal of Applied Psychology, 2003, 88 (5): 879-903.

[185] Porter M E. The contributions of industrial organization to strategic management [J]. The Academy of Management Review, 1981, 6 (4): 609-620.

[186] Proksch D, Rosin A F, Stubner S, et al. The influence of a digital strategy on the digitalization of new ventures: The mediating effect of digital capabilities and a digital culture [J]. Journal of Small Business Management, 2022, 62 (1): 1-29.

[187] Quinton S, Canhoto A, Molinillo S, et al. Conceptualising a digital orientation: Antecedents of supporting SME performance in the digital economy [J]. Journal of Strategic Marketing, 2018, 26 (5): 427-439.

[188] Rashidirad M, Soltani E, Salimian H. "Reductionistic" and "Holistic" views of resource-based theory: A review of the literature [J]. Strategic Change, 2015, 24 (6): 509-525.

[189] Ravichandran T. Exploring the relationships between IT competence, innovation capacity and organizational agility [J]. Journal of Strategic Information Systems, 2018, 27 (1): 22-42.

[190] Rerup C, Feldman M S. Routines as a source of change in organizational schemata: The role of trial-and-error learning [J]. Academy of Management Journal, 2011, 54 (3): 577-610.

[191] Reuschl A J, Deist M K, Maalaoui A. Digital transformation during a pandemic: Stretching the organizational elasticity [J]. Journal of Business Research, 2022, 144: 1320-1332.

[192] Rialti R, Marzi G, Silic M, et al. Ambidextrous organization and agility in big data era: The role of business process management systems [J]. Business Process Management Journal, 2018, 24 (5): 1091-1109.

[193] Rittera T, Pedersenab C L. Digitization capability and the digitalization of business models in business-to-business firms: Past, present, and future [J]. Industrial Marketing Management, 2020, 86: 180-190.

[194] Rossia M, Nandhakumarb J, Mattilaa M. Balancing fluid and cemented routines in a digital workplace [J]. The Journal of Strategic Information Systems, 2020, 29 (2): 101616.

[195] Ruel H, Rowlands H, Njoku E. Digital business strategizing: The role of leadership and organizational learning [J]. Competitiveness Review, 2021, 31 (1): 145-161.

[196] Rupeika-Apoga R, Petrovska K, Bule L. The effect of digital orientation

and digital capability on digital transformation of SMEs during the COVID-19 pandemic [J]. Journal of Theoretical and Applied Electronic Commerce Research, 2022, 17 (35): 669-685.

[197] Sánchez M A, Zuntini J I. Organizational readiness for the digital transformation: A case study research [J]. Revista Gestão & Tecnologia, 2018, 18 (2): 70-99.

[198] Sambamurthy V, Bharadwaj A, Grover V. Shaping agility through digital options: Reconceptualizing the role of information technology in contemporary firms [J]. MIS Quarterly: Management Information Systems, 2003, 27 (2): 237-264.

[199] Sanz-Valle R, Naranjo-Valencia J C, Jiménez-Jiménez D, et al. Linking organizational learning with technical innovation and organizational culture [J]. Journal of Knowledge Management, 2011, 15 (6): 997-1015.

[200] Schilling J, Kluge A. Barriers to organizational learning: An integration of theory and research [J]. International Journal of Management Reviews, 2009, 11 (3): 337-360.

[201] Schiuma G, Schettini E, Santarsiero F, et al. The transformative leadership compass: Six competencies for digital transformation entrepreneurship [J]. International Journal of Entrepreneurial Behavior & Research, 2022, 28 (5): 1273-1291.

[202] Schmitt A, Raisch S, Volberda H. Strategic renewal: Past research, theoretical tensions and future challenges [J]. International Journal of Management Reviews, 2018, 20 (1): 81-98.

[203] Schweiger S A, Stettler T R, Baldauf A, et al. The complementarity of strategic orientations: A meta-analytic synthesis and theory extension [J]. Strategic Management Journal, 2019, 40 (11): 1822-1851.

[204] Siachou E, Vrontis D, Trichina E. Can traditional organizations be digitally transformed by themselves? The moderating role of absorptive capacity and strategic interdependence [J]. Journal of Business Research, 2021, 124: 408-421.

[205] Singh A, Hess T. How chief digital officers promote the digital transformation of their companies [J]. MIS Quarterly Executive, 2017, 16 (1): 1-17.

[206] Sinkula J M, Baker W E, Noordewier T. A framework for market-based organizational learning: Linking values, knowledge, and behavior [J]. Journal of the Academy of Marketing Science, 1997, 25 (4): 305-318.

[207] Sirmon D G, Hitt M A, Ireland R D. Managing firm resources in dynamic

environments to create value: Looking inside the black box [J]. The Academy of Management Review, 2007, 32 (1): 273-292.

[208] Sirmon D G, Hitt M A, Ireland R D, et al. Resource orchestration to create competitive advantage: Breadth, depth, and life cycle effects [J]. Journal of Management, 2011, 37 (5): 1390-1412.

[209] Sjödin D, Parida V, Kohtamäki M, et al. An agile co-creation process for digital servitization: A micro-service innovation approach [J]. Journal of Business Research, 2020, 112 (C): 478-491.

[210] Slater S, Olson E M, Hult G T M. The moderating influence of strategic orientation on the strategy formation capability-performance relationship [J]. Strategic Management Journal, 2006, 27 (12): 1221-1231.

[211] Smith P, Beretta M. The gordian knot of practicing digital transformation: Coping with emergent paradoxes in ambidextrous organizing structures [J]. Journal of Product Innovation Management, 2021, 38 (1): 166-191.

[212] Solberg E, Traavik L E M, Wong S I. Digital mindsets: Recognizing and leveraging individual beliefs for digital transformation [J]. California Management Review, 2020, 62 (4): 105-124.

[213] Soomro B A, Mangi S, Shah N. Strategic factors and significance of organizational innovation and organizational learning in organizational performance [J]. European Journal of Innovation Management, 2020, 24 (2): 481-506.

[214] Sousa-Zomer T T, Neely A, Martinez V. Digital transforming capability and performance: A microfoundational perspective [J]. International Journal of Operations & Production Management, 2020, 40 (7-8): 1095-1128.

[215] Sousa M J, Rocha A. Digital learning: developing skills for digital transformation of organizations [J]. Future Generation Computer Systems, 2019, 91: 327-334.

[216] Stornelli A, Ozcan S, Simms C. Advanced manufacturing technology adoption and innovation: A systematic literature review on barriers, enablers, and innovation types [J]. Research Policy, 2021, 50 (6): 104229.

[217] Strobl A, Bauer F, Degischer D. Contextualizing deliberate learning from acquisitions: The role of organizational and target contexts [J]. Journal of Business Research, 2022, 139: 194-207.

[218] Suoniemi S, Meyer-Waarden L, Munzel A. Big data and firm performance: The roles of market-directed capabilities and business strategy [J]. Information

& Management, 2020, 57 (7): 103365.

[219] Tahirsylaj A S. Stimulating creativity and innovation through intelligent fast failure [J]. Thinking Skills and Creativity, 2012, 7 (3): 265-270.

[220] Tallon P P, Pinsonneault A. Competing perspectives on the link between strategic information technology alignment and organizational agility: Insights from a mediation model [J]. MIS Quarterly, 2011, 35 (2): 463-486.

[221] Teece D, Peteraf M, Leih S. Dynamic capabilities and organizational agility [J]. California Management Review, 2016, 58 (4): 13-35.

[222] Teece D J. Explicating dynamic capabilities: The nature and microfoundations of (sustainable) enterprise performance [J]. Strategic Management Journal, 2007, 28 (13): 1319-1350.

[223] Teece D J, Pisano G, Shuen A. Dynamic capabilities and strategic management [J]. Strategic Management Journal, 1997, 18 (7): 509-533.

[224] Tilson D, Lyytinen K, Sørensen C. Digital infrastructures: The missing IS research agenda [J]. Information Systems Research, 2010, 21 (4): 748-759.

[225] Tortorella G L, Cawley Vergara A M, Garza-Reyes J A, et al. Organizational learning paths based upon industry 4.0 adoption: An empirical study with Brazilian manufacturers [J]. International Journal of Production Economics, 2020, 219: 284-294.

[226] Tortorella G L, Marodin G A, Fogliatto F S, et al. Learning organisation and human resources management practices: An exploratory research in medium-sized enterprises undergoing a lean implementation [J]. International Journal of Production Research, 2015, 53 (13): 3989-4000.

[227] Trigeorgis L, Reuer J J. Real options theory in strategic management [J]. Strategic Management Journal, 2017, 38 (1): 42-63.

[228] Tsiavos V, Kitsios F. Technology as driver, enabler and barrier of digital transformation: A review [J]. Information Systems, 2022, 437: 681-693.

[229] Tsou H-T, Chen J-S. How does digital technology usage benefit firm performance? Digital transformation strategy and organisational innovation as mediators [J]. Technology Analysis & Strategic Management, 2023, 35 (9): 1114-1127.

[230] Usai A, Fiano F, Petruzzelli A M, et al. Unveiling the impact of the adoption of digital technologies on firms' innovation performance [J]. Journal of Business Research, 2021, 133: 327-336.

[231] Valaei N, Rezaei S, Ismail W K W. Examining learning strategies, crea-

tivity, and innovation at SMEs using fuzzy set Qualitative Comparative Analysis and PLS path modeling [J]. Journal of Business Research, 2017, 70: 224-233.

[232] Verhoef P C, Broekhuizen T, Bart Y, et al. Digital transformation: A multidisciplinary reflection and research agenda [J]. Journal of Business Research, 2021, 122: 889-901.

[233] Vial G. Understanding digital transformation: A review and a research agenda [J]. Journal of Strategic Information Systems, 2019, 28 (2): 118-144.

[234] Vinodh S, Aravindraj S, Pushkar B, et al. Estimation of reliability and validity of agility constructs using structural equation modelling [J]. International Journal of Production Research, 2012, 50 (23): 6737-6745.

[235] Volberda H W, Khanagha S, Baden-Fuller C, et al. Strategizing in a digital world: Overcoming cognitive barriers, reconfiguring routines and introducing new organizational forms [J]. Long Range Planning, 2021, 54 (5): 1-18.

[236] Von Briel F, Davidsson P, Recker J. Digital technologies as external enablers of new venture creation in the IT hardware sector [J]. Entrepreneurship Theory and Practice, 2018, 42 (1): 47-69.

[237] Wamba S F. Impact of artificial intelligence assimilation on firm performance: The mediating effects of organizational agility and customer agility [J]. International Journal of Information Management, 2022, 67: 102544.

[238] Wang C L, Senaratne C, Rafiq M. Success traps, dynamic capabilities and firm performance [J]. British Journal of Management, 2015, 26 (1): 26-44.

[239] Wang Y-L, Ellinger A D. Organizational learning perception of external environment and innovation performance [J]. International Journal of Manpower, 2011, 32 (5-6): 512-536.

[240] Warner K S R, Wäger M. Building dynamic capabilities for digital transformation: An ongoing process of strategic renewal [J]. Long Range Planning, 2019, 52 (3): 326-349.

[241] Watad M. Organizational learning and change: Can they coexist? [J]. Business Process Management Journal, 2019, 25 (5): 1070-1084.

[242] Wei Z, Yi Y, Guo H. Organizational learning ambidexterity, strategic flexibility, and new product development [J]. Journal of Product Innovation Management, 2014, 31 (4): 832-847.

[243] Weinzimmer L G, Esken C A. Learning from mistakes: How mistake tolerance positively affects organizational learning and performance [J]. The Journal of

Applied Behavioral Science, 2017, 53 (3): 322-348.

[244] Wernerfelt B. A resource-based view of the firm [J]. Strategic Management Journal, 1984, 5 (2): 171-180.

[245] Westerman G, Bonnet D. Revamping your business through digital transformation [J]. MIT Sloan Management Review, 2015, 56 (3): 10-13.

[246] Winter S G. Understanding dynamic capabilities [J]. Strategic Management Journal, 2003, 24 (10Special): 991-995.

[247] Wong P, Cheung S, Leung K. Moderating effect of organizational learning type on performance improvement [J]. Journal of Management in Engineering, 2008, 24 (3): 162-172.

[248] Wu I, Chen J. Knowledge management driven firm performance: The roles of business process capabilities and organizational learning [J]. Journal of Knowledge Management, 2014, 18 (6): 1141-1164.

[249] Wu T, Chen B, Shao Y, et al. Enable digital transformation: entrepreneurial leadership, ambidextrous learning and organisational performance [J]. Technology Analysis & Strategic Management, 2021, 33 (12): 1389-1403.

[250] Xiao J, Wu Y, Xie K, et al. Managing the e-commerce disruption with IT-based innovations: Insights from strategic renewal perspectives [J]. Information and Management, 2019, 56 (1): 122-139.

[251] Yin R K. Case study research: Design and methods [M]. California: Sage Publications, 2013.

[252] Yoo Y, Henfridsson O, Lyytinen K. The new organizing logic of digital innovation: An agenda for information systems research [J]. Information Systems Research, 2010, 21 (4): 724-735.

[253] Yusuf Y Y, Sarhadi M, Gunasekaran A. Agile manufacturing: The drivers, concepts and attributes [J]. International Journal of Production Economics, 1999, 62 (1-2): 33-43.

[254] Zaharee M, Abad L B, Chandra P, et al. How companies can benefit from brilliant failures despite the stigma surrounding failure, companies can use failure to learn, pivot, and achieve success-thus failing "brilliantly" [J]. Research-Technology Management, 2021, 64 (2): 31-38.

[255] Zappa P, Robins G. Organizational learning across multi-level networks [J]. Social Networks, 2016, 44: 295-306.

[256] Zeebroeck N V, Kretschmer T, Bughin J. Digital "is" strategy: The role

of digital technology adoption in strategy renewal [J]. IEEE Transactions on Engineering Management, 2023, 70 (9): 3183-3197.

[257] Zhang Z, Sharifi H. Towards theory building in agile manufacturing strategy—A taxonomical approach [J]. IEEE Transactions on Engineering Management, 2007, 54 (2): 351-370.

[258] Zhao B. Learning from errors: The role of context, emotion, and personality [J]. Journal of Organizational Behavior, 2011, 32 (3): 435-463.

[259] Zhao B, Lu Y, Wang X, et al. Challenge stressors and learning from failure: The moderating roles of emotional intelligence and error management culture [J]. Technology Analysis & Strategic Management, 2024, 36 (2): 238-251.

[260] Zhao Y, Li Y, Lee S, et al. Entrepreneurial orientation, organizational learning, and performance: Evidence from China [J]. Entrepreneurship: Theory & Practice, 2011, 35 (2): 293-317.

[261] Zheng S, Zhang W, Wu X, et al. Knowledge-based dynamic capabilities and innovation in networked environments [J]. Journal of Knowledge Management, 2011, 15 (6): 1035-1051.

[262] Zhou K Z, Li C B. How does strategic orientation matter in Chinese firms? [J]. Asia Pacific Journal of Management, 2007, 24 (4): 447-466.

[263] Zhou K Z, Yim C K, Tse D K. The effects of strategic orientations on technology-and market-based breakthrough innovations [J]. Journal of Marketing, 2005, 69 (2): 42-60.

[264] Zhou S, Qiao Z, Du Q, et al. Measuring customer agility from online reviews using big data text analytics [J]. Journal of Management Information Systems, 2018, 35 (2): 510-539.

[265] 钱雨，孙新波，孙浩博等．数字化时代敏捷组织的构成要素、研究框架及未来展望 [J]. 研究与发展管理，2021，33：58-74.

[266] 宝贡敏，龙思颖．企业动态能力研究：最新述评与展望 [J]. 外国经济与管理，2015，37 (7)：74-87.

[267] 蔡莉，杨亚倩，卢珊等．数字技术对创业活动影响研究回顾与展望 [J]. 科学学研究，2019 (37)：1816-1824，1835.

[268] 曾萍，宋铁波，蓝海林．环境不确定性、企业战略反应与动态能力的构建 [J]. 中国软科学，2011，(12)：128-140.

[269] 陈畴镛，许敬涵．制造企业数字化转型能力评价体系及应用 [J]. 科技管理研究，2020，40 (11)：46-51.

［270］陈冬梅，王俐珍，陈安霓．数字化与战略管理理论——回顾、挑战与展望［J］．管理世界，2020，36（5）：220-236，20.

［271］陈国权．组织学习的时空理论［J］．技术经济，2016，35（8）：15-23.

［272］陈国权．学习型组织的过程模型、本质特征和设计原则［J］．中国管理科学，2002，10（4）：87-95.

［273］陈国权，刘薇．企业环境对探索式学习、利用式学习及其平衡影响的实证研究［J］．中国软科学，2017，3：99-109.

［274］陈国权，孙锐，赵慧群．个人、团队与组织的跨层级学习转化机制模型与案例研究［J］．管理工程学报，2013，27（2）：23-31.

［275］陈国权，周琦玮．基于时间维度的组织学习理论——组织从过去经历中学习的模型［J］．技术经济，2016，35（9）：9-20.

［276］陈国权，周琦玮．量变式学习和质变式学习模型的研究［J］．管理科学学报，2018，21（10）：32-46.

［277］陈劲，杨文池，于飞．数字化转型中的生态协同创新战略——基于华为企业业务集团（EBG）中国区的战略研讨［J］．清华管理评论，2019（6）：22-26.

［278］陈楠，蔡跃洲，马晔风．制造业数字化转型动机、模式与成效——基于典型案例和问卷调查的实证分析［J］．改革，2022（11）：37-53.

［279］陈威如，王节祥．依附式升级：平台生态系统中参与者的数字化转型战略［J］．管理世界，2021，37（10）：195-214.

［280］陈晓萍，沈伟．组织与管理研究的实证方法［M］．北京：北京大学出版社，2018.

［281］成琼文，丁红乙．税收优惠对资源型企业数字化转型的影响研究［J］．管理学报，2022，19（8）：1125-1133.

［282］池毛毛，王俊晶，王伟军．数字化转型背景下企业创新绩效的影响机制研究——基于 NCA 与 SEM 的混合方法［J］．科学学研究，2022，40（2）：319-331.

［283］池毛毛，叶丁菱，王俊晶等．我国中小制造企业如何提升新产品开发绩效——基于数字化赋能的视角［J］．南开管理评论，2020，23：63-75.

［284］池仁勇，郑瑞钰，阮鸿鹏．企业制造过程与商业模式双重数字化转型研究［J］．科学学研究，2022，40（1）：172-181.

［285］崔淼，周晓雪．克服组织惯性：数字化战略更新的实现及演进路径研究［J］．科研管理，2022，43（10）：89-98.

［286］崔淼，周晓雪．在位企业的能力构建与数字化战略更新：一项质性元分析［J］．研究与发展管理，2021，33（1）：39-52.

［287］单宇，许晖，周连喜等．数智赋能：危机情境下组织韧性如何形成？——基于林清轩转危为机的探索性案例研究［J］．管理世界，2021，37：84-104，7.

［288］杜勇，曹磊，谭畅．平台化如何助力制造企业跨越转型升级的数字鸿沟？——基于宗申集团的探索性案例研究［J］．管理世界，2022，38（6）：117-139.

［289］郭星光，陈曦．数据赋能与我国制造企业创新：前沿探析与未来展望［J］．科技进步与对策，2021，38（15）：151-160.

［290］何永清，邹波，潘杰义等．传统服务业企业如何实现平台创新——一个探索性纵向案例研究［J］．南开管理评论，2021，24：203-214.

［291］胡青，徐梦周，程杨．知识距离、协同能力与企业数字化转型绩效——基于浙江中小企业的多案例研究［J］．江西财经大学学报，2021（3）：29-42.

［292］胡琼晶，魏俊杰，王露等．犯错者地位如何影响同事容错？——任务目标偏离度和团队互依性的作用［J］．管理世界，2021，37：113-127，7.

［293］胡媛媛，陈守明，仇方君．企业数字化战略导向、市场竞争力与组织韧性［J］．中国软科学，2021，（S1）：214-225.

［294］黄舍予：中国信通院院长刘多："数字基建"在"新基建"中发挥核心作用［N］．人民邮电，2020-04-22.

［295］焦豪，杨季枫，应瑛．动态能力研究述评及开展中国情境化研究的建议［J］．管理世界，2021，37（5）：191-210，14，22-24.

［296］颉茂华，赵圆圆，刘远洋．网络联结、资源获取与组织学习互动影响战略绩效路径研究——基于长城汽车的纵向案例研究［J］．科研管理，2021，42（5）：57-69.

［297］解学梅，韩宇航．本土制造业企业如何在绿色创新中实现"华丽转型"？——基于注意力基础观的多案例研究［J］．管理世界，2022，38（3）：76-106.

［298］李海舰，聂辉华．企业的竞争优势来源及其战略选择［J］．中国工业经济，2002（9）：5-13.

［299］李晶，曹钰华．基于组态视角的制造企业数字化转型驱动模式研究［J］．研究与发展管理，2022，34（3）：106-122.

［300］李兰，董小英，彭泗清等．企业家在数字化转型中的战略选择与实践

推进——2022·中国企业家成长与发展专题调查报告［J］. 南开管理评论，2022，25（5）：191-204.

［301］李廉水，石喜爱，刘军．中国制造业40年：智能化进程与展望［J］. 中国软科学，2019（1）：1-9，30.

［302］李雪灵，韩自然，董保宝等．获得式学习与新企业创业：基于学习导向视角的实证研究［J］. 管理世界，2013：94-106，134.

［303］李宇，王竣鹤．学习和忘却、组织韧性与企业数字化能力获取研究［J］. 科研管理，2022，43（6）：74-83.

［304］李忠顺．智能制造企业商业模式分类、前因组态及绩效研究［D］. 广东工业大学博士学位，2022.

［305］林春培，张振刚．基于吸收能力的组织学习过程对渐进性创新与突破性创新的影响研究［J］. 科研管理，2017，38（4）：38-45.

［306］刘洋，董久钰，魏江．数字创新管理：理论框架与未来研究［J］. 管理世界，2020，36（7）：198-217，219.

［307］刘洋，李亮．制造企业数字化转型：全球视角与中国故事［J］. 研究与发展管理，2022，34（1）：1-7.

［308］刘祎，王玮．工业大数据时代技术示能性研究综述与未来展望［J］. 科技进步与对策，2019，36（20）：154-160.

［309］卢宝周，尹振涛，张妍．传统企业数字化转型过程与机制探索性研究［J］. 科研管理，2022，43（4）：83-93.

［310］卢艳秋，赵彬，宋昶．决策逻辑、失败学习与企业数字化转型绩效［J］. 外国经济与管理，2021，43（9）：68-82.

［311］罗均梅．网络导向对新企业绩效的作用机理研究——一个有中介的调节模型［D］. 吉林大学，2020.

［312］罗兴武，张皓，刘洋等．数字平台企业如何从事件中塑造数字创新能力？——基于事件系统理论的钉钉成长案例研究［J］. 南开管理评论，2021（4）：1-21.

［313］吕文晶，陈劲，刘进．工业互联网的智能制造模式与企业平台建设——基于海尔集团的案例研究［J］. 中国软科学，2019（7）：1-13.

［314］毛蕴诗，刘富先．双重网络嵌入、组织学习与企业升级［J］. 东南大学学报（哲学社会科学版），2019，21（1）：54-65，144.

［315］孟庆时，余江，陈凤．深度数字化条件下的突破性创新机遇与挑战［J］. 科学学研究，2022，40（7）：1294-1302.

［316］潘培培，贺永正，卢珂．基于层级转化视角的个人学习、团队学习和

组织学习关系研究［J］. 中国管理科学，2014，22（S1）：139-142.

［317］潘琼，杜义飞，杨静．“约束”在组织学习与持续性变革过程中的双重角色［J］. 管理学报，2020，17（9）：1287-1297.

［318］戚聿东，杜博，温馨．国有企业数字化战略变革：使命嵌入与模式选择——基于3家中央企业数字化典型实践的案例研究［J］. 管理世界，2021，37（11）：137-158，10.

［319］钱晶晶，何筠．传统企业动态能力构建与数字化转型的机理研究［J］. 中国软科学，2021（6）：135-143.

［320］宋克勤，郝辽钢．公司战略决策［M］. 上海：格致出版社，2008.

［321］苏敬勤，贾依帛．我国工商管理案例研究现状、应用前景及情境化深度［J］. 管理学报，2018，15（6）：791-802.

［322］苏敬勤，孙悦，高昕．连续数字化转型背景下的数字化能力演化机理——基于资源编排视角［J］. 科学学研究，2022，40（10）：1853-1863.

［323］谭力文，丁靖坤．21世纪以来战略管理理论的前沿与演进：基于SMJ（2001-2012）文献的科学计量分析［J］. 南开管理评论，2014（2）：84-94，106.

［324］田秀娟，李睿．数字技术赋能实体经济转型发展——基于熊彼特内生增长理论的分析框架［J］. 管理世界，2022，38（5）：56-74.

［325］王永贵，汪淋淋．传统企业数字化转型战略的类型识别与转型模式选择研究［J］. 管理评论，2021，33（11）：84-93.

［326］卫武，赵鹤，肖德云．组织学习与企业预测能力——基于组织注意力视角［J］. 科研管理，2019，40（2）：144-153.

［327］魏江，刘嘉玲，刘洋．新组织情境下创新战略理论新趋势和新问题［J］. 管理世界，2021，37（7）：182-197，13.

［328］吴晓云，陈鹏飞．信息技术对服务企业组织敏捷性影响的实证研究［J］. 外国经济与管理，2015，37（9）：80-96.

［329］吴绪亮：新基建与数字中国发展的战略逻辑［N］. 中国经济时报，2020-04-23（004）.

［330］武常岐，张昆贤，陈晓蓉．传统制造业企业数字化转型路径研究——基于结构与行动者视角的三阶段演进模型［J］. 山东大学学报（哲学社会科学版），2022（4）：121-135.

［331］肖静华．企业跨体系数字化转型与管理适应性变革［J］. 改革，2020（4）：37-49.

［332］肖静华，吴小龙，谢康等．信息技术驱动中国制造转型升级——美的

智能制造跨越式战略变革纵向案例研究［J］. 管理世界，2021，37：161-179，225，11.

［333］谢康，夏正豪，肖静华 . 大数据成为现实生产要素的企业实现机制：产品创新视角［J］. 中国工业经济，2020（5）：42-60.

［334］徐国军，杨建君，孙庆刚 . 联结强度、组织学习与知识转移效果［J］. 科研管理，2018，39（7）：97-105.

［335］许晖，许守任，王睿智 . 网络嵌入、组织学习与资源承诺的协同演进：基于 3 家外贸企业转型的案例研究［J］. 管理世界，2013（10）：142-155，169.

［336］严子淳，李欣，王伟楠 . 数字化转型研究：演化和未来展望［J］. 科研管理，2021，42（4）：21-34.

［337］杨震宁，侯一凡，李德辉等 . 中国企业"双循环"中开放式创新网络的平衡效应——基于数字赋能与组织柔性的考察［J］. 管理世界，2021，37：184-205，12.

［338］易锐，夏清华 . 开放式创新有助于改善新创企业脆弱性吗？［J］. 科学学研究，2018，36（6）：1096-1109，1118.

［339］于晓宇，蔡莉 . 失败学习行为、战略决策与创业企业创新绩效［J］. 管理科学学报，2013，16（12）：37-56.

［340］张辉，王庭锡，孙咏 . 数字基础设施与制造业企业技术创新——基于企业生命周期的视角［J］. 上海经济研究，2022（8）：79-93.

［341］张金鑫 . 并购谁并购双方资源匹配战略分析［M］. 北京：中国经济出版社，2006.

［342］张琳，席酉民，杨敏 . 资源基础理论 60 年：国外研究脉络与热点演变［J］. 经济管理，2021，43（9）：189-208.

［343］张璐，王岩，苏敬勤等 . 资源基础理论：发展脉络、知识框架与展望［J］. 南开管理评论，2023，26（4）：246-256.

［344］张娜，李志兰，牛全保 . 突发公共事件情境下组织敏捷性形成机理研究［J］. 经济管理，2021，43（3）：161-176.

［345］张培，张苗苗 . 动态能力视角下制造企业数字化转型路径——基于步科公司的案例研究［J］. 管理学季刊，2021，6（2）：79-100，149-150.

［346］张媛，孙新波，钱雨 . 传统制造企业数字化转型中的价值创造与演化——资源编排视角的纵向单案例研究［J］. 经济管理，2022，44（4）：116-133.

［347］赵富强，胡思源，陈耘等 . 创业韧性对再创意愿的影响：双元学习与

反事实思维的作用［J］. 科学学研究，2022（40）：505-515.

［348］周青，王燕灵，杨伟. 数字化水平对创新绩效影响的实证研究——基于浙江省 73 个县（区、市）的面板数据［J］. 科研管理，2020，41（7）：120-129.

［349］周文辉，阙琴. 数字平台创业如何突破机会资源的双重约束?［J］. 科学学研究，2022，40（5）：896-905.

［350］周晓雪，崔淼. 应对外部环境挑战的企业数字韧性塑造机理研究：基于数字化战略更新的视角［J/OL］. 南开管理评论，2022-07-06.

［351］周洲，吴馨童. 数字技术应用对企业产品成本优势的影响［J］. 管理学报，2022，19（6）：910-918，937.

［352］朱秀梅，林晓玥. 企业数字化转型：研究脉络梳理与整合框架构建［J］. 研究与发展管理，2022，34（4）：141-155.

［353］朱秀梅，刘月，陈海涛. 数字创业：要素及内核生成机制研究［J］. 外国经济与管理，2020，42（4）：19-35.

附　录

调查问卷

尊敬的先生/女士：

您好！

非常感谢您能在百忙之中抽出宝贵的时间填写这份问卷。本问卷主要是针对传统制造企业在数字化转型过程中的相关情况进行调研，且全程采用匿名方式，所有采集数据不会透露给任何组织或个人，仅用于本次学术研究。您的答案对我们非常重要，填答各项问题时无对错之分，您的真实感受和完整的作答将对本书帮助极大，对您的合作致以衷心的感谢！

第一部分　基本信息

（请您根据自身和企业的实际情况在相应的选项上打“√”）

1. 请问您的性别

□男性　　□女性

2. 请问您的年龄

□35 周岁及以下　　□36~45 周岁　　□46 周岁及以上

3. 请问您的受教育程度

□高中及以下　　□大专　　□本科　　□研究生及以上

4. 请问您的职务

□高层管理者　　□中层管理者

5. 贵企业成立年限

□5 年及以下　　□6~10 年　　□11~15 年　　□16 年及以上

6. 贵企业规模

□100 人及以下　　□101~300 人　　□301~1000 人　　□1001~5000 人

□5001 人及以上

7. 贵企业性质

☐国有企业　☐民营企业　☐合资企业　☐外资企业

8. 贵企业行业性质

☐纺织服装业　☐食品制造业　☐机械制造业　☐汽车制造业

☐医疗制造业　☐石油化工业　☐其他__________

第二部分　数字导向、获得式学习、试错式学习、数字基础设施、组织敏捷性、数字化转型绩效

（请您根据贵企业的实际情况与各题项描述的符合程度打分，并在相应的数字下打“√”；“1~7”代表从“完全不符合”到“完全符合”的7个等级）

指标	题项	完全不符合→完全符合						
		1	2	3	4	5	6	7
数字导向	本企业对新兴数字技术如何提升商业价值有清晰的愿景							
	本企业的管理层与各职能部门理解数字技术的投资价值							
	本企业有能力并会在必要时尝试新的数字技术							
	本企业能够与前沿的数字技术保持同步							

指标	题项	完全不符合→完全符合						
		1	2	3	4	5	6	7
获得式学习	本企业关注和模仿行业内数字化领先企业的转型模式或路径							
	本企业与同行交流并获得数字化知识和经验							
	本企业组织员工参加数字相关的专业训练（课程、讲座、书籍等）							

指标	题项	完全不符合→完全符合						
		1	2	3	4	5	6	7
试错式学习	本企业鼓励在数字化转型过程中尝试新的工作方法							
	本企业会复盘和反思数字化现状并提出改进办法							
	数字化经验可以在相关部门之间迅速分享							
	本企业员工可以根据自身经验参与数字化决策制定							

指标	题项	完全不符合→完全符合						
		1	2	3	4	5	6	7
数字基础设施	拥有嵌入式终端硬件（如各类传感器、RFID 标签和识读器、摄像头等）							
	拥有数据采集和监控系统（如 DCS、SCADA 等）							
	掌握大数据技术（如大数据库、数据分析技术等）							
	掌握智能化技术（如人工智能、机器学习等）							
	掌握移动技术（如移动互联、无线通信等）							
	掌握物联网技术（如物联网、网络分布等）							
	掌握社会交互技术（如在线商务、即时通信等）							
	掌握平台生态技术（如生态系统、网络平台等）							

指标	题项	完全不符合→完全符合						
		1	2	3	4	5	6	7
组织敏捷性	针对市场和客户变化，本企业可以迅速做出决策并加以执行							
	本企业不断调整组织规划来更好地服务于市场和客户							
	本企业可以从市场动荡和变化中发现并利用机会							
	对客户的任何需求，本企业都能快速响应							
	为应对市场需求波动，本企业可以快速提高或降低生产或服务水平							
	面对供应商中断等问题时，本企业可以快速采用应急方案并进行内部调整							

指标	题项	完全不符合→完全符合						
		1	2	3	4	5	6	7
数字化转型绩效	本企业通过利用市场上的数字机会改进或开发数字产品或服务							
	与竞争对手相比，本企业的产品或服务数字化程度更高							
	本企业将努力提高生产过程的质量放在首位							
	本企业在产品的生产过程中采用了最先进的数字化程序和流程							
	本企业正在运营基于数字化技术的业务流程							
	本企业应用数据分析来支持决策							

问卷到此结束，请您确认是否填答完毕！

若您对本问卷分析结果感兴趣，欢迎提供您的邮箱，方便研究人员将研究结果寄送与您。再次感谢您的支持与帮助！

邮箱地址：________________________________